公平视角下
欧盟多语化语言政策研究

李俊宏 著

·广州·

图书在版编目（CIP）数据

公平视角下欧盟多语化语言政策研究/李俊宏著. —广州:华南理工大学出版社，2021.12
ISBN 978-7-5623-6848-9

Ⅰ.①公… Ⅱ.①李… Ⅲ.①欧洲联盟–语言政策–研究 ②H002

中国版本图书馆CIP数据核字（2021）第194811号

Gongping Shijiaoxia Oumeng Duoyuhua Yuyan Zhengce Yanjiu
公平视角下欧盟多语化语言政策研究

李俊宏　著

出 版 人：卢家明
出版发行：华南理工大学出版社
　　　　　（广州五山华南理工大学17号楼，邮编510640）
　　　　　http://hg.cb.scut.edu.cn　E-mail:scutc13@scut.edu.cn
　　　　　营销部电话：020-87113487　87111048（传真）

策划编辑：吴兆强
责任编辑：吴兆强
特邀编辑：邓荣任
责任校对：詹伟文

印 刷 者：广东虎彩云印刷有限公司

开　　本：787mm×1092mm　1/16　印张：14　字数：272千
版　　次：2021年12月第1版　2021年12月第1次印刷
定　　价：45.00元

版权所有　盗版必究　印装差错　负责调换

前言
PREFACE

　　语言文字是人类文明的标志，也是人类文化最直接的表达。欧洲文明作为人类文明最典型的代表之一，欧盟的多语化语言政策体现着人类如何以公平、正义、理性、秩序的方式传承、发展、协调和保护自己的文明。因此，以公平视角探究欧盟的多语化语言政策有着重要的学术价值和应用价值。

　　在政策形态上，欧盟多语化语言政策既有硬法形态，也有软法形态，而且都有正式的法律文本作为依据。欧盟的多语化语言政策大多表现为软法，包括决议、建议、意见、行动计划等。这些软法凸显了欧盟在语言政策上的"初心"，即多语主义；同时，也表现出欧盟在解决语言问题上的"雄心"，即"作为"——尽可能有所作为、努力地扩大影响。在政策内容上，欧盟的多语化语言政策可以分为三类：一是官方语言平等政策，二是多语教育政策，三是区域性及少数民族语言保护政策。欧盟多语化语言政策具有融合性、工具性、软法性、激励性和公平性等特点。在发展历史上，欧盟多语化语言政策经历了三次演变，也是三次实质性进步：第一次是从无到有，从简到繁；第二次是从少到多，从粗到细；第三次是从言到行，从软到硬。

　　多语主义是欧盟语言政策的必然选择，这是由欧盟各成员国复杂的语言背景及其历史和现实、欧盟及欧盟法的宗旨和原则，以及欧盟语言政策的核心价值及政策实施的优劣形势对比共同决定的。

　　欧盟多语化语言政策的核心价值追求是公平，包括规则公平、机会公平和权利公平，这是在尊重既定事实的前提下所做出的选择，也是尊重各成员国历史和现实的民主选择。欧盟三大类别语言政策的价值侧重是有所不同的，语言平等政策侧重规则公平，多语教育政策侧重机会公平，区域性及少数民族语言保护政策侧重权利公平。

公平视角下欧盟多语化语言政策有其独特的制度逻辑。一方面是对内与对外。对内，欧盟多语化语言政策把"多语"视为问题，所以，欧盟多语化语言政策对内是解决问题的；对外，欧盟多语化语言政策把"多语"视为资源，追求的是公平地分配资源，让成员国及欧盟公民更具获得感、安全感和归属感。另一方面是起点、过程与结果。起点，即欧盟多语化语言政策的基础规则，也就是多语主义下的官方语言平等；过程，即欧盟多语化语言政策的制定和实施，主要围绕着机会公平的实现；结果，即欧盟多语化语言政策的实施归宿和落脚点，追求语言权利及相关权利的公平实现。

随着全球化的加快和欧盟本身的扩大以及欧洲一体化实践的深入，欧盟多语化语言政策面临着不少公平困境。欧盟多语化语言政策所遭遇的公平困境，主要体现为规则公平实现上的困局、机会公平实现上的困顿和权利公平实现上的困难，总体上表现出较多现实的无奈。而这些公平困境主要是由多语化语言政策本身存在的难以突破的政策限度所导致的，具体表现在语言政策驱动因素的多重性、政策权限的局限性和政策成本的负担性等方面。

欧盟多语化语言政策若要突破目前的公平困境，就要进行必要的改良，不过，改良也是有其上限的，这些上限主要有：欧盟治理体制上的约束，即欧盟"多元一体"的治理模式；法律制度上的约束，即欧盟法的宗旨与欧盟法律体系；政策属性上的约束，即欧盟多语化语言政策的整体目标。

在既有的上限之下，应在规则公平、机会公平和权利公平等方面释放改良空间。在规则公平方面，应优化软法治理模式：应促成语言政策的法律位阶从欧盟软法到成员国硬法的晋步，应提升语言政策软法实施的资源保障；应构建并优化语言政策软法治理的相关机制。在机会公平方面，应构建专门性长效政策体系：语言政策应聚焦一个中心，突出政策支持的重点；同时，以点带面地构建多语化语言政策体系。在权利公平方面，应充分调动司法裁决力量：应有效利用欧盟法院的司法审查权和探索语言权利保护的群体性诉讼机制。

基于此，欧盟语言政策将会呈现多语化、软法化、福利化和中心化的发展趋向。从宏观上说，欧盟多语化语言政策对中国语言政策的完善具有一定的借鉴和启示意义。

著者
2021年3月

目录 CONTENTS

1 绪 论 /1

1.1 研究目的与研究价值 /2
    1.1.1 问题的提出与研究目的 /2
    1.1.2 研究价值 /4
1.2 研究现状及述评 /6
    1.2.1 国内研究现状 /6
    1.2.2 国外研究现状 /8
1.3 研究方法、研究思路与创新之处 /12
    1.3.1 研究方法 /12
    1.3.2 研究思路与框架 /14
    1.3.3 创新之处 /14
1.4 相关概念的界定 /15
    1.4.1 公平 /15
    1.4.2 语言政策 /18
    1.4.3 多语化 /19

2 欧盟多语化语言政策的研究基础 /21

2.1 理论基础 /22
    2.1.1 欧洲学跨学科理论 /22
    2.1.2 语言学和语言政策学基本理论 /24
    2.1.3 软法理论一般原理 /26
    2.1.4 罗尔斯的"正义论"等理论原理 /27
2.2 实践基础 /29
    2.2.1 欧盟的超国家性及其法律体系 /29
    2.2.2 成员国语言背景与欧盟语言政策取向的选择 /39
    2.2.3 欧盟多语化语言政策的发展演变 /45

3 欧盟多语化语言政策的内容与特点 /53

3.1 欧盟多语化语言政策的基本内容及分类 /54
3.1.1 欧盟多语化语言政策的法律文本 /54
3.1.2 语言平等政策的内容与机制 /75
3.1.3 多语教育政策的内容与机制 /78
3.1.4 区域性及少数民族语言保护政策的内容与机制 /82

3.2 欧盟多语化语言政策的特点 /86
3.2.1 融合性 /86
3.2.2 工具性 /86
3.2.3 软法性 /87
3.2.4 激励性 /88
3.2.5 公平性 /88

3.3 欧盟多语化语言政策与欧洲一体化的关系 /89
3.3.1 欧洲一体化中欧盟多语化语言政策的定位 /89
3.3.2 欧盟多语化语言政策对欧洲一体化的影响 /92
3.3.3 欧盟多语化语言政策与其他政策的关系 /93

4 欧盟多语化语言政策的公平价值 /97

4.1 公平视角下欧盟多语化语言政策的制度逻辑 /98
4.1.1 欧盟多语化语言政策的核心价值：公平 /98
4.1.2 语言平等政策的价值侧重：规则公平 /101
4.1.3 多语教育政策的价值侧重：机会公平 /103
4.1.4 区域性及少数民族语言保护政策的价值侧重：权利公平 /106

4.2 比较视角下欧盟多语化语言政策的公平优势 /108
4.2.1 语言地位规划政策：法国与欧盟的比较 /109
4.2.2 语言教育政策：美国与欧盟的比较 /114
4.2.3 语言保护政策：澳大利亚与欧盟的比较 /120

5 欧盟多语化语言政策的公平困境 /125

5.1 现象分析：公平困境的表征 /126
  5.1.1 规则公平的困局：效率的牺牲与民主的透支 /126
  5.1.2 机会公平的困顿：经济资助的乏力与政策的不连续性 /130
  5.1.3 权利公平的困难：语言交际的冲突和自由的此消彼长 /135

5.2 原因分析：多语化语言政策的限度 /139
  5.2.1 语言政策驱动因素的多重性 /139
  5.2.2 多语化语言政策权限的局限性 /147
  5.2.3 多语化语言政策成本的负担性 /152

6 公平视角下欧盟多语化语言政策的改良 /159

6.1 前提：公平视角下欧盟多语化语言政策的评估 /160
  6.1.1 公平视角下的评估标准 /160
  6.1.2 欧盟多语化语言政策的成效 /161

6.2 欧盟语言政策改良的上限 /163
  6.2.1 体制约束：欧盟"多元一体"的治理模式 /164
  6.2.2 法制约束：欧盟法的宗旨与法律体系 /167
  6.2.3 目标约束：欧盟多语化语言政策的整体目标 /172

6.3 欧盟语言政策改良的进路 /176
  6.3.1 规则公平：软法治理模式的优化 /176
  6.3.2 机会公平：专门性长效政策体系的建构 /180
  6.3.3 权利公平：司法裁决力量的调动 /184

7 结 论 /189

7.1 本书的基本结论 /190

7.2 公平视角下欧盟多语化语言政策的发展趋向预判 /195

Abstract /198

参考文献 /201

致谢 /210

1 绪论

1.1 研究目的与研究价值

欧洲的分与合是欧洲历史连续性的体现，从分到合、分而后合，不断体现着欧洲发展的可塑性。欧洲联盟，从1951年签署《巴黎条约》时只有六个国家的煤钢共同体发展到今天拥有28个成员国①并仍在扩大的"超国家组织"，在这一历史阶段中确实表现出明显的统一趋势及散发出重塑的气息。尽管欧盟不是一个国家，但已经超出了一般国家间组织的内部联合性，不少人称之为"准联邦"。在这一特殊的国家组织中，确实产生了很多有别于一般国家间组织所遇到的问题，典型如语言政策问题。任何一个区域性的国家间组织基于沟通、谈判与合作的需要，都会有语言问题，但不一定有、更不需要"语言政策"，因为语言政策往往具有内政属性，当然属于一国内部的文化政策、社会政策甚至政体制度范畴。比如东盟②各国有各自的语言政策，但并不存在东盟层面上的统一语言政策。而欧盟作为一个区域性国家组织，竟然有自己独立且独特的语言政策——多语化语言政策，除了联合国有语言政策之外（但联合国不是区域性组织），也就只有欧盟了。可以说，语言政策问题对于欧盟而言，既是一个独特的问题，也是一个非常棘手的问题。

1.1.1 问题的提出与研究目的

语言文字问题始终关系到人权问题，更关系到国家主权和民族自决权问题，而语言政策往往又是一国内部政策。对区域性国家间组织而言，欧盟语言政策的存在及其推行本身就是一个特例甚至是孤例，为什么欧盟的语言政策能够存在并持续地施行和发展？其基本内容和特点是什么？

任何政策都有其目标，而且应该服务于政策制定者的宗旨并符合其价值取向。《欧洲宪法条约》③在第Ⅰ-3条更是直接规定："欧盟主要的宗旨为促进和平、其价值和人民的福祉。"④尽管《欧洲宪法条约》的审批遭受危机，但后来的《里斯本条约》将此宗旨写入了《欧洲联盟条约》第3条第1款："联盟的宗旨是促进和平、其价

---

① 截止成稿之日（2018年12月），从法律程序上说英国仍未完全脱欧。尽管早在2017年12月，英国与欧盟达成"历史性"脱欧协议，但英国的"完全"脱欧在2020年底。
② 东盟在《东盟宪章》中仅规定了英语作为工作语言，除此并无关于语言政策的规定。
③ 《欧洲宪法条约》由于部分成员国未通过而最终未被批准。
④ 曾令良. 欧洲联盟法总论：以《欧洲宪法条约》为新视角[M]. 武汉：武汉大学出版社，2007年，第28页.

值和人民的福祉。"① 同时,《欧洲联盟条约》第2条则具体规定:"联盟赖以建立的价值观基础是:尊重人的尊严、自由、民主、平等、法治和尊重人权,包括属于少数群体的人的权利,这些价值观是各成员国的共同价值观,共同组成一个以多元主义、不歧视、容忍、正义、团结和男女平等为主导的社会。"② 由此可见:公平是欧盟最重要的宗旨和最主要的价值之一。但问题又随之而来——为了实现公平价值,逻辑上看是亟需消除语言障碍的,而要消除语言障碍,为什么欧盟选择多语化的政策取向而不是统一化?欧盟的多语化语言政策又是如何围绕公平价值展开的?以公平视角视之,欧盟的多语化语言政策实施的效果如何?是否存在难以克服的困境?有无改良的空间?从长远来看,欧盟多语化语言政策对于公平价值应该坚守还是转向?

上述系列问题的提出,都有待以公平视角审视欧盟的多语化政策,本文通过对欧盟多语化政策的研究,以期达成以下研究目的:

第一,对欧盟多语化语言政策进行较为全面的梳理、总结与介绍。在目前国内外研究中,对欧盟语言政策的研究较分散而不够聚焦,较零散而不够系统,哪怕是对于欧盟语言政策也缺乏聚焦性的概括。本文针对欧盟语言政策最显著的特征与本质——多语主义,对其首先做了一个聚焦性的概括——多语化语言政策。本文试图从欧洲一体化演进的大局,以欧盟自身的宗旨和价值——公平为视角,对欧盟的多语化语言政策进行较为系统和全面的介绍、概括、梳理与总结。这是本文最基础的目的。

第二,从公平角度探索欧盟多语化语言政策的发展状态及规律。欧盟语言政策的制定、实施、发展已不是一朝一夕了,正式的语言法令和政策最早可以追溯到1958年欧共体的第1/58号条例③ 确立的欧共体语言使用规定。欧盟经过几十年的形成、发展与融合,其语言政策也在不断地演进和升级。究竟欧盟多语化语言政策的发展是否存在规律?欧盟多语化语言政策的发展与欧盟其他经济政策、社会政策有何互动联系?欧盟多语化语言政策对欧洲一体化有何影响?针对这些疑问,本文试图用跨学科研究方法对欧盟多语化语言政策进行探究,以期梳理出欧盟语言政策的发展脉络及其发展规律。这是本文的第二个目的。

第三,以公平为视角,研判欧盟多语化语言政策的发展趋势。语言政策的研究与评价,有利于语言政策的预测,也有利于语言政策的选择、制定、调整、改良和执行。在前述两个研究目的的基础上,即对欧盟多语化语言政策进行梳理总结及其规律

---

① 根据《里斯本条约合并版本》(欧盟官方公报:OJ C 202,2016),下同。
② 根据《里斯本条约合并版本》(OJ C 202,2016)。
③ 第1/58号条例及相关条例在本文"3.1.1 欧盟多语化语言政策的法律文本"详述,见"表3-2"。

探索之后，应该对欧盟多语化语言政策的发展趋势进行理性的预判，这是本文的第三个目的，也是本文一个小小的"野心"。

1.1.2 研究价值

语言文字是人类文明的标志，也是人类文化最直接的表达，它不仅可以产生民族认同感，而且还可以产生社会凝聚力。欧洲文明作为人类文明最典型的代表之一，欧盟的多语化语言政策体现着人类如何以理性、秩序、公平、正义的方式传承、发展、协调和保护自己的文明。因此，以公平视角探究欧盟的多语化语言政策有着重要的学术价值和应用价值。

1. 学术价值

第一，本研究以欧洲学和法学为主要结合视角，有利于丰富语言政策研究理论。学界中对于语言政策的研究，大部分成果都属于语言学和公共政策学范畴，而且，对欧盟这一"超国家"组织的语言政策的研究比较少，从欧洲学和法学的视角去探究欧盟的多语化语言政策的研究成果更是几近于零。欧盟多语化语言政策由于其政策权源特殊、政策地位特殊、政策取向特殊，这些特殊使之有别于一国国内的语言政策，可以说，欧盟多语化语言政策就是"自成一类"的语言政策。本研究试图以欧洲学和法学为新的结合视角，从欧洲一体化的大趋势，探寻欧盟多语化语言政策这一"自成一类"的语言政策特点及发展规律，有利于进一步把握法律政策和文明、法律政策和文化、法律政策与语言文字的关系，有利于拓展和深化语言政策研究的理论广度与深度。

第二，本研究以欧盟的核心价值和宗旨"公平"为尺度，审视和评价其多语化语言政策，有利于拓宽欧洲一体化研究的视野。欧盟在推进欧洲一体化的问题上是不遗余力的，其多语化语言政策的制定和推行就是其中重要的着力点，欧盟多语化语言政策恰恰是欧洲一体化的一个生动而具体的方面。欧盟在语言政策的制定和实施上，确实是以"公平"为标准、宗旨和原则的，但这毕竟只是一个"应然"的目标和标准，而"实然"状态究竟如何，则亟待进行深入探究。欧盟多语化语言政策确实增强了欧盟各成员国乃至欧洲各国的集体认同，而这种认同在某种程度上是源于对"公平"（包括实质公平和形式公平）的认可和共识。以公平为尺度审视欧盟多语化语言政策，有助于拓宽欧洲一体化研究的视野，也为观察和研究欧洲一体化开辟一扇新的理论视窗。

2. 应用价值

学研结合，研判趋势，本研究有利于从法治层面探索欧盟"多样性的联合"的规律，研判欧盟语言政策以及欧洲一体化的发展趋势。目前，全球化已成为不可抵挡的历史潮流，欧洲一体化其实是全球化的一个缩影。在全球化背景下，跨国交流与合作日益频繁，区域性乃至全球性的经济、政治等机构组织不断涌现，其中最具有代表性的应属欧盟的建立。经过几十年的一体化进程，欧盟无论是在经济领域，还是在政治文化等领域，目前已呈现出高度的统一性和一体化，尽管出现了"英国脱欧"等重大事件，但欧洲议会、欧盟理事会、欧洲法院、货币联盟等欧盟机构的运作依然如常并且其影响力在逐渐增强，英国在未来重新入欧很可能是一个大概率事件，毕竟，欧洲一体化的趋势并未改变。不过，在这样一个"多民族""超主权"的"国家共同体"中，欧盟一直主张、强调并推行"多语言主义"，实然化的结果就是多语化语言政策。从理论逻辑的角度看，"多语言主义"是不利于各族群进行经济文化合作交流的，这就不利于欧盟的团结与稳定，因为"多语言主义"对于一体化的建构是存在一定矛盾的。但是，从实践层面看，欧盟多语化语言政策并无阻碍欧洲一体化进程的典型证据和明显效果，相反，在法治层面恰恰符合了欧盟"多样性的联合"的建构目标。基于此，从公平的视角探究欧盟多语化语言政策，有利于从法治层面探索欧盟"多样性的联合"的规律，研判欧盟语言政策以及欧洲一体化的发展趋势。

1.2 研究现状及述评

本书的研究主题是欧盟语言政策，从政策归口上看，语言政策当属于文化政策，而语言政策又当然包括语言教育政策，因此，可以说学界中的研究大多属于"跨界"研究。总体上看，专门研究欧盟语言政策的成果不多，以下就相关主题的国内外文献进行回顾及述评。

1.2.1 国内研究现状

1. 关于欧盟语言政策的宏观研究

国内关于欧盟语言政策的宏观研究，比较具有代表性和权威性的是中国社会科学院民族研究所编的专著《国家民族与语言：语言政策国别研究》，以及周庆生教授主编的专著《国外语言政策与语言规划进程》。《国家民族与语言：语言政策国别研究》从国别的角度对具有代表性的世界各国的语言政策进行了既宏观又详细的研究，特别包括英国、法国、德国、瑞士等欧洲国家；《国外语言政策与语言规划进程》则是从语言政策和规划的理论与实践的角度分析了具有代表性的世界各国的语言政策，并梳理和翻译很多有价值的资料文献，诸如《欧洲区域性或少数民族语言宪章》等。

在期刊论文方面，较具代表性的研究主要有：邓世平在《超国家组织视域内的语言政策问题》一文中运用语言政策理论对超国家组织内部语言政策、超国家组织对成员国语言政策的影响进行了分析，探究了超国家组织视域内语言政策背后的权力关系以及政策参与者的能动性[①]；王婧方在《欧盟实施多元化语言政策的原因——基于语言权利的分析》一文中分析了欧盟实施多元化语言政策的原因和如何保障欧盟公民的权益、加深欧洲公民身份的认同感、增强欧盟的凝聚力[②]；王美玲在《欧盟语言政策对我国外语教育改革的启示》一文中就欧洲联盟的多元语言文化政策、外语教育标准化政策和外语测试标准进行了分析并对中国外语教育的实际情况提出了建议[③]。

下面针对国内关于欧盟语言政策的宏观研究作简要述评：

第一，国内关于欧盟语言政策的宏观研究的成果不多，不过，胜在既有理论分析，也有实证分析。

第二，关于欧盟语言政策的专门性研究不多，但存在不少"跨界"研究，即在研究欧盟的文化政策和教育政策的框架内，同时附带研究欧盟的语言政策。

第三，欧盟语言政策的专门性研究暂时属于学界研究的"冷门"，除了研究成果较少之外，研究的视角比较单一，所谓"宏观研究"其实就是难以"落地"，学界似乎不太青睐这一主题的研究。

2. 关于欧盟语言政策具体内容的研究

国内关于欧盟语言政策具体内容的研究成果比欧盟语言政策的宏观研究更少，较具代表性的是周晓梅的专著《欧盟语言政策研究》。该专著一共分为五个部分，论述了欧盟一体化与欧盟政策的关系，介绍了欧盟的语言机制和欧盟的五项具体的语言政策，包括欧盟官方语言推广计划、区域性及少数民族语言推广计划、欧洲语言年、促进语言学习和多样性行动计划以及多语言主义战略。在期刊论文方面，王静在《多语言的欧盟及其少数民族语言政策》一文中论述了欧盟作为超国家治理性质的主权国家联合体，致力于保护区域性和少数民族语言，并促使各成员国政府采取适合各自具体国情的积极措施[④]。周晓梅、王晋梅在其《欧盟的语言问题及其多语言主义的语言政策》一文中论述了语言问题在欧洲一体化进程中对欧盟发展所造成的沟通、成本、民

[①] 邓世平. 超国家组织视域内的语言政策问题[J]. 海外英语，2017（22）：229.
[②] 王婧方. 欧盟实施多元化语言政策的原因——基于语言权利的分析[J]. 技术与创新管理，2017（5）：549.
[③] 王美玲. 欧盟语言政策对我国外语教育改革的启示[J]. 国家教育行政学院学报，2013（12）：92.
[④] 王静. 多语言的欧盟及其少数民族语言政策[J]. 内蒙古大学学报（哲学社会科学版），2013（02）：117.

主以及效率方面的障碍，并分析了欧盟从法律上确定的语言平等和语言多样性的原则及其多语言主义的语言政策[①]。

以下针对国内关于欧盟语言政策具体内容的研究作简要述评：

第一，关于欧盟语言政策具体内容的研究非常的少，而且现有研究成果的研究视角较为狭隘，主要是从语言学的角度展开，而缺乏从公共政策学和法学的角度的分析，从事研究的学者确实也都只有语言学背景而缺乏政策学和法学的背景。

第二，国内关于欧盟语言政策具体内容的个别研究中，选取了较具代表性的政策项目，并能结合欧盟立法对它们进行实证分析，弥补了宏观研究的一些不足。

第三，国内关于欧盟语言政策具体内容的研究，基本都把落脚点放于"我国"，提出对我国的建议和参考。事实上，欧盟与我国的语言政策没有直接可比性，仅有间接可比性；没有微观可比性，仅有宏观可比性。毕竟，欧盟语言政策与我国的语言政策差别甚大，在政策设计和具体的做法上可移植的地方极其有限，不宜过分宣扬欧盟语言政策的"有益经验"，况且，欧盟语言政策是存在不少缺陷的。

3. 以认同视角对欧盟语言政策进行研究

以某专一视角对欧盟语言政策进行研究，目前仅发现有田鹏的专著《集体认同视角下欧盟语言政策研究》一书（2015年），是从集体认同的视角展开对欧盟语言政策的研究。该专著从集体认同的角度分析了欧盟语言政策的主要方面，包括欧盟语言地位规划的法律框架及其实施，考察了欧盟官方语言平等政策的具体实施，分析了欧洲一体化背景下的欧盟官方语言平等政策面临的挑战，分析了欧盟地区性及少数民族语言保护政策对于增进欧洲集体认同的意义，还从动态的角度分析并评估了欧盟东扩对候选国语言政策的影响及对欧洲集体形成的强化作用，并分析了欧盟外语教育政策的形成及发展过程。

以下针对以认同视角对欧盟语言政策进行的研究作简要述评：

第一，该专著选取了"认同"这一专门性的分析视角对欧盟语言政策进行分析，在欧盟语言政策研究领域实现了研究视角上和研究方法上的创新，是国内关于欧盟语言政策最新的研究成果之一。

第二，该专著偏向于语言学研究，特别是以马克思主义民族语言观理论和当代西方民族语言观的相关理论分析欧盟语言政策，但没有从政策学和法学等其他学科角度展开，跨学科研究的色彩不浓。

[①] 周晓梅，王晋梅. 欧盟的语言问题及其多语言主义的语言政策[J]. 物流工程与管理，2013（03）：215.

第三，以"认同"为单一的专门性分析视角，既是优点，也是缺点，优点是专业性强、剖析的单向维度较深，缺点是视野过于收缩，容易忽略从其他角度的新发现，例如公平视角，可能是更有利和有力的分析视角。

1.2.2 国外研究现状

在国外研究当中，对语言政策和语言规划的整体、宏观和理论研究较多，比如，英国学者苏·赖特的专著《语言政策与语言规划——从民族主义到全球化》，美国学者戴维·约翰逊的专著《语言政策》，英国学者丹尼斯·埃杰的专著《语言规划与语言政策的驱动过程》，以色列学者博纳德·斯波斯基的专著《语言政策：社会语言学中的重要论题》等，但专门就欧盟语言政策研究的成果较少，主要集中在期刊论文方面，较具代表性的是由欧洲语言委员会和利物浦大学出版社联合出版的《欧洲语言政策杂志》（《The European Journal of Language Policy》）。

1. 关于欧盟语言政策的宏观研究

在国外关于欧盟语言政策宏观研究的文献中，有不少是介绍性的，比如Michaela Franke和Mara Mennella为欧洲议会撰写的、署名为欧洲议会的《欧盟情况说明：语言政策》（《Fact Sheet on the European Union: Language policy》）一文，概括性地介绍了欧盟语言政策的法律基础、政策目标、取得的政策成就、大型的政策项目以及描述了欧洲议会的角色[1]。Luca Tomasi 在《欧盟委员会的语言政策：挑战和优先事项》（The European Commission's Language Policy: Challenges and Priorities）一文中探讨了欧盟语言政策所面临的系列挑战，包括互联网等信息和通信技术的发展、英语主流地位、欧洲内部的流动性、移民、全球化经济以及一些地区日益增长的自治需求，另外，文章还重点关注了欧洲的第二语言教育[2]。欧洲多语言观察站发表了《欧洲的语言制度与这个问题仍然相关》（《Le régime linguistique de l'Europe, une question toujours d'actualité》），就《里斯本条约》所暗含的制度变化对欧盟语言制度的影响做了分析，并认为，欧盟语言政策对于欧洲议会政治团体的方案和欧洲委员会主席候选人的人选有重要的影响[3]。另外，还有些学者针

---

[1] The European Parliament. Fact Sheet on the European Union: Language policy[J]. The European Journal of Language Policy, 2017（2）：262-267.

[2] The European Commission's Language Policy: Challenges and Priorities[J]. The European Journal of Language Policy, 2017（1）：121-131.

[3] Le régime linguistique de l'Europe, une question toujours d'actualité[J]. The European Journal of Language Policy, 2014（2）：229-232.

对具体国家的语言政策进行宏观研究,例如Joseph Reisdoerfer的文章《对卢森堡语言教育政策的思考》(《Réflexions sur une politique linguistique éducative au Grand-duché de Luxembourg》),重点探讨了卢森堡的语言教育政策,包括1984年2月24日关于语言制度的法律所界定的语言政策、日常使用语言和教学语言,以及多语言、多层次和力图全面的教学方法等[①]。

下面针对国外关于欧盟语言政策的宏观研究作简要述评:

第一,国外关于欧盟语言政策的宏观研究中,介绍性较强,学术和理论探讨性偏弱。在介绍性的描述和研究中,以官方和半官方为主导,即通过官方或半官方的名义,向大众普及欧盟语言政策的基本知识。

第二,国外关于欧盟语言政策的宏观研究偏向于与政治民主制度相挂钩,突出了欧盟语言政策的政治和民主意义,不过,论证的逻辑和引用的依据较为牵强,严密性不足。

第三,从资料的整理和分析角度看,关于不同国别的语言政策的研究比较扎实和清晰,但缺乏该国与欧盟语言政策的联系。

2. 关于欧盟语言教育及其政策的研究

近年来国外关于欧盟语言政策的文献中,主要集中于欧盟语言教育的研究。Michael Kelly的文章《对多语言语言教学的挑战:迈向跨国方法》(Challenges to multilingual language teaching: Towards a transnational approach)考察了欧盟高等教育中开发多语言教学法所涉及的问题,讨论了多种语言和多元文化主义的概念,考察了由实践社区引发的多元文化职业认同的困难,同时,文章提出了可以通过专业发展和跨文化方法的发展来鼓励使用多种语言的策略,可以通过鼓励教师之间、教师协会之间以及政府机构之间的更大合作来实现,另外,文章还提出语言教师应考虑采用更具跨国性的职业身份[②]。Piet Van de Craen的文章《多语言教育的意义和CLIL的作用:介绍》(《The significance of multilingual education and the role of CLIL: An introduction》)首先介绍了多语言在长远方面对个人的长期发展的积极作用和对教育的促进作用,然后重点对CLIL教学方法(多语教学的一种方法)进行了介绍和分

---

① Joseph Reisdoerfer. Réflexions sur une politique linguistique éducative au Grand-duché de Luxembourg[J]. The European Journal of Language Policy, 2015(2):229-232.
② Michael Kelly. Challenges to multilingual language teaching: Towards a transnational approach[J]. The European Journal of Language Policy, 2015(1):65-83.

析并呼吁推广①。另外，有一些关于欧盟语言教育的官方文件非常值得参考，比如欧洲语言委员会2015年12月的备忘录《语言在欧洲高等教育领域的作用》②（《The role of languages in the European Higher Education Area》），《Eurydice报告：欧洲学校教学语言》③（《Eurydice Report: Teaching languages at school in Europe, 2017 Edition》），欧洲语言理事会2015年11月的《备忘录：在国际化背景下高等教育质量和研究中使用多种语言所面临的挑战》④（《MEMO: Les enjeux du multilinguisme pour la qualité de l'enseignement supérieur et de la recherche dans le contexte de l'internationalisation》）等。

以下针对国外关于欧盟语言教育及其政策的研究作简要述评：

第一，国外关于欧盟语言教育的研究较多，对多语教育的作用、意义、教学方法、推广等的研究普遍，而关于欧盟语言教育政策的研究不多。

第二，关于欧盟语言教育政策的研究中，主要偏重于教育学和语言学的理论和研究方法，很少运用法学的理论和方法进行分析研究，跨学科研究则更少。

第三，关于欧盟语言教育政策的官方或半官方文件非常重要，因为它们在一定程度上代表了欧盟语言政策领域的最新认识，既包括最新的共识，也包括历史的分歧，都很值得参考。

3. 关于欧盟语言权利保障的研究

欧洲议会的语言专家和代理人专门进行过关于语言和人权的辩论，并把语言权利保障的共识形成了《语言权利保障议定书》（《Protocole pour la Garantie des Droits Linguistiques》），明确宣告语言权利是基本人权的一部分，并认为，任何语言社群都有权组织和管理自己的语言资源来确保本社群语言的使用；议定书把语言权利与基本人权相结合，强调语言多样性是欧洲的特色，是公平欧洲、平等欧洲、民主欧洲不可或缺的支柱，并呼吁某些仍未承认少数群体语言权利的国家尽快改变其管理模式；议定书从法律主体、政策目标、政策价值、公民社会、引用条款、监

---

① Piet Van de Craen. The significance of multilingual education and the role of CLIL: An introduction[J]. The European Journal of Language Policy, 2016(1): 3-5.
② ConseilEuropéenpour les Langues. The role of languages in the European Higher Education Area[J]. The European Journal of Language Policy, 2016(1): 121-129.
③ Eurydice Report: Teaching languages at school in Europe, 2017 Edition [J]. The European Journal of Language Policy, 2017(2): 252-261.
④ MEMO: Les enjeux du multilinguisme pour la qualité de l'enseignement supérieur et de la recherche dans le contexte de l'internationalisation[J]. The European Journal of Language Policy, 2016(1): 130-134.

测委员会等多个方面进行了论述[①]。另外,《民主和社会凝聚力的语言：多样性·公平·质量》(《Les langues pour la démocratie et la cohésion sociale. Diversité, équité, qualité》)是欧洲文化公约60周年之际的一份具有重要学术价值的学术报告，概述了自20世纪60年代以来欧盟多语言和跨文化教育的发展和主要观点，介绍了欧洲委员会关于儿童和成人使用语言政策的主要方向；报告在"综合倡议"一章对欧洲语言学习者（主要是多语学习的儿童）的学习案例、成年移民的语言融合案例、多语言和跨文化教育的资源和参考平台等不同方面进行了介绍和分析，表明了多语言存在的环境和教育的质量对社会凝聚力和社会民主的重要积极作用。[②] Hans-Jürgen Krumm的文章《难民需要语言——志愿者如何给予支持？》(《Hans-Jürgen Krumm. Refugees Need Language——how can Volunteers give Support?》)[③]专门针对为难民提供帮助的志愿者的语言能力提升做了分析和研究，文章指出，难民对目的地国的语言非常感兴趣，而且非常希望能有机会学习目的国的国家语言，但是他们需要很长时间才能获得这些机会，许多志愿者和非政府组织希望协助他们学习语言，这就需要训练有素的语言教师为难民进行语言教学，因此，需要为志愿者提供语言教学课程的培训，包括语法教学、技能培训、差异化和跨语言课程等。

以下针对国外关于欧盟语言权利保障的研究作简要述评：

第一，无论是官方文献还是民间的学术研究，把语言权利视为基本人权的一部分，已然是一种普遍的共识，在这一方面，官方文献一般都会做出强调，而民间的学术研究一般会将其视为基本前提和免证事实看待。

第二，国外学者关于欧盟语言权利保障研究的视野较为开阔，既有从社会民主、社会凝聚力等宏观的、抽象的角度进行分析，也有从儿童多语教育、成人移民的语言学习甚至帮助难民的志愿者的语言教学培训等微观的、具体的角度进行论述，核心都是围绕如何更好地保障弱势群体的语言权利。

第三，权利保障的话题一般归口于法学领域，法学的研究方法确实能更好地分析权利问题，但奇怪的是，已查文献中暂未见专门从法学角度的分析，而基本上都是语言学、教育学和社会学的理论和方法。当然，这可能与欧盟的宪法制度有关，《欧洲

[①] Protocole pour la Garantie des Droits Linguistiques[J]. The European Journal of Language Policy, 2017（2）：268-278.
[②] Les langues pour la démocratie et la cohésion sociale. Diversité, équité, qualité[J]. The European Journal of Language Policy, 2015（1）：91-104.
[③] Hans-Jürgen Krumm. Refugees Need Language——how can Volunteers give Support? [J]. The European Journal of Language Policy, 2017（1）：132-137.

联盟条约》《欧盟运行条约》《欧盟基本权利宪章》等欧盟的基础条约中未对公民的语言权利做明确规定，而只是在一些软法中表明了"语言权利视为基本人权"的基本立场，而且法律依据比较有限，因此，未见法学理论的分析。

1.3　研究方法、研究思路与创新之处

1.3.1　研究方法

1. 系统分析法

系统分析法是指把欧盟多语化语言政策看成一个有机整体进行系统分析。在现有的研究欧盟文化政策、教育政策和社会政策的学术成果中，很多时候把欧盟语言政策边缘化了，或者在研究欧盟语言政策的过程中习惯于"就事论事"，忽略了欧盟语言政策的整体性和系统性。欧盟语言政策研究需要运用系统分析的方法，才能认识到系统中的每一个具体问题都是相互联系、系统中每一项具体因素都有内在逻辑关联而并非孤立存在的，可有效地使本研究避免停于表面、流于形式。

2. 文献研究法

文献研究法是贯穿于科学研究过程始终的重要方法，是一种通过查阅与研究问题相关的文献、搜集这一研究领域的有关信息，对所要研究的问题进行系统分析的一种研究方法。本研究所查阅的文献主要有理论研究类文献和政策法规类文献。本研究将主要通过以下渠道获取所需理论研究类文献和政策法规类文献：一是通过省图书馆、校图书馆、欧洲研究中心资料库、读秀以及超星数字图书馆等方式，主要查阅相关著作；二是通过中国学术期刊网（中国知网）、人大复印报刊资料网络版、万方数据库、中国优秀博士硕士论文数据库等电子资源来检索相关文献，主要查阅相关国内外的期刊论文和学位论文；三是通过欧盟官方网站、欧洲新闻网站、谷歌资料库等各大权威网站和网络搜索引擎，主要查阅相关的政策文本与实证分析材料等。

3. 历史分析与联系实际的方法

历史分析法是指从时间的角度对欧盟多语化语言政策的发展实践进行梳理，并将其置于具体的历史条件下进行认识、评价和研究。联系实际的方法是指欧盟多语化语言政策的研究必须坚持理论联系实际、研究落脚实践，既要联系实际中的欧盟法律制度、欧盟法律政策的演进事实和欧盟多语化语言政策规划和实施中的各种现实问题，也要联系各种不同的学术观点和思潮，以作出推动实践进步的有益建议。欧洲学和法学本质上都是实践科学，因此，围绕实践、参与实践、服务实践是本研究的价值所在。

4. 比较分析法

对于公平价值的判断，不应该"自说自话"。世界上不仅不存在所谓的绝对公平，而且相对公平也有不一样的衡量标准，这亟待通过比较分析的方法进行探究。同时，欧盟多语化语言政策的具体特点、制度优势和缺陷，经过与其他国家或地区的语言政策的比较就容易一目了然、豁然开朗。在经济全球化与法律趋同化的浪潮下，不同国家和地区都有相同或相似的语言难题需要应对和解决，比如应该如何制定符合社会语言发展实际的政策？如何增进国家认同、民族认同？如何面对英语霸权的冲击和影响？如何保护少数民族语言？不管是欧盟的语言政策抑或是其他国家和地区的语言政策，都会或多或少地面临着这些共同的社会问题和政策需求。尽管每个国家的语言政策的价值追求是不一样的，有的可能更注重效率，有的更注重秩序，有的则更注重安全，但若以公平价值为标尺，欧盟的多语化语言政策或许更具有公平优势，而这就亟需运用比较分析法进行甄别和论证了。

5. 跨学科研究方法

欧盟多语化语言政策涉及经济、政治、文化、社会、外交等多个领域，对欧盟多语化语言政策的研究只靠某单一学科的理论和方法是不够的。毕竟，任何一个学科都有其自身的缺陷，这些缺陷的存在往往会使研究的视野变得狭窄，这就亟需其他学科的力量弥补促进。事实上，跨学科研究已经成为当代学术研究中的一种明显趋势。因此，欧盟多语化语言政策确实需要综合运用语言学、法学、公共政策学、传播学、国际政治学等学科的理论与方法，力图多角度、全方位地进行剖析，从而更准确地把握欧盟多语化语言政策的内在规律。

1.3.2 研究思路与框架

本文的题目是"公平视角下欧盟多语化语言政策研究"，围绕这一主题，拟达成至少三个研究目的，一是对欧盟多语化语言政策进行较为全面的梳理、总结与介绍；二是以公平为主要视角，探索欧盟多语化语言政策的发展状态及规律；三是以公平视角研判欧盟多语化语言政策的发展趋势。基于此，本文研究的基本思路与框架是：

首先，探讨什么是欧盟的多语化语言政策。这是本文研究的基础（主要体现在前三部分，特别是第三部分），即欧盟的多语化语言政策的基本内容包括什么、其基本特点是什么。具体地说，探讨欧盟多语化语言政策基本内容，即定义；探讨其基本特点，即定性；探讨其与欧洲一体化进程及其他政策的关系，即定位。

然后，以"公平"为价值标尺对欧盟的多语化语言政策进行探讨和审视（主要体现在第四部分到第六部分）。首先，政策是否体现了公平、如何体现公平——主要是以公平视角探寻欧盟多语化语言政策的制度逻辑以及欧盟多语化语言政策在规则公平、机会公平和权利公平等方面的表现（第四部分）。其次，政策是否足够公平、面临哪些公平难题——主要探讨欧盟多语化语言政策在实现公平、实现公平上的政策限度与困境（第五部分）。最后，政策有没有改良的空间、如何改良——主要探讨欧盟的多语化语言政策如何在现有的政策限度和条件局限的情况下，释放出改良的空间以及寻找改良的进路（第六部分）。

最后，对欧盟多语化语言政策的发展趋向进行预判，同时从宏观上发掘出对完善中国语言政策的有益启示（第七部分）。

1.3.3　创新之处

第一，研究选题上的创新——本研究的研究对象是欧盟多语化语言政策，表面上看是与欧洲一体化中的"趋同"方向背道而驰，而欧盟却一直坚持其多语化政策，这是一个欧洲一体化研究中耐人寻味且具有学术和实践研究价值的选题。从逻辑上讲，欧洲一体化的实现需要认同感的构建，欧盟也确实在政治、经济、文化、外交等诸多领域的法律制度和政策实施上逐步"求同"，但欧盟的语言文字政策却一直坚持"多语言主义"，即一直"求异"。究竟欧盟多语化语言政策的内容、地位、实施及其发展是如何的，自身有无内在的规律性、局限性和转向的可能性，以及对于我国语言政策的制定和完善有无可供借鉴之处，这些问题都非常具有探讨的价值，也是本文在选题上的创新之处。

第二，研究视角与研究方法的创新——本研究以欧洲学和法学为主要结合视角，采取跨学科研究视角和方法。学界中对于语言政策的研究，从学科视角上大多局限于语言学和公共政策学，从国别视角上大多局限于某个国家内部的语言政策。本研究则以欧洲学和法学为主的学科结合视角（欧洲学本身就是一个跨学科学科，欧洲学和法学在研究视角上是可以和谐融合的），综合运用语言学、法学、公共政策学、传播学、国际政治学等学科的理论与方法，对欧盟语言政策的研究进行跨学科研究，有利于更加全面、更加深入地发掘其内在发展规律。

1.4　相关概念的界定

理性认识，是指人们借助抽象思维，在概括整理大量材料的基础上，对于事物的本质的、全面的、内在的规律性的认识，理性认识包括三种形式，即概念、判断和推理。按照黑格尔的说法，任何一个概念（定义）都是整个理论的一个浓缩，概念的展开就是全部理论。因此，对欧盟多语化语言政策的研究，首先应对相关概念进行界定和解读。

1.4.1 公平

公平，是几乎所有人文社会科学乃至人类追求理想社会的永恒课题。对于公平感，人们的体会和感受是强烈的，而要理性客观地对"公平"进行概念的界定，不同时代、不同学科、不同学者就会有不同的诠释和理解。尽管古往今来的学者们一直不遗余力地阐释公平的丰富涵义，但始终难有统一的、确定无疑的标准概念，这恰恰也反映出公平概念的价值判断属性，正所谓仁者见仁智者见智。

公平，有的解释认为是"公共"（public）和"平等"（equality），即人们平等地存在；有的解释认为公平是"公正"（justice）和"平等"（equality）。在《现代汉语词典》中的解释是："处理事情合情合理，不偏袒任何一方。"[①]

不同视域下，公平就有不一样的内涵，也就有不同的属性和分类。

在柏拉图看来，公平是正义的重要的、核心的内涵，社会各等级的人各司其职、各安其位、各得其所就是公平正义，而正义分为国家正义和个人正义，国家正义高于个人正义，用柏拉图自己的话来说就是："如果找到了一个具有正义的大东西并在其中看到了正义，我们就能比较容易地看出正义在个人身上是个什么样子的。我们认为这个大东西就是城邦，并且因而尽我们所能建立最好的城邦，因为我们清楚地知道，在这个好的国家里会有正义。"[②]不过，只要联系其《理想国》一书中的其他论述可知，柏拉图所宣扬的国家正义是基于一种严格等级制度的，直接说就是反对平等和民主的，所以，这种公平其实就是一种不完整的公平。

在亚里士多德看来，公平分为"数量公平"（数量平等）和"比值公平"（分配公平），而社会的常态本来就是不公平，所以应该追求"分配公平"（"分配正义"）。分配的公平是指对荣誉、地位、官职、权力、自由民主权力等的公平分配，而分配的原则不是平均主义，而是"有差异的平等"，即相同的人可以获得相等的份额，不同的人获得不相等的份额，所谓"各取所值"。用亚里士多德自己的话来说就是："根据各取所值的原则这是很明显的……应该按照各自的价值分配才是公正

[①] 汉语大字典编纂处. 现代汉语词典[M]. 成都：四川辞书出版社，2018年1月，第147页.
[②] [古希腊]柏拉图. 理想国[M]. 郭斌和，张竹明，译. 北京：商务印书馆，2002年，第156-157页.

的。"① "基于比例的平等就是公正的。"② 应该说，亚里士多德眼中的公平是一种相对的而非绝对的公平。事实上，世上不存在绝对的公平。在认识到公平本身具有相对性的前提下，"比例原则""各取所值"便是一种合理的逻辑。

功利主义学派的代表者边沁、穆勒等对于公正则有另一种理解。一般说来，人们习惯用"最大多数人的最大幸福"来概括功利主义的宗旨，正如边沁自己也说："最大多数人的最大幸福是正确与错误的衡量标准。"③ 这个标准当然也就是公正与否的根本标准。边沁的追随者穆勒认为："每个人得到应得的东西（无论是善或恶）被普遍认为是正义的，而一个人得不到他应得到的善或恶则被普遍视为不义的。"④ 同时，穆勒认为："要求正义应当平等保护所有人权利的人往往就是那些自身拥有不平等权利的人……那些认为利益需要阶级差别存在的人，不会视财富和各种特权的不均分配为不义的现象。"⑤ 应该说，功利主义学派对于公平和利益（功利）之间的关系揭示确实有其独到和深刻之处，但是如果以"最大多数人的最大幸福"为一切（包括公平）的标准的话，就会允许为了更大的所谓的总体利益而侵犯部分人的合理利益的行为的发生，这就会使功利主义和公平之间产生不可调和的内在矛盾。

罗尔斯的著作《正义论》和《作为公平的正义》被认为是当代最有影响力的公平理论著作。罗尔斯提出"正义即公平"（justice as fairness）的主要观点，并提出了作为公正的正义的两个基本原则："①每个人都应有平等的权利去享有与人人享有的类似的自由权体系（scheme）相一致的最广泛的、平等的基本自由权总体系。②社会和经济的不平等的安排应使它们：第一，所从属的公职和职位应该在公平的平等机会下对所有人开放；第二，应该有利于社会之最不利成员的最大利益。"第一个原则是平等自由原则，第二个原则是由两个分原则构成，即机会公平原则和差别原则。罗尔斯认为，第一个原则是优先于第二个原则的，第二个原则中的机会公平原则优先于差别原则。所谓平等自由原则，就是人们具有平等的自由权利，包括政治自由、思想自由、人身自由等自由权利，社会的制度规范应该"平等地适用于每一个人"⑥；所谓机会公平原则，就是所有人都有同样的合法权利和公平的机会获得有利的社会地位；

---

① [古希腊]亚里士多德. 尼各马科伦理学，[M]. 苗立田，译. 北京：中国人民大学出版社，2003年，第98页.
② [古希腊]亚里士多德. 亚里士多德全集（第八卷）[M]. 苗立田，译. 北京：中国人民大学出版社，1992年，第279页.
③ [英]杰里米·边沁. 政府片论[M]. 沈叔平，等，译. 北京：商务印书馆，1997年，第92页.
④ [英]约翰·斯图马特·穆勒. 功利主义[M]. 叶建新，译. 北京：九州出版社，2007年，第103页.
⑤ [英]约翰·斯图马特·穆勒. 功利主义[M]. 叶建新，译. 北京：九州出版社，2007年，第107页.
⑥ [美]罗尔斯（Rawls, J.） 正义论[M]. 谢延光，译. 上海：上海译文出版社，1991年10月，第330页.

所谓差别原则，是指应当对现实中具有不同社会地位的人区别对待，使现实中处于不利地位的人也能像处于有利地位的人那样具有获得社会有利地位的能力，也就是说，差别原则强调在社会利益的分配上要区别对待，社会利益的分配应当有利于社会中最不利成员的最大利益。当然，尽管罗尔斯的正义论的影响力巨大，但也引发了不少非议，例如，罗尔斯的两个原则"并没有包含足够让人对不同自由的优先顺序做出分类的信息"①，也就是对于自由权利之间的矛盾和冲突未能提供解决的原则和方案；又如，差别原则在偏袒穷人的利益，会让富人难以遵从，等等。

鉴于上述几种具有代表性和影响力的公平观，在这里作以下几点界定和扩展：

第一，公平是指社会公平，个体的公平应置于社会群体中判断，单独的个体公平是没有价值判断意义的。以公平视角观察欧盟的语言政策，是把欧盟作为一个整体来看待的，把各种官方语言、区域性及少数民族语言都置于同一个社会整体中，才可能判断出语言地位的平等与否。

第二，公平既包括形式上的公平，也包括实质上的公平。形式上的公平即量的公平，主要体现为规则的公平；实质上的公平即质的公平，主要体现为权利的实现（结果上）是公平的。欧盟在推行和实施多语化语言政策中，确实给予了24种官方语言以平等的法律地位，这是形式上的公平；但欧盟大多数机构内部的实际工作语言，却有不同的规定（有的规定为24种官方语言，有的规定为部分几种语言），而在规定之下的实际使用情况却又另有习惯（可能只使用其中某两三种语言），再者，欧盟的翻译资源不足以支撑庞大的翻译服务需求，这就难以保证实质上的公平。

第三，在利益的实现上，机会公平才是真正的公平；在利益的分配上，差别对待才能实现分配正义，才是真正的公平。一方面，欧盟语言教育以"母语+两门外语"为目标，着力提升欧盟公民的多语能力，这对于提升公民的竞争力和增加社会融合度起着重要的作用，其实质乃是在追求机会公平；另一方面，欧盟对区域性及少数民族语言的保护进行资源和政策的倾斜，其实就是差别对待的体现，追求的是分配公平。

总之，公平作为欧盟多语化语言政策的核心价值追求，是一个应然的目标，而其在实践中制定和实施的实然状态是否与应然目标吻合，还需要回归到公平的视角审度之。

---

① [美]丹尼斯·C. 穆勒. 公共选择理论[M]. 杨春雪，等，译. 北京：中国社会科学出版社，1999年，第506页。

1.4.2 语言政策

政策，其中文含义是"国家或政党为实现一定历史时期的路线而制定的行动准则"①。按照这一定义，欧盟既非国家，也非政党，那么欧盟的语言政策就不能叫政策。在欧盟的官方文献中，"语言政策"的英文是"language policy"。中文中的"政策"和英文中的"policy"的意思是不完全等同的，英文里的"policy"用西方学者的话来概括就是"在某一特定的环境下，个人、团体或政府有计划的活动过程，提出政策的用意就是利用时机、克服障碍，以实现某个既定的目标，或达到某一既定的目的。"②可见，英文中政策的涵义比中文中的涵义要更广，既包括战略、策略、准则、规范、规定、条例、法律，还包括规划、行动计划和具体措施。本文对于政策概念的界定采取广义的方式，也只有采取广义的政策含义，才可能肯定欧盟多语化语言政策的存在。

语言政策，是"关于语言地位、语言作用、语言权利、语际关系、语言发展、语言文字使用与规范等的重要规定和措施"③。这里必须强调，语言政策包含对文字的规定，而不仅仅只有"发音"。从归属上看，语言政策应当属于公共政策范畴，因为公共政策的基本特征就是以公权力为依托，以解决公共问题为目的，以维护公共利益为使命的，语言政策就是一种典型的公共政策；进一步而言，语言政策当属公共政策中的文化政策，因为语言与文化的关系有着天然的密切关系，语言文字既是文化的载体，更是文化的重要表现。所以说，文化政策是语言政策的上级范畴。

从语言政策的作用范围来看，可以把语言政策的基本内容概括为如下四个方面：

①语言地位政策，即关于规划不同语言法律地位的政策，比如规定何种语言文字为官方语言文字，采取单一官方语言文字还是多种官方语言文字，官方语言文字和非官方语言文字之间的地位和关系如何处理，不同非官方语言文字之间的地位和关系如何处理。

②语言教育政策，即针对语言文字使用者的语言政策。

③语言规范政策，即针对语言文字本体的政策，主要是语言文字的规范化和标准化要求。

---

① 中国社会科学院语言研究所词典编辑室. 现代汉语词典[M]. 六版. 北京：商务印书馆，2012年，第1741页.
② Carl Friedrich. Man and His Government. New York: McGrow – Hill, 1963, Page.79.
③ 陈章太. 论语言规划的基本原则[J]. 语言科学，2005（2）：54.

④语言保护政策，即针对"弱势语言"进行特别关注和科学保护的政策，比如少数民族语言文字保护政策。需要说明的是，"弱势语言"是指本来就很少人使用并且越来越少用的语言文字，以及在某个范围和区域内越来越不普及的语言文字。基于"弱势语言"的文化意义和政治意义，语言保护政策的直接目的就是保护"弱势群体"、维持文化多样性。

欧盟语言政策，是指欧洲联盟（European Union，简称EU）的语言文字政策。欧盟是一个国家联盟，尽管各成员国让渡了一些非常重要的国家主权，尽管其有着很多"超国家"的特征和属性，但它依然属于一个国际组织，其政策的制定和实施并没有像一个主权国家内部的政策那样拥有完全权限。欧盟语言政策的制定主体是欧盟机构，包括欧洲议会、欧盟理事会、欧盟委员会等；欧盟语言政策的客体是欧盟成员国及全体欧盟公民。从理论上说，语言政策从作用范围上应该分为四类，即前述的语言地位政策、语言教育政策、语言规范政策和语言保护政策。但是由于语言本体的规范化和标准化问题乃属成员国内政，只能由成员国国内立法调整，欧盟既无权干涉也无法通过立法和制定政策来调整，因此，欧盟的语言政策其实只有三类：

①语言地位政策——欧盟实行24种官方语言平等政策；
②语言教育政策——欧盟实行多语教育政策；
③语言保护政策——欧盟实行区域性及少数民族语言保护政策。

1.4.3 多语化

本书直接把欧盟的语言政策称为"欧盟多语化语言政策"，主要是为了强调欧盟语言政策最突出的特色——多语化，毕竟，欧盟不存在、也从未制定和推行过单语化的语言政策。从欧盟成立之初——追溯到欧洲六国（法国、意大利、联邦德国、荷兰、比利时、卢森堡）1951年签署《巴黎条约》成立欧洲煤钢共同体以及1957年签署《罗马条约》成立欧洲经济共同体和欧洲原子能共同体开始，就确定法语、德语、意大利语及荷兰语共四门语言为欧共体的官方语言，时至今天，欧盟已经发展至24门官方语言，而且每一种官方语言的地位是平等的。因此，"多语化"是对欧盟语言政策的恰当概括。

所谓"多语化"，是多种语言并列的状态，是指在语言使用、语言教育和语言保护中均顾及多种语言，承认并尊重语言的多样性，多语共存、多语共用、多语共传（播），反对语言同化，维护多语文化。

与"多语化"相关性较强的是"多语主义"，二者确实有很多一致的地方，在欧盟的官方文件中都以"multilingualism"出现。严格来说，"多语主义"是"多语化"的导向，"多语化"是坚持"多语主义"的结果。不过，"多语主义"更多的是强调文化多样性的价值取向，是一种政治主张；而"多语化"则是一种语言现状及趋势，是一种现实和态势。当然，也只有"多语主义"才符合欧盟"多样性的联合"的总体建构目标。

另外，"多语化"是指三种语言以上，否则就是单语或者双语。欧盟多语化语言政策区别于很多国家和地区的语言政策，官方语言有24种，语言教育推行"一门母语+两门外语"（至少三门），弱势语言保护涉及的就更多，确实不是简单的单语或者双语，而是名副其实的多语。

2

欧盟多语化语言政策的研究基础

欧盟多语化语言政策的研究应建立在一定的理论基础和实践基础之上，在夯实研究基础和捋清研究思路之后，再以新的视角——公平视角审度之，才可能有新的发现。

在理论基础方面，欧盟多语化语言政策本身就是一个交叉学科命题，必然涉及欧洲学、语言政策学等学科知识和理论方法，同时，欧盟政策的制定、实施和评估均离不开软法理论的指导，公平视角下的观察也需要运用到罗尔斯的"正义论"等法学原理作为理论工具。可见，公平视角下欧盟多语化语言政策的研究应当以欧洲学跨学科理论、语言学与语言政策学一般原理、软法理论一般原理和罗尔斯的"正义论"等法学原理为最主要的理论基础。

在实践基础方面，欧盟多语化语言政策研究必须充分关注其制定和实施过程中的前提、背景、属性和发展演变的历史。在前提上，欧盟作为一个特殊的国家组织，已然具有超国家性，欧盟的法律（特别是基础条约）具有直接效力并能在成员国中直接适用，这是欧盟多语化语言政策区别于一般主权国家却又能够制定和实施的最大前提和合法基础；在背景上，欧盟各成员国有不一样的语言环境和语言种类，成员国也有各自的国内语言政策（含法律），欧盟境内的多语背景对欧盟语言政策的多语取向有着直接促成的作用；在历史上，从欧盟成立（追溯到欧共体的成立）至今，欧盟语言政策的政策取向是一如既往的，即"多语主义"，但并非一成不变，欧盟语言政策对于"多样性的联合"建构目标的追求以及对"公平"的价值取向选择有其历史演变的过程。也就是说，欧盟的超国家性质、欧盟各成员国的语言背景和欧盟多语化语言政策的历史演变，是公平视角下欧盟多语化语言政策研究的重要实践基础。

2.1 理论基础

2.1.1 欧洲学跨学科理论

欧洲学[①]是研究欧洲问题的科学，从广义上说，凡涉及欧洲问题都可以成为欧洲学研究的范畴和领域；从学科性质上说，欧洲学是一个交叉学科，也称跨学科学科，欧洲学学科本身没有专门的、固定的学科理论体系，但其跨学科研究的理论和方法是非常有效的综合理论和科研方法。公平视角下欧盟多语化语言政策的研究，宏观上说，既涉及欧洲的文化研究，也涉及欧洲的政治和法律研究，但重点应该是政治和法

---

① "欧洲学"概念是由我国欧洲问题专家、欧洲学会原会长陈乐民教授首倡的，可以说，陈乐民教授是欧洲学学科的创始人，根据陈乐民教授的诠释，所谓欧洲学就是研究欧洲问题的科学。

律方面的研究。具体从学科理论的视角，即欧洲学的跨学科理论看，至少可以运用以下几种理论进行研究指导。

第一，国际法学相关理论：国际法是国际交往中形成的，用以调整国际关系的有法律约束力的各种原则、规则和制度的总称①。欧盟法，在学界中尽管对其性质的认识存在多种争论，而欧盟法确实有着很多区别于一般国际法的特点（有学者称之为"自成一类的法律体系"②），但是，欧盟法依旧拥有着国际法的一般特征。尽管欧盟法正在向国内法演变，但毕竟未能成为国内法（《欧盟宪法条约》并未获得通过是最好的例证），而现行的欧盟法就是从过去的国际公法逐渐发展演变而成的，因此，国际法学的相关理论如国际法的基本原则（主权平等、国际合作、民族自决、不干涉内政等）、继承与承认和国际经济法相关理论等，都适用于指导和理解欧盟法的实践。再者，欧盟具有独立的法律人格（《里斯本条约》生效后），欧盟可以自己的名义参加国际谈判、签署国际条约，也可以向第三方国家派驻使团，在国际条约中欧盟便是作为国际法主体而受国际法所调整的。例如，欧洲委员会③（不是欧盟机构）1992年通过的《欧洲区域性及少数民族语言宪章》，欧盟的大部分成员国均签署并批准了该宪章，而该宪章便是典型的国际法而非欧盟立法，不过这也是欧盟多语化语言政策在区域性及少数民族语言保护方面的重要法律依据。

第二，行政法学相关理论：欧盟也有行政法，而且欧盟多语化语言政策的最主要也是最集中的依据就是欧盟行政法。从欧盟机构的设立和权力划分看，欧盟行政法主要是指那些"以欧盟委员会为核心的有关欧洲行政机构的设立、职权、活动程序的法律规范"④。事实上，大部分的欧盟多语化语言政策都是由欧盟委员会出台的，例如2003年的《2004—2006年度促进语言学习及语言多样性行动计划》，2005年的《促进多语使用的新战略框架》等重要的行动计划和措施，都是欧盟委员会直接出台的，这些重要的具有可操作性的语言政策法律文本就属于欧盟行政法，其中包含着授益性行为和负担性行为等相关行政法理论的运用是显而易见的。因此，欧盟多语化语言政策的研究离不开行政法学理论的指导。

---

① 梁西.国际法[M].武汉：武汉大学出版社，2008年，第3页.
② 曾令良.欧洲联盟法总论：以《欧洲宪法条约》为新视角[M].武汉：武汉大学出版社，2007年，第78页.
③ 欧洲委员会（Council of Europe）的成员国有47个，于1949年5月5日在伦敦签订《欧洲委员会规章》而正式成立。
④ 曾令良.欧洲联盟法总论：以《欧洲宪法条约》为新视角[M].武汉：武汉大学出版社，2007年，第78页.

第三，经济学中关于公平和效率关系的理论：欧盟多语化语言政策的制定、施行及相关实践必然牵涉到公平与效率的关系问题，而公平与效率的关系一直是经济学非常关注的热点问题。关于公平与效率的关系，经济学家们的看法也是不一样的，有的经济学家（如美国经济学家阿瑟·奥肯）认为公平与效率是此消彼长的关系，有的经济学家（如库兹涅茨）认为是某种曲线关系（倒U型曲线，即在某个临界点前，二者是正相关关系，之后则为此消彼长关系）。不管哪一种理论模型，都揭示出了公平与效率之间确实是存在一定矛盾的。从历史发展看，欧盟多语化语言政策一直坚持公平的价值取向，而在实践中，确实不时地发生公平与效率的冲突而导致政策推行的无果。因此，欧盟多语化语言政策的研究需要以相关经济学理论为指导和参考，比如如何创设条件、调整条件让公平与效率更好地协调，从而把握和协调好政策的公平取向与发展效率的关系。

第四，国际关系相关理论：欧盟的成立和发展的背后，确实折射出国际关系理论对国际关系的巨大影响，欧盟多语化语言政策的研究当然离不开国际关系相关理论的指导。一般而言，现实主义（爱德华·卡尔、摩根索、肯尼斯·华尔兹等）、自由主义（罗伯特·基欧汉、约瑟夫·奈等）和建构主义（亚历山大·温特）等三大流派的理论是当前较为主流的国际关系理论。从国际经济的角度看，欧盟倾向于受自由主义的影响，一直主张并已经实现欧盟境内的资本、服务、人员和商品的贸易和流动自由；而在语言政策等文化政策及其他社会公共政策的制定和施行方面则倾向于受建构主义的影响。建构主义的核心概念是"国际规范"，其基本的逻辑是"国际规范决定国际体系的稳定性"[①]，而国际规范的建构需要以"共有知识"（也就是集体认同）为基础，用建构主义的代表学者温特的话来说就是："说到底，社会类别的理论所指涉的必须是自然类别，包括可以用因果指涉理论解释的人的身体和人的实在行为，不承认客观自然的建构主义是过于激进的建构主义。"从建构主义的这些理论逻辑和相关论述中或许可以有力地解释，欧盟为什么要坚持实行多语化语言政策——因为从欧盟成立之日起，多语本身就是一种客观的自然状态，如果强行推行语言文字的同化政策便是激进的建构主义，而事实上也难以形成集体认同，缺乏集体认同的"共有知识"，国际规范就难以建立，欧盟体系就无从建构。

2.1.2 语言学和语言政策学基本理论

语言政策的研究，离不开语言学和政策学的基本理论的指导。

---

① 宋伟. 国际关系理论[M]. 上海：上海教育出版社，2011年，第258页.

语言学，是研究人类语言的科学，是关于语言的性质、结构、功能和语言的发展变异的机制和规律及相关实践经验总结的理论学科。世界上的人类语言千差万别，哪怕只是欧洲范围内的语言也差异明显，但只要是人类语言，其语言内部各要素就会有共同的特征以及一些共同的规律，这些都属于语言学研究的基本范畴。语言学一般可以分为理论语言学和应用语言学，理论语言学又分为一般语言学、专语语言学和比较语言学。应用语言学可以分为社会科学应用语言学和科技工程应用语言学[①]。欧盟语言政策的研究，微观上涉及语言的交际、传播和规范，即语言的本体，宏观上涉及语言规划、语言教育和语言的保护。因此，语言政策的研究离不开语言学基本理论的指导。

在语言政策学方面：20世纪50年代，勒纳（D. Lerner）和拉斯韦尔（Harold Lasswell）著作《政策科学：范围和方法的最近发展》公开出版，标志着"政策学"作为一门学科的诞生。理论是随着实践的深入而不断发展的，而新的实践也催生出新的理论——语言问题的出现，直接催生了语言政策学的产生，并作为政策科学的一个学科分支在实践中不断向前发展。

所谓语言问题，是指"由语言及其社会应用带来的需要认真对付、解决的困难与麻烦"[②]，而要解决语言问题就需要调动语言资源及其他公共资源，这就需要公权力的介入——语言政策就是以公权力为依托解决社会语言问题的极为重要的手段，语言政策学也由此建构。语言政策学的研究对象，当然就是语言政策，从时间维度看，包括不同时期的语言政策；从空间维度看，包括不同国家和地区的语言政策；从研究内容看，包括语言政策的起源和性质、主体和客体、制定和执行、评价和调整等多个方面。

公平视角下欧盟多语化语言政策的研究，以语言政策学的理论和原理为指导是应当并且是恰当的。首先，欧盟多语化语言政策的起源和性质有待进一步考究，因为欧盟尽管具有不少"超国家"的性质和特点，但其仍不是一个主权国家，其语言政策的归属既涉及欧盟的"第一支柱"，也涉及"第二支柱"和"第三支柱"，需要联系语言政策学中关于主体和客体分析的相关理论；其次，欧盟多语化语言政策的价值取向及其具体选择需要联系语言政策学中关于语言政策影响因素的分析理论；最后，公平视角下欧盟多语化语言政策的实施评价和改良空间的分析，需要联系语言政策学中的语言政策评估理论、评价理论和调整理论。所以说，语言政策学是公平视角下欧盟多

---

① 刘富华，孙炜. 语言学通论[M]. 北京：北京语言大学出版社，2009年03月，第16页.
② 陈章太. 语言资源与语言问题[J]. 云南师范大学学报，2009（4）：5.

语化语言政策研究中具有重要指导意义的基础理论。

2.1.3 软法理论一般原理

软法及其理论最早是在国际法领域兴起的。软法（soft Law）是指"原则上没有法律约束力但有实际效力的行为规则"①。软法是相对于硬法（hard law）而言的，软法一般表现为建议（recommendations）、标准（standards）、行为准则（code of conducts）、指南（guidelines）、意见（opinions）、通知（notices）、宣言（declaration）、框架（framework）、行动纲领（action programs）等②，而硬法通常是指国际条约和国际惯例。欧盟多语化语言政策的法律文本，除了欧盟基础条约中关于官方语言地位平等的少数条款之外，其余绝大部分都属于软法，例如《欧洲语言年计划》（Decision No 1934/2000/EC Published in the Official Journal on the 14th of september 2000.）、《共同体外语教学推广计划》（即著名的LINGUA 计划，Council Decision 489/89/EEC , OJ No. L239，1989/8/16：24-25；Decision No. 819/95/EEC, OJ No. L87, 1995/4/20:21.）、《关于地区性语言与文化以及少数民族共同体宪章的决议》（欧洲议会1981年通过，属于建议性质）、《关于促进少数民族语言与文化的决议》（欧洲议会1983年通过，属于建议性质）、《关于共同体内区域性及少数民族语言与文化的决议》（欧洲议会1987年通过，属于建议性质）、《关于共同体内语言与文化少数民族的决议》（欧洲议会1994年通过，属于建议性质）、《推进多语的政治进程》（欧盟委员会2007年发布的纲领计划）、《促进多语使用的新战略框架》（欧盟委员会2005年发布的行动框架）、《多语社会：欧洲的财富与共同的责任》（欧盟委员会2008年发布的宣言）等等。事实上，欧盟多语化语言政策大多是欧盟官方机构（欧盟委员会、欧洲议会等）出台的建议（recommendations）、意见（opinions）、通报（communications）、结论（conclusions）、行动计划和纲领（action programmes）等，均缺乏法律强制力，但其推行和实施由于得到欧盟机构及相关成员国在财政等方面的支持，是有实际效力的，属于典型的软法。

在治理功能上，软法"在公共治理中起着增强公民的主体意识与促进社会自

---

① Francis Suvdey. Soft Law and Institutional Practice in the European Community [A] . Steve Martin ed.. The Construction of Europe: Essays in Honour of Emile Noel [M] . Kluwer Acadermic Publishers, 1994, page 198.
② 万霞. 试析软法在国际法中的勃兴[J]. 外交评论，2011（5）：132.

治、弥补硬法不足、降低立法与执法成本、创新管理方式、防止公权力滥用的积极作用"①。欧盟多语化语言政策发挥的正是此类功能。一方面，欧盟多语化语言政策的立足点是多语主义，其目标是公平，原则与口号是"多样的联合"（Unity in Diversity），宗旨是增强欧盟的集体认同。另一方面，欧盟多语化语言政策在制定上多为"语言行动计划""建议"和"措施"，尽管没有强制力，但也不需要全体成员国的通过，政策制定成本（立法成本）较低，管理措施灵活，执行效果虽不可能"不折不扣"但明显能通过调度语言资源及其他社会公共资源实现语言政策的基本目标，同时还发挥了示范和带动效应，对于欧盟未来的语言文字立法（硬法）也有较好的先导性作用。还有，随着欧盟委员会"多语使用总司"②等功能性和专业化组织的设立和运行，软法性质的欧盟多语化语言政策的灵活性、温和性（非强制性）和回旋性得以凸显，从而有利于政策的执行。所以，欧盟多语化语言政策的研究离不开软法理论的指导和应用。

2.1.4 罗尔斯的"正义论"等理论原理

罗尔斯在其《正义论》开篇第一章中便明确提出"正义即公平""正义即公平的相对稳定性"的鲜明观点，其在《正义论》和《作为公平的正义》中均提出了作为公正的正义的两个基本原则："①每一个人对于一种平等的基本自由之完全适当体制（scheme）都拥有相同的不可剥夺的权利，而这种体制与适于所有人的同样自由体制是相容的。②社会和经济的不平等应该满足两个条件：第一，它们所从属的公职和职位应该在公平的平等机会下对所有人开放；第二，它们应该有利于社会之最不利成员的最大利益。"③如此看来，罗尔斯的"正义即公平"原理其实可以归结为三个原则：第一是平等自由原则，第二是机会公平原则，第三是差别原则，当然，这三个原则是有先后次序之分的，第一个原则为最优先，第二个原则机会公平原则优先于第三个原则差别原则。按照罗尔斯的"正义论"原理，这三个原则可以作为判断社会规范（包

---

① 石佑启. 论区域合作与软法治理[J]. 学术研究，2011（6）：32.
② 欧盟委员会多语使用总司创立于2007年1月1日，据欧盟官方公告：该工作部门反映出促进语言使用多样性在欧盟基础教育、终身学习、经济竞争性、就业、公正、民主以及安全方面的重要性。语言多样性是联盟的基本现实，而欧盟委员会致力于维护并促进这一重要特征。因而这一部门的主要任务是通过促进多语使用提升联盟的经济竞争能力及经济成长性、提高就业水平，推进终身学习及不同文化背景的公民对话，同时通过与公民的多语交流培育联盟政治对话空间。（见欧盟官方公告原文：A political agenda for multilingualism，来源：欧盟官方网站http://ec.europa.eu/commission_barroso/orban，2018年5月25日访问.）
③ [美]罗尔斯（Rawls, J.）. 正义论[M]. 谢延光，译. 上海：上海译文出版社，1991年10月，第330页.

括政策）是否公平、如何建构公平的标准和准则。欧盟多语化语言政策的研究，需要运用罗尔斯的"正义论"等法学原理进行公平价值的分析以及公平制度的构建。

第一，平等自由原则在欧盟多语化语言政策中最直接体现为欧盟的官方语言平等政策；所谓平等自由原则，就是人们具有平等的自由权利，包括政治自由、思想自由、人身自由等自由权利，社会的制度规范应该"平等地适用于每一个人"[①]。欧盟的官方语言平等政策，是欧盟共28个成员国的24种官方语言一律作为欧盟的官方语言且一律平等，在法律规定的情况下必须使用全部官方语言，欧盟的公民有权以任何一种官方语言向欧盟机构致函（写信或发送网络申请等正式函），欧盟机构必须以相同语言回复。欧盟的官方语言平等政策，通过规则（法律和政策）赋予、确定和保障所有公民、所有官方语言在使用上的平等自由，因此，欧盟的官方语言平等政策的实质是一种规则公平。

第二，机会公平原则在欧盟多语化语言政策中最直接体现为欧盟的多语教育政策。所谓机会公平原则，就是所有人都有同样的合法权利和公平的机会获得有利的社会地位。不同语言群体在交际和交流中都会发生语言问题，语言不平等是客观的、天然的、不可避免的，事实上欧盟内部就有强势语言和弱势语言的区别，欧盟在推行多语主义、实施多语化语言政策的过程中采取的"一门母语+两门外语"等语言教育政策，目的就在于提升欧盟公民的多语能力、消除语言障碍、促进各成员国人民的跨国流动，这对于欧盟公民在就业、晋升、创业等各方面更容易获得有利的地位和机会都有直接的促进作用。因此，欧盟的多语教育政策的实质是一种机会公平。

第三，差别原则在欧盟多语化语言政策中最直接体现为欧盟的区域性和少数民族语言保护政策。所谓差别原则，是指应当对现实中具有不同社会地位的人区别对待，使现实中处于不利地位的人也能像处于有利地位的人那样具有获得社会有利地位的能力，也就是说，差别原则强调在社会利益的分配上要区别对待，社会利益的分配应当有利于社会中最不利成员的最大利益。欧盟的区域性和少数民族语言保护政策与国内法中关于残障人士倾斜的保护的目标和意义是相似的，追求的是实质正义，是权利实现的公平。因为如果不予以差别对待，本来就处于不利地位的人（弱势语言者）根本不可能像处于有利地位的人（强势语言者）那样具有获得社会有利地位的能力（比如正常的跨国流动而获得就业、创业的机会）。因此，欧盟的区域性和少数民族语言保护政策的实质是权利实现的公平。

需要补充的是，罗尔斯还提出了一个"无知之幕"的理论假设，作为探讨和推

[①] [美]罗尔斯（Rawls, J.）.正义论[M].谢延光，译.上海：上海译文出版社，1991年10月，第330页.

导公平正义的理论工具。假设人们都摆脱了现实中的一切，就像在人们面前拉起了一幅巨幕，人们并不知道自己在现实中将会变成如何，让人们回到最纯粹的原点开始思考"如何才是正义"。"无知之幕"的理论假设（或者说是一个思想实验）对于公平视角下欧盟多语化语言政策的研究是非常具有启发性和指导性的，这个理论工具十分有助于公平标准的构建。比如，拉下"无知之幕"后，作为欧盟的公民期望自己的母语是什么（强势语言和弱势语言的情形各会如何），自己的母语和其他语言的关系是什么，自己是否需要学习其他语言，学习（教育）的条件由谁（家庭还是政府还是欧盟）来保障……显然，"无知之幕"能够带来很多针对语言政策改良和调整的有益的、理性的思考，而欧盟多语化语言政策的调整和改良的思路其实就是公平价值从实然向应然进发的路径。

综上，罗尔斯的正义论等法学原理是公平视角下欧盟多语化语言政策的研究重要理论基础，对本文的研究是很有指导意义的。

2.2　实践基础

2.2.1　欧盟的超国家性及其法律体系

一般而言，语言政策属于主权国家一国的内政，国际组织在不具备主权国家权能的情况下是无权也无法制定和实施语言政策的，只能制定语言协调的相关机制，如东盟在《东盟宪章》中仅规定了英语作为工作语言，非洲联盟在《非洲联盟章程》中仅规定了工作语言（非洲语言、英语、法语、阿拉伯语、葡萄牙语），南美洲联盟在《南美洲国家联盟宪章》中也仅仅规定了官方语言（英语、西班牙语、葡萄牙语以及荷兰语），并无其他关于语言教育、保护、标准化等规定。而欧盟不仅仅在多个基础条约中有关于官方语言、工作语言的规定，还出台了包括语言平等政策、多语教育政策、区域性及少数民族语言保护政策等多语化语言政策。事实上，欧盟多语化语言政策能够制定和实施有一个最大的前提：欧盟具有超国家性。所谓超国家性，是指欧盟作为一个国际组织，却超越了国家的权利（力）的边界。作为一个特殊的国际组织，欧盟不同于东盟、非盟、南盟等区域性国家间组织，欧盟已然具有许多超国家的性质，这也是分析和研究欧盟多语化语言政策的最大前提。

1. 欧盟发展简史

早在1951年，欧洲六国：法国、意大利、联邦德国、荷兰、比利时、卢森堡为建立共同的煤钢市场（法国和德国的多年敌对状态也就此化解），在巴黎共同签署了《欧洲煤钢共同体条约》（也称《巴黎条约》），后经六国批准后于1952年生效，欧洲煤钢共同体（European Coal and Steel Community）正式成立，这就是欧盟最早的前身。

为进一步深化合作及促进欧洲一体化，上述六国于1957年在罗马签署了两个条约，分别是《欧洲经济共同体条约》和《欧洲原子能共同体条约》，这两个条约统称为《罗马条约》。1958年，欧洲经济共同体（European Economic Community）和欧洲原子能共同体（European Atomic Energy Community）成立。此时的欧洲出现了三个"共同体"，而事实上成员国都是一样的，要强调的是，这三个共同体都是单独具有独立法律人格的国际组织，而且分别拥有自己的决策机关和执行机关，即理事会和委员会。不过，六国后来签署了《关于为欧洲三大共同体建立共同机构的协定》，三大共同体共同建立了"欧洲议会"和"欧洲法院"两大共有机构。后于1965年，六国签署《建立欧洲共同体单一理事会和单一委员会条约》（通称《合并条约》）并于1967年生效，组建了三大共同体共同的理事会和共同的委员会，开始以统一的组织机构开展工作（不过，机构的统一构建不代表条约的合并，三个共同体依旧分别单独拥有独立法律人格）。学界很多学者认为，"欧共体"的诞生应以《合并条约》为标志。

1986年，此时欧共体已扩大至12个成员国①，12国签署了《单一欧洲文件》（Single European Act，又称《单一欧洲法令》）并于1987年生效。该文件修订了《欧洲煤钢共同体条约》《欧洲经济共同体条约》和《欧洲原子能共同体条约》，确立了一个共同的目标，即建立统一的大市场（文件称之为"内部市场"），要使货物、资本、服务和人员在大市场中实现自由流动。并且，以基本条约的形式（明确法律依据）增加了经济与货币政策、社会政策、经济与社会联结政策、共同研究与技术发展政策、环保政策及协调行动等五大政策，该文件还建立了欧洲政治合作机制。

1992年，12个成员国在马斯特里赫特签署了《马斯特里赫特条约》（简称《马约》），又称《欧洲联盟条约》（Treaty on European Union），并于1993年生效，标志着欧洲联盟的正式诞生。《欧洲联盟条约》修订了原来的三个共同体条约并增加了一些条款。《欧洲联盟条约》规定了欧盟的三大支柱：第一支柱为原来的三个共同体，现统称为"欧共体"②，第二支柱为"外交与安全政策"，第三支柱为"司法与内

---

① 这12个成员国分别是：法国、意大利、联邦德国、荷兰、比利时、卢森堡、英国、丹麦、爱尔兰、希腊、西班牙和葡萄牙。
② 《马约》将《欧洲经济共同体条约》更名为《欧共体条约》，"欧洲经济共同体"也就更名为"欧洲共同体"，简称"欧共体"。

务合作"；其中第一支柱为核心支柱，成员国有义务向欧盟让渡部分国家主权，也就是说，在欧共体框架下，欧盟具有典型的超国家性质；而第二和第三支柱则仅为"国家间合作"，成员国没有义务让渡主权。就此，欧盟被设计为两个"子联盟"，即"欧洲经济与货币联盟"和"欧洲政治联盟"，前一个子联盟其实就是第一支柱，后一个子联盟是第二和第三支柱。

1997年，15个欧盟成员国[①]签署了《阿姆斯特丹条约》（简称《阿约》），《阿约》主要是对《欧洲联盟条约》（《马约》）和《欧共体条约》进行修改，《阿约》可以说是《欧洲联盟条约》的修改版，所以《阿约》也被成为"第二《马约》"。《阿约》把"自由、民主、尊重人权及基本自由和法治"作为欧盟的基本原则；《阿约》还把原属于欧盟第三支柱的部分重要内容（如签证、移民、庇护及相关人员流动）直接移到第一支柱（即在《欧共体条约》中增加了相关规定）；把"欧洲政治联盟"（第二和第三支柱）中的一些政策推向共同化，即进一步推进了欧盟在政治领域的一体化。欧盟三大支柱经《阿约》的调整后，具体结构如表2–1所示。不过，《阿约》"并没有解决欧盟即将扩大后的一些组织和决策方式的问题，如欧盟委员会的委员名额及其分配、欧盟理事会特定多数表决中的加权票确定等，而是将这些问题留给了《尼斯条约》"[②]。

2001年，欧盟15个成员国在法国尼斯签署了《尼斯条约》（Treaty of Nice）并于2003年生效。《尼斯条约》全称是"修改《欧洲联盟条约》、建立欧洲各共同体诸条约和某些附件的尼斯条约"，《尼斯条约》在《阿约》的基础上修改了《欧洲联盟条约》，并"进一步扩大以特定多数方式决策的事项，缩小以全体一致方式决策的范围"[③]，从而解决了欧盟的决策方式问题，同时也为欧盟的东扩做了相应的准备。另外，《尼斯条约》还对欧盟委员会、欧洲议会、欧洲法院、审计院等欧盟主要机构进行了系列的改革和调整。

---

① 《马约》生效后，芬兰、奥地利、瑞典三国于1995年加入了欧盟，欧盟成员国增至15个，因此，《阿约》的签署共有15个成员国。
② 曾令良. 欧洲联盟法总论：以《欧洲宪法条约》为新视角[M]. 武汉：武汉大学出版社，2007年，第18页.
③ 曾令良. 欧洲联盟法总论：以《欧洲宪法条约》为新视角[M]. 武汉：武汉大学出版社，2007年，第19页.

表2-1　欧洲联盟内部结构及关系

欧洲联盟		
第二支柱 共同外交与安全政策	第一支柱 欧洲共同体	第三支柱 司法与内务合作
外交政策 合作、共同立场和措施 维和 人权 民主 对非成员国援助 安全政策 欧盟安全 裁军 防务的财政安排 欧洲的安全框架	欧共体 关税同盟与单一市场，农业政策 结构政策，贸易政策 新的或经过修订的规定 欧盟公民资格，教育与文化 跨欧网络，消费者保护 健康，研究与环境 社会政策，避难政策 外部边缘，移民政策 欧洲原子能共同体 欧洲煤钢共同体	司法机构的民事与刑事合作 警务合作 打击种族主义与排外 打击毒品与武器交易 打击有组织犯罪 打击恐怖主义 打击针对儿童、贩卖人口的犯罪活动

资料来源：①[法]拉哈，法布里斯著，欧洲一体化史（1945—2004）[M]. 彭姝祎，译. 北京：中国社会科学出版社，2005年，第188页。②田鹏. 集体认同视角下的欧盟语言政策研究[M]. 北京：北京大学出版社，2015年，第73页。

2004年，欧盟已扩展至25个成员国①，25国于同年在布鲁塞尔首脑会议上通过了"欧盟宪法条约草案"，并于同年在罗马正式签署了《欧盟宪法条约》（Treaty Establishing a Constitution for Europe），但该条约的生效须经所有成员国国内公投或议会投票通过批准。2005年，法国和荷兰的公投否决了该条约，致使《欧盟宪法条约》不能生效，欧盟出现了严重的制宪危机。《欧盟宪法条约》虽然不能生效，但是从学理上说，《欧盟宪法条约》本身的意义是非凡的：第一，该条约是超越已有的《欧洲联盟条约》和《欧共体条约》这些基础性条约的"宪法条约"，其目标就是要直接建立经济和政治的国家实体联盟，若生效，这就是欧盟的"宪法"了，欧盟就建立近似于"联邦制"的政体了；第二，该条约若生效，将取代《欧洲联盟条约》和现行的三个共同体条约，欧盟将具有单一的法律人格；第三，该条约有很多创新性的制度设计，如创设制宪公会和政府间会议相结合的模式，制宪会议的代表组成人员制

---

① 欧盟于2004年新增了十个新成员国：斯洛文尼亚、斯洛伐克、波兰、马其他、立陶宛、拉脱维亚、匈牙利、爱沙尼亚、捷克、塞浦路斯。

度，理事会常任主席国的选举制度，理事会决策的表决机制，等等，该条约若生效，将使欧盟法从"联盟法"质变为"国内法"。

为挽救制宪危机，欧盟启动了"改革条约"的行动，并于2007年末促成各成员国在里斯本正式签署了一个新条约——《里斯本条约》（Treaty of Risbon）（简称《里约》），《里约》于2009年12月生效。《里约》并不是一个全新的条约，与《尼斯条约》《阿约》类似，《里约》是一个修改之前已有条约的条约（主要是修改《欧洲联盟条约》和《欧共体条约》的部分条款），不过在欧盟制宪效果上，《里约》取代了之前被否决而未生效的《欧盟宪法条约》，从而挽救了欧盟的制宪危机。该条约的意义和影响是重大的：第一，欧盟依据《里约》获得了独立法律人格，以前只有欧共体具有法人地位而且仅局限于经济领域，欧盟作为经济和政治联盟而获得独立法律人格，意味着欧盟的职能能够超越经济领域而延伸到政治领域，这对于促进欧盟的政治一体化有重要的积极意义；第二，《里约》对《欧洲联盟条约》做了内容调整但未改动条约名称，而把《欧共体条约》改名为《欧盟运行条约》，也就是说，目前（2018年）欧盟最基础的、现行有效的、具有宪法性质的条约就是这两部[①]——《欧洲联盟条约》和《欧盟运行条约》；第三，欧盟"三个支柱"的区分模糊化了，有学者直接概括为"合并三个支柱"[②]，因为欧盟取代了欧共体拓展了欧盟的活动领域；第四，《里约》还调整了欧盟机构的设置、改革了决策的程序、调整了欧盟内部的关系并写入了退出条款（《里约》在《马约》的"最终规定"一编中加入了"任何成员国可以根据本身的制宪要求，决定退出欧盟"，并制定了实施程序[③]，这也是如今英国脱欧的主要法律依据）。

从1965年《合并条约》至今（2018年），欧盟（欧共体）经历了七次扩大，并仍在扩张中。根据三大共同体各自的条约的规定，任何欧洲国家均可申请加入，但申请必须同时加入三大共同体。1972年，英国、丹麦、爱尔兰和挪威四国在布鲁塞尔签署了加入欧共体条约，但挪威因国内公民投票反对而未能加入；1973年，欧共体成员国

---

① 严格来说，在欧盟官方网站上公布的现行有效的欧盟条约（Treaties currently in force）还有另外两部，即《欧洲原子能共同体条约》和《欧盟基本权利宪章》。由于欧洲原子能共同体早已被纳入到欧盟框架内，《欧洲原子能共同体条约》也就不宜称作欧盟的宪法性条约；而《里约》为了挽救欧盟的制宪危机，故意没有把《欧盟基本权利宪章》全文写入，但从立法技术上承认了《欧盟基本权利宪章》的法律效力，目的是淡化此宪章的宪法性条约地位，另外，波兰和英国对《欧盟基本权利宪章》提出了保留，也即不在此两国生效，该宪章并不具备全域约束力，因此不宜将《欧盟基本权利宪章》与《欧洲联盟条约》和《欧盟运行条约》并列为欧盟的宪法性条约。
② 戴炳然. 解读《里斯本条约》[J]. 欧洲研究，2008（2）：55.
③ 戴炳然. 解读《里斯本条约》[J]. 欧洲研究，2008（2）：57.

从6个国家扩大到9个国家。1979年，希腊签约加入并于1981年成为欧共体的第10个成员国。1985年，西班牙和葡萄牙两国签约加入并于1986年正式成为欧共体成员国，欧共体国家增加至12个。1995年，芬兰、奥地利、瑞典三国[①]加入了欧盟，欧盟成员国增加至15个。2004年，欧盟接纳了10个新成员——斯洛文尼亚、斯洛伐克、波兰、马其他、立陶宛、拉脱维亚、匈牙利、爱沙尼亚、捷克、塞浦路斯，欧盟成员国增至25个。2007年，罗马尼亚和保加利亚正式加入欧盟，欧盟成员国增至27个。2013年，克罗地亚正式加入欧盟，欧盟成员国增至28个。2016年英国公投脱欧并于2020年完成了脱欧。最近这几年，欧盟展开了与冰岛、土耳其、马其顿、黑山、阿尔巴尼亚、塞尔维亚等国的谈判，欧盟有可能继续扩张。

如果以时间为序，可以简要归纳如下：

1951年，六国签署《巴黎条约》并于1952年生效，欧洲煤钢共同体成立。

1957年，六国签署《罗马条约》并于1958年生效，欧洲经济共同体和欧洲原子能共同体成立。

1965年，《合并条约》生效，三大共同体成立共同的理事会和委员会。

1973年，英国、丹麦、爱尔兰正式加入欧共体，成员国总数从6个扩大到9个。

1981年，希腊正式成为欧共体的第10个成员国。

1986年，西班牙和葡萄牙两国加入欧共体，成员国总数增加至12个。

1986年，12国签署了《单一欧洲文件》并于1987年生效，其目标是建立共同市场。

1992年，12个成员国签署《马约》，即《欧洲联盟条约》，并于1993年生效，标志着欧洲联盟的正式诞生，并设立三大支柱。

1995年，芬兰、奥地利、瑞典三国加入欧盟，欧盟成员国增加至15个。

1997年，15个欧盟成员国签署《阿约》，对《欧洲联盟条约》及《欧共体条约》进行修订。

2001年，欧盟15个成员国在法国尼斯签署了《尼斯条约》并于2003年生效。

2004年，斯洛文尼亚、斯洛伐克、波兰、马其他、立陶宛、拉脱维亚、匈牙利、爱沙尼亚、捷克、塞浦路斯10个新成员加入欧盟，欧盟成员国增至25个。

2004年，25个成员国首脑会议一致通过了《欧盟宪法条约》，但该条约于2005年分别在法国和荷兰遭到公民投票否决，欧盟陷入制宪危机。

2007年，罗马尼亚和保加利亚正式加入欧盟，欧盟成员国增至27个。

2007年末，欧盟27个成员国签署《里斯本条约》并于2009年生效，《欧洲联盟

---

① 当时还有挪威再次申请加入，但再次遭到国内公民投票的否决，因此至今未能加入。

条约》得到修改,《欧共体条约》改名为《欧盟运行条约》,欧盟拥有了独立法律人格,《里约》挽救了欧盟的制宪危机,但英国与波兰行驶了该条约的退出选择权。

2013年,克罗地亚正式加入欧盟,欧盟成员国增至28个。

2016年,英国公投脱欧,并于2020年完成脱欧。

最近这几年,欧盟仍在继续扩张。

2. 欧盟的主要机构

欧盟机构的设置较为复杂,其权能在很大程度上与主权国家相似,既表现出欧盟对于一体化的追求,同时也表现出欧盟的超国家性。欧盟的基础性条约经过多次的修订,现在根据最近一次的修订即《里斯本条约》,欧盟的官方机构主要有:欧盟理事会,欧盟委员会,欧洲议会,欧盟法院,欧盟审计院,欧洲经济与社会委员会,欧洲地区委员会等。而与欧盟立法最密切相关的机构则是欧盟理事会、欧盟委员会和欧洲议会,与欧盟多语化语言政策的制定和执行最密切相关的,也是这三大机构。

欧盟理事会(Council of European Union),又称"部长理事会",是欧盟最重要的决策和立法机构,由各成员国的部长级代表组成,代表的是成员国各自的利益(而非欧盟整体利益),因此,欧盟理事会在决策和立法中时常与其他欧盟机构(欧洲议会、欧盟委员会)意见相左而致决策困难。欧盟理事会的主要权能包括立法权、协调权(协调成员国事务)、缔结权(缔结欧盟与其他国际组织或其他国家的协议)等。而欧盟理事会的立法权主要表现为两个方面:一是与欧洲议会共同行使立法与预算职能;二是制定和颁布条例(regulation)、指令(directive)、决定(decision)。

欧洲议会(European Parliament),是欧盟公民对欧盟机构进行监督并参与欧盟决策的机关。欧洲议会是欧盟民主精神的代表,代表的是欧盟公民的利益,因为欧洲议会的议员是由欧盟公民直接选举产生的。在《里约》生效前,欧洲议会的象征意义大于实质意义,因为其既不具有独立的立法权(仅在立法程序中有形式上的参与权),也不具有实质的、有影响力和制约力的民主监督权(单凭自己力量无法阻止欧盟理事会对法案的通过),欧洲议会最实质的权力也就只有预算决定权。但根据《里约》生效后所做出的调整,欧洲议会被赋予了相对独立的实质性的立法权:立法的否定权——简单说就是如果欧洲议会否决法案,欧盟理事会就不能绕过欧洲议会而强行通过法案(以前可以),也就是说,欧洲议会的立法权已经上升到与欧盟理事会平级的状态,是权力制衡理念的体现。

欧盟委员会(European Commission),是欧盟立法的动议者、协调者、执行者,代表欧盟的整体利益,类似于行政机关角色。欧盟委员会中每个成员国都至少有一名委员，委员独立于任何成员国政府或党派[1]。根据《里约》对欧盟委员会的调整，从2014年11月起，欧盟委员会委员数量减少至成员国数量的三分之二。欧盟委员会的主要权能包括：①立法动议权，即提出和拟定立法草案，向欧盟理事会和欧洲议会提出立法建议，这是欧盟立法的启动程序，若欧盟委员会不提出立法草案和建议，欧盟理事会和欧洲议会无法启动立法程序；②权限范围内的单独立法权，依据欧盟基础性条约的规定，欧盟委员会并不具备传统意义上的立法权（只有立法动议权），但在一定范围内拥有政策制定权和落实欧盟立法而作出建议（recommendation）和发表意见（opinion）的权力，如通告（notices）、通知（communications）等，属于广义的立法权，但这些政策、建议和意见并不具备强制约束力；③执行权，即执行欧盟立法、预算和计划；④监督权，即监督成员国对欧盟法的执行；⑤对外代表权，即在国际场合中代表欧盟从事国际协定的建议和谈判、维持对外关系等权能，不过缔结国际条约的权力归欧盟理事会；等等[2]。需要补充的是，欧洲委员会（Council of Europe）并不是欧盟的机构，而是一个拥有47个成员国的独立的国际组织。

另外，欧盟的其他机构依据基础性条约而获得相应的职权。欧盟法院（The Court of Justice of the European Union）是欧盟的司法机关，负责解释和适用欧盟法律，其拥有广泛的管辖权[3]，欧盟行为的合法性均由欧盟法院来判断，欧盟法院独立于任何成员国以及任何欧盟机构。欧盟审计院负责审计欧盟及其机构的财政和账目。欧洲经济与社会委员会和欧洲地区委员会都是欧盟的咨询机构，为欧盟提供决策咨询等服务。

3. 欧盟法的性质、体系及法律渊源

关于欧盟法的概念界定与性质判断，"迄今在中外法学界并没有形成一致的认识"[4]，有人认为欧盟法属于一种特殊的国际法或者区域国际法，有人称之为超国家法，还有人称之为准联邦法，由于莫衷一是、难以统一，更多的中外学者干脆将欧

---

[1] 《欧盟运行条约》第245条规定："欧盟委员会的成员应当克制与其职责不相符的行为，成员国应尊重委员会成员的独立性，不得寻求在其行使职务过程中对其施加影响。"
[2] 欧盟委员会还拥有之前从欧共体委员会那里继承过来的权能，以及欧盟理事会授予的权力。
[3] 根据《里约》修订后的《欧洲联盟条约》《欧盟运行条约》和《关于欧盟法院规约的议定书》的相关规定，欧盟法院具有诉讼管辖权、非诉讼管辖权和上诉管辖权，在诉讼管辖权中，欧盟法院有权对某一成员国、机构、自然人、法人提出的诉讼作出裁决，具体包括：成员国违反条约义务之诉、无效之诉、不作为之诉以及欧盟的侵权行为损害赔偿之诉。
[4] 曾令良. 欧洲联盟法总论：以《欧洲宪法条约》为新视角[M]. 武汉：武汉大学出版社，2007年，第78页.

盟法称为"自成一类的法律"①。欧盟法正在经历从国际公法——共同体法——联盟法——国内法的演变过程②。欧盟法律已然超出传统的国际法范畴，如果《欧盟宪法条约》生效，欧盟法可能就更接近国内法了。而《里约》的生效使欧盟获得了独立的法律人格，欧盟法也逐渐成为名实相副的超国家法。尽管欧盟法的性质还存在争议，但是欧盟法经过半个多世纪的发展，已经形成了较为完善的法律体系框架，范围涉及欧盟人们生活的方方面面。③

欧盟法根据不同标准可以有不同的分类，不同的分类方式可以反映出欧盟法律体系内部构成的不同侧面。比如，欧盟法律体系的构成包括实体法和程序法；又如，对内法和对外法；再如，宪法性法律和一般性法律，等。从部门法的角度，欧盟法律体系的构成为欧盟宪法、欧盟行政法、欧盟组织法、欧盟共同市场法、欧盟司法与内部合作法、欧盟人权法、欧盟对外关系法等。欧盟多语化语言政策在多个部门法中都有所体现，包括欧盟宪法和行政法、欧盟人权法、对外关系法等。

在法律渊源方面，学界对欧盟法律渊源存在多种划分方法④，为了更直观地说明欧盟法律的等级和效力，可以把欧盟的法律渊源分为三类：首级渊源、次级渊源和补充渊源。

欧盟法的首级渊源（primary sources）就是欧盟的基础性法律（primary law），包括两类：①宪法性质的欧盟条约，如《欧洲联盟条约》、《欧盟运行条约》《欧盟基本权利宪章》；②欧盟与第三国或国际组织缔结的条约和国际协定⑤，如《关税及贸易总协定》（GATT）《WTO协定》《联合国海洋法公约》等。

欧盟法的次级渊源（secondary sources）是相对于首级渊源而言的，是指欧盟根据基础性条约而制定的法律规范，即欧盟立法，主要包括五种：①条例（regulation），即欧盟针对某一领域的事项的一般性法规，对所有成员国均有同等的法律约束力并能在所有成员国国内直接适用；②指令（directive），即欧盟针对某一特定成员国发布的施加某种义务的法律文件，该成员国必须以一定方式（成

---

① 王铁崖. 国际法[M]. 北京：法律出版社，1981年，第407页.
② 曾文革. 欧盟法[M]. 北京：对外经济贸易大学出版社，2015年，第8页.
③ Richard Bellamy and Dario Castiglione, "Legitimizing the Euro2Polity and Its Regime: The Normative Turn in EU Studies", European Journal of Political Theory, Vol. 2, No.1, 2003.
④ 例如，划分为基础性规范和派生性规范；一级规范和二级规范；第一级渊源和第二级渊源；一次规范和二次规范；第一支柱法律渊源、第二支柱法律渊源和第三支柱法律渊源等.
⑤ 学界对于欧盟对外签署的国际协定的直接效力（直接适用）问题是存在较大争议的，由于欧盟法院在判断国际条约直接适用的问题上存在不一致的标准（甚至双重标准），有些可以直接适用，有些则否决其直接效力，所以有学者认为这类国际条约和协定应属于第二级法律渊源.

员国自由裁量权）转化为国内法（或者国内的法律措施）；③决定（decision），即欧盟针对特定对象（成员国或者法人或者公民）颁布的单独法令；④建议（recommendation）；⑤意见（opinion）。条例、指令和决定是具有法律约束力的，建议和意见则不具备法律约束力，但不代表建议和意见就没有任何约束力——事实上，建议和意见多为欧盟在某些领域用于解释欧盟法、说服和团结成员国、补充硬法空白和引导策略而出台的，建议和意见对各成员国及公民是有行动上的约束力的。

欧盟法的补充渊源（supplementary sources）是指上述两种法律渊源中没有明文规定的但又在实践中与欧盟法密切相关的、不具备直接法律效力但又具有补充性、辅助性的法律渊源，主要包括欧盟法一般法律原则[1]，成员国国内法[2]和欧盟法院的判例[3]。

4. 小结：欧盟多语化语言政策的合法基础

在前述对欧盟的性质、机构、法律论述的基础上，可以总结出欧盟多语化语言政策的合法基础：

第一，欧盟的超国家性是欧盟多语化语言政策存在的最大前提。欧盟是一个特殊的国家组织，具有超国家性，这种超国家性主要表现为欧盟机构的设置及其权限和欧盟法律的创制及其效力，都明显超越了主权国家的权力、利益和边界，而欧盟多语化语言政策的制定和实施主体就是欧盟机构，欧盟多语化语言政策的表现形式就是欧盟法律（包括软法），这恰恰是为什么在一般意义上作为国家内政的语言政策，能够在区域国际组织中产生并实施的前提原因。

第二，欧盟的基础条约和欧盟立法能够在欧盟直接适用、优先适用，这是欧盟多语化语言政策能够制定和实施的法理基础。欧盟的基础条约和条例、指令、决定等欧盟立法的效力是高于成员国国内法效力并能够在成员国国内直接适用的，这是欧盟多语化语言政策能够制定并在欧盟境内全面实施的法理基础。

第三，欧盟的软法具有行动上的约束力，这是欧盟多语化语言政策能够不断发展的现实基础。欧盟多语化语言政策较多地表现为软法（建议、意见、计划、宣言、行

---

[1] 欧盟法的一般原则有：相称性原则，合理期待（权益）原则，不溯及既往原则，平等和非歧视原则，确定性原则等。
[2] 成员国国内法是独立的，但国内法会受到欧盟法的制约，欧盟基础条约、条例、指令的效力要高于国内法。有学者认为，随着一体化程度的加深，成员国国内公法会逐渐被欧盟的条约、条例、指令等替代，国内私法的一体化、趋同化程度也会大大增加。
[3] 欧盟法院的判例尽管没有普遍效力，但是能对欧盟法律秩序产生重要的影响，例如欧盟法院在基础条约没有明文规定的情况下确立了直接效力原则（欧盟法在成员国国内直接适用）和优先原则（欧盟法优先于成员国国内法），所以说欧盟法院是推动欧盟法治进程及欧洲一体化的重要力量。

动纲领等），虽然没有法律约束力，但能够在组织上提供行动的保障，以较强的适应性和灵活性促成具体工作的调整甚至硬法立法的过渡，这是欧盟多语化语言政策不断发展的重要现实基础。

第四，欧盟法规定的权限即是欧盟多语化语言政策的权限，欧盟多语化语言政策的调整范围不能超出欧盟法规定的范围。依照欧盟基础条约的规定，成员国本国的语言政策由其国内立法调整，欧盟法不能直接作出干预，但是，欧盟可以通过某些干预措施对成员国的语言政策施加影响，这种影响当然是间接性的。

2.2.2 成员国语言背景与欧盟语言政策取向的选择

欧盟及各成员国的语言使用情况是制定和实施欧盟语言政策的现实基础。由于欧盟各成员国拥有着不一样的语言背景，各成员国也有各自的国内语言政策（含法律），而且随着欧盟的不断扩张、成员国数目的逐渐增多，欧盟及其成员国的语言环境也就愈发复杂。因为欧盟境内的多语言现象既是一种历史，也是一种现实，只有深刻了解欧盟各成员国的语言背景及其历史和现实，才能理解欧盟语言政策的取向，可以说，欧盟境内的多语背景对欧盟语言政策的多语取向有着直接促成的作用。

1. 欧盟各成员国的语言使用情况

如果以欧盟各成员国国内居民的语言使用种类的多寡为标准，可以把欧盟28国[①]大致划分为两类：单一语言国家和多语言国家。单一语言国家即全国境内居民仅有一种语言，欧盟28国中只有葡萄牙一个国家是单一语言；其余27国均为多语言国家，即国内居民使用多种语言，可见，多语言使用不仅仅是欧盟范围内的常态，更是欧盟几乎所有成员国的常态。为了清晰说明成员国的语言使用情况，特制作了表2-2。

表2-2 欧盟25国时各成员国的语言使用状况一览表

国家	官方语言	其他语言及主要使用地区
奥地利	德语	1. 克罗地亚语 2. 斯洛文尼亚语（卡林西亚及施地里亚东南部） 3. 匈牙利语（布尔根兰州、维也纳） 4. 斯洛伐克语（首都及东北地区） 5. 捷克语（维也纳）

[①] 尽管英国公投脱欧，但依然处于退欧法律程序之中，未完全、正式地退欧，因此暂时以2018年统计的28个成员国计算。

续上表

国家	官方语言	其他语言及主要使用地区
比利时	1. 荷兰语 2. 法语 3. 德语	
丹麦	丹麦语	德语（北斯拉文）
芬兰	1. 芬兰语 2. 瑞典语	1. 拉普兰语（吉普斯兰地区） 2. 弗里斯兰语
法国	法语	1. 欧西坦语 2. 布列塔尼语（布列塔尼半岛，地处法国西北部） 3. 巴斯克语（上比利牛斯山脉） 4. 德语和阿尔萨斯语（阿尔萨斯－洛林地区） 5. 加泰罗尼亚语（比利牛斯山脉东部） 6. 科西嘉语（科西嘉岛） 7. 卢森堡语（洛林的蒂永维尔） 8. 荷兰语
德国	德语	1. 北弗里斯兰语（石勒苏益格－荷尔斯坦因州） 2. 索布语（约10万人，德国东南部） 3. 东弗里斯兰语（萨克森低地） 4. 丹麦语（石勒苏益格－荷尔斯坦因州） 5. 拉丁语（辛提人和罗姆人地区） 6. 罗马尼亚语 7. 柏柏尔语 8. 保加利亚语 9. 斯拉夫－马其顿语
希腊	希腊语	1. 阿文耐语 2. 罗马尼亚语（塞萨利、希腊东部地区） 3. 保加利亚语（西塞雷斯－保加利亚穆斯林地区） 4. 斯拉夫－马其顿语（北部） 5. 土耳其语（西塞雷斯）

续上表

国家	官方语言	其他语言及主要使用地区
爱尔兰	1. 爱尔兰语（即盖特语，主要分布在爱尔兰西部地区，为第一官方语言） 2. 英语	
意大利	意大利语	1. 德语（为南蒂罗尔地区的官方语言） 2. 法语（奥斯塔山谷的官方语言） 3. 拉丁语（博尔扎若、特伦蒂若等地区） 4. 克罗地亚语（莫利塞地区） 5. 欧西坦语（皮德蒙特高原，地处美国阿巴拉契亚与大西洋沿岸平坦的高原地带） 6. 阿尔巴尼亚语（南部及西西里地区） 7. 加泰罗尼亚语（撒丁岛地区） 8. 斯洛文尼亚语（里雅斯特、乌迪内等地区） 9. 希腊语（卡拉布里亚区、阿普利亚区） 10. 福瑞欧连语（欧瑞欧连半岛） 11. 撒丁语（撒丁岛）
卢森堡	1. 卢森堡语 2. 德语	德语（为日常生活中主要书写用语，特别在商业以及大众传媒方面）
荷兰	荷兰语	弗利斯兰语（弗利斯兰省，大约40万人），也为第二官方语言
葡萄牙	葡萄牙语	
西班牙	卡斯蒂利亚语	1. 加泰罗尼亚语（为加泰罗尼亚、巴伦西亚及巴利阿里群岛地区的官方语言） 2. 巴斯克语（巴斯克及纳瓦尔地区的官方语言） 3. 加利西亚语（加利西亚地区的官方语言） 4. 阿拉斯语（谷德阿兰地区） 5. 阿拉贡语（比利牛斯山脉） 6. 阿斯图里亚斯语（阿斯图里亚斯地区） 7. 欧西坦语 8. 葡萄牙语

续上表

国家	官方语言	其他语言及主要使用地区
瑞典	瑞典语	1. 拉普语（1.5万~1.7万人，北部地区） 2. 芬兰语（特伦多山谷）
英国	英语	1. 威尔士语（威尔士地区，约1.7万人说此种语言） 2. 凯尔特语（康奥尔） 3. 苏格兰语（苏格兰中部及南部地区以及爱尔兰地区）
塞浦路斯	1. 希腊语 2. 土耳其语	英语
捷克	捷克语	1. 斯洛伐克语 2. 波兰语 3. 德语 4. 西里西亚语（西里西亚地区） 5. 罗马尼亚语 6. 匈牙利语 7. 摩拉维亚语（摩拉维亚）
爱沙尼亚	爱沙尼亚语	1. 俄语 2. 乌克兰语 3. 贝拉如斯语 4. 芬兰语 5. 鞑靼语 6. 立陶宛语 7. 犹太语 8. 波兰语 9. 拉脱维亚语 10. 德语
匈牙利	匈牙利语	1. 罗马尼亚语 2. 克罗地亚语 3. 德语 4. 塞尔维亚语 5. 斯洛伐克语 6. 斯洛文尼亚语 7. 犹太语

续上表

国家	官方语言	其他语言及主要使用地区
波兰	波兰语	德语
斯洛文尼亚	斯洛文尼亚语	1. 匈牙利语 2. 意大利语 3. 克罗地亚语 4. 塞尔维亚语 5. 马其顿语 6. 蒙地内哥罗语 7. 阿尔巴尼亚语 8. 南斯拉夫语
斯洛伐克	斯洛伐克语	1. 匈牙利语 2. 捷克语 3. 乌克兰语 4. 波兰语 5. 俄语 6. 英语 7. 德语
拉脱维亚	拉脱维亚语	1. 俄语 2. 英语 3. 德语 4. 波兰语 5. 乌克兰语 6. 立陶宛语 7. 意大利语 8. 法语 9. 西班牙语 10. 爱沙尼亚语
立陶宛	立陶宛语	1. 德语 2. 波兰语 3. 乌克兰语
马耳他	1. 马耳他语 2. 英语	

续上表

国家	官方语言	其他语言及主要使用地区
罗马尼亚	罗马尼亚语	匈牙利语
保加利亚	保加利亚语	土耳其语
克罗地亚	克罗地亚语	1. 俄语 2. 波斯尼亚语 3. 黑山语

资料来源：①中国外交部官方网站（欧洲区域，2018年3月更新的资料），http://www.fmprc.gov.cn/web/gjhdq_676201/gj_676203/oz_678770/，访问日期：2018年5月1日；②The Europa World Year Book,1998 Volume I，pp.480-1816；③The Europa World Year Book 1998 Volume II，pp.2151-3461；④The Europa World Year Book，1997 Volume I,pp.462-1700；⑤The Europa World Year Book,1997 Volume II,pp.2079-3349；⑥The European for Lesser Used Languages,1995；⑦周晓梅：《欧盟语言政策研究：1958—2008》，昆明：云南大学出版社，2012年，第21-25页。

分析上表后不难得出一些结论：

第一，绝大多数的成员国本身就是多语国家，多语并存是国内的常态，也是欧盟的常态，这是欧盟选择语言政策取向必须考虑的事实前提；

第二，多语现象反映出欧盟各国的多民族状态和多元文化样态，语言政策属于文化政策范畴，必须考虑多元文化的应对协调问题；

第三，部分国家不仅仅通用语言和使用语言不止一种，而且连官方语言都不止一种，说明语言的发展有其自身的规律，语言统一难度非常大，语言政策需要考虑顺势而非逆潮流而动；

第四，在多语言长期存在的状态下，语言沟通就将是一个长期存在的障碍，或者说，沟通交流的成本较大，语言政策的选择需要应对和解决现实障碍；

第五，各成员国的语言使用背景必然对欧盟语言政策取向的选择产生客观的限制，也就是所谓的"重大影响"。

2. 欧盟语言政策取向选择的分析

在前述对欧盟各成员国语言背景分析的基础上，结合语言政策取向选择的可能性，欧盟语言政策有两种可选取向：一是统一化语言政策，即单语化，这个单一语言可以是欧盟境内使用最普遍的某一种语言（最强势语言），也可以是重新构造一种新语言（如"世界语"）；二是多语化语言政策，即保持并支持欧盟多语化现状。以下分别对两种不同的取向进行分析。

第一，从欧盟的宗旨和原则角度看：欧盟的法律、政策、措施及一切行动都应该（必须）符合欧盟的宗旨和原则，而欧盟的建构宗旨是"多样性的联合"，《欧洲联盟条约》在序言中也表明了欧盟的原则："确认对自由、民主及尊重人权与基本自由的原则和对法治原则的坚信不渝"①。显然，多语化语言政策是符合欧盟的宗旨和原则的，而统一化语言政策则强调了"趋同"而忽略了"多样"，与欧盟的宗旨和原则不吻合。

第二，从政策优势的角度看：统一化语言能直接解决语言障碍问题，具有沟通方便、大幅降低沟通和交易成本等优势，对于解决欧盟一体化的现实语言问题有较大的促进作用；而多语化从暂时的、表层的角度看，并不存在解决实际语言问题的优势，反而会增加语言沟通的难度，因此，从解决语言沟通问题的角度看，从理论上说，统一化语言政策的优势更加明显。

第三，从政策劣势的角度看：统一化语言政策尽管从理论上说可以解决现实语言障碍问题，但是，①在实践中的同化作用，是一种主动而剧烈地破坏文化多样性的行为，很可能会激发民族主义问题、引发民族矛盾和国家冲突，极可能一发不可收拾而严重破坏一体化进程；②而且，统一化语言的教育推广成本是非常巨大的；③更重要的是，统一化语言政策的制定和实施需要突破欧盟法实施的限度，因为这涉及成员国内政问题。不难看出，统一化语言政策的这三个困难，几乎是不可克服的。而多语化语言政策的劣势表现为：①让语言沟通障碍长期地存在；②会造成沟通成本特别是翻译成本非常高；③多语教育的难度和成本也非常高。但仔细考虑会发现，多语化语言政策的这三个困难是可以克服的，比如随着科技水平的日渐提升，翻译的成本已经越来越低且越有效；随着多语教育政策的实施，欧盟公民多语能力日渐提升，语言沟通的障碍也在逐渐解决，尽管时间长了些，但和风细雨总比狂风暴雨所引发的一体化倒退风险要小得多。

需要强调的是，多语化语言政策其实真正体现了欧盟的公平价值取向。这种公平是尊重既定事实的前提下所做出的选择，也是尊重各成员国历史和现实的民主选择。可能有统一化语言政策的支持者指出，统一化语言实现的是一种"无差别"的公平，但是，这种"无差别"是建立在没有选择权或者"被选择"的情况下的，不应称之为公平。

2.2.3 欧盟多语化语言政策的发展演变

从事实上说，欧盟对其多语化语言政策的制定和实施是缺乏总体设计的；从法律渊源看，有关语言政策的法律文件是零散的、不系统的，更没有关于多语化语言政策

---

① 根据《里斯本条约合并版本》（OJ C 202，2016）。

的专门性条约和条例；从机构设置看，欧盟机构一直没有设立语言文字工作部门，直至2007年才在欧盟委员会中设立"多语使用司"。因此，要梳理和分析对欧盟多语化语言政策的历史演变，就不能简单地以时间顺序对欧盟语言政策进行发展定位。不过，或许可以把"从前到后"和"从后到前"的视角结合起来，从制度生成的角度对欧盟多语化语言政策的发展进步进行观察和总结。

1. 第一次实质性进步：从无到有、从简到繁

欧盟多语化语言政策发展演变的第一次实质性进步是从无到有、从简到繁——在政策的创制上，从无到有；在政策的内容上，从简到繁。

欧盟多语化语言政策的从无到有，是指欧盟在成立之初（1951年）并没有任何直接关于语言政策的设想和规定，而在后来的《罗马条约》（1957年签署、1958年生效）中却写入了"共同体机构的语言规定"①，再后来（1958年4月15日）通过的第1/58号条例②中确立了官方语言使用规则，并从一开始的4种官方语言发展至今天的24种官方语言，从而开启了欧盟的语言政策之路。第1/58号条例被认为是欧盟最早的语言政策，至今仍生效。

欧盟多语化语言政策的从简到繁，是指欧盟的语言使用规定从仅针对官方语言的使用，扩展至关注多语使用背后的文化权利和政治权利——第1/58号条例中已经明确规定了24种官方语言，欧盟机构有义务使用同等官方语言对欧盟公民进行回复，欧盟法院的案件审理语言需要由欧盟法院的议事规则决定，等等。这些语言使用规定针对的已经不是简单的沟通和交流问题了，其规则的设定是为了体现对欧盟公民和成员国政治权利和文化权利的公平对待，否则，就不必专门起草和通过第1/58号条例了。

对比其他区域性国际组织，比如，东盟在《东盟宪章》中仅规定了英语作为工作语言，非洲联盟在《非洲联盟章程》中仅规定了工作语言（非洲语言、英语、法语、阿拉伯语、葡萄牙语），南美洲联盟在《南美洲国家联盟宪章》中也仅仅规定了官方语言（英语、西班牙语、葡萄牙语以及荷兰语），这些国际组织并没有自己的语言政策，毕竟，语言政策属于主权国家内政，这些国际组织也没有欧盟的超国家性。如果

---

① 见《欧共体条约（合并版本）》第21条和第290条。其中第21条规定："联盟任一公民可以本条约第314条的任一语言向本条约所提及的机构或第7条所提及的机构致函，共同体机构应以相同语言答。"第290条规定："有关共同体机构语言的规定，由理事会在不妨碍欧洲法院议事规则所含规定的情况下，以全体一致决议确定。"

② 第1/58号条例的英文名称为：Regulation No 1 determining the languages to be used by the European Economic Community，中文名称可译为：《欧洲经济共同体语言使用条例》，该条例一共8条。条约原文见欧盟官方网站：https://eur-lex.europa.eu/legal-content/EN/TXT/?qid=1528446954428&uri=CELEX:31958R0001.

欧盟不出台第1/58号条例，那么从法律效果上跟东盟、非盟、南美洲联盟是一样的（即不能说有语言政策）；但欧盟以专门条例的方式扩展了官方语言、工作语言、诉讼语言等涉及公民文化权利和政治权利等多个方面的规则，是欧盟多语化语言政策从无到有、从简到繁的第一个跨越。

2. 第二次实质性进步：从少到多、从粗到细

欧盟多语化语言政策发展演变的第二次实质性进步是从少到多、从粗到细——在政策的数量上，从少到多；在政策的质量上，从粗到细。

在政策的数量方面，欧盟在《欧共体条约》和第1/58号条例出台之后，不断地在其机构立法中提及、明确和制定了关于多语主义的立场及多语化语言政策，政策数量从少到多。在欧盟官方网站的法律资料库中，如果以"language policy"为关键词搜索[①]，可以搜出167个有关语言政策的有效文件，其中欧盟立法文件有96件，从时间看，欧盟自1958年以来每年都会至少出台1~2件关于语言政策的立法文件，其中最多的年份是2008年、2013年、2014年，分别出台了9件、14件、15件，其他年份则为1~6件不等。需要说明的是，以"language policy"（"语言政策"）为关键词得出的搜索结果并不是欧盟多语化语言政策的全部法律文件数量，因为有些法律文件并不一定含有该关键词（事实上，欧盟的多语化语言政策法律文件远不止167件），但至少可以说明欧盟多语化语言政策一直呈现出持续增长的态势，同时，也说明欧盟一直重视其多语化语言政策，而绝非"可有可无"。

在政策的指向上，尽管欧盟多语化语言政策经过从简到繁的发展飞跃，政策的涉及面和关注域已经越来越多，如官方语言、工作语言、诉讼语言等，但政策均过于宏观。因为语言政策涉及公民文化权利和政治权利等多个方面，制定之初确实"宜粗不宜细"。不过，随着欧盟对境内语言使用状况的逐步掌握以及欧盟的超国家性的愈发明显，欧盟对其多语化政策的主张也就越来越明确、越来越具体、越来越细致——最突出的表现就是欧盟多语化语言政策的类型化发展。一般而言，语言政策包括四种类型：语言地位政策、语言教育政策、语言规范政策、语言保护政策。而欧盟的语言政策从一开始的只有语言地位政策——官方语言平等政策，发展到后来增加了语言教育政策——多语教育政策，以及语言保护政策——区域性及少数民族语

[①] 欧盟官方网站（EU law）：https://europa.eu/european-union/law/find-legislation_en.（搜索日期：2018年6月1日）

言保护政策，而且每一类政策都在不断地细化。在欧盟官方网站的法律资料库[①]中，如果以"language learning"（"语言学习"）为关键词搜索，可以搜出664个结果，其中立法文件有51件；如果以"language teaching"（"语言教育"）为关键词搜索，可以搜出827个结果，其中立法文件有29件；如果以"multilingualism"（"多语化"）为关键词搜索，可以搜出995个结果，其中立法文件有73件；如果以"minority languages"（"少数民族语言"）为关键词搜索，可以搜出701个结果，其中立法文件有9件；如果以"regional languages"（"区域性语言"）为关键词搜索，可以搜出192个结果，其中立法文件有12件。具体如：《关于促进少数民族语言与文化的决议》（1983）、《关于共同体内区域性及少数民族语言与文化的决议》（1987）、《关于欧盟教育体系提升外语教育及推进外语教育多样性的决议》（1995）、《关于从低龄开始学习欧盟语言的决议》（1997）、《关于在2001年开展欧洲语言年的决定》（2000）、《促进多语使用的新战略框架》（2005）、《关于欧洲语言能力测试指标的决议》（2006）、《欧洲语言能力指标测试框架设计》（2007）、《关于欧盟多语战略的决议》（2008）等。尽管这些法律文件在政策类型上会有重合的情况，但至少说明欧盟的多语化语言政策的指向已经越来越细致和具体，向类型化发展的趋势是明显的。

3. 第三次实质性进步：从言到行、从软到硬

欧盟多语化语言政策发展演变的第三次实质性进步是从言到行、从软到硬——在政策的实施上，从言到行；在政策的执行和监督上，从软到硬。

从言到行，是指欧盟多语化语言政策从宣言式向行动式的转变。在欧共体时期（1992年以前）以及欧洲联盟正式成立之初，其多语化语言政策一般都是表明立场的"宣言"，如《欧洲联盟条约》第三条第三款[②]提到："欧盟尊重文化和语言的多样性"；又如《欧盟权利宪章》第二十二条[③]提到"欧盟应尊重文化、宗教和语言的多样性"；再如《关于共同体内区域性及少数民族语言与文化的决议》（1987）用大量篇幅呼吁各成员国确认少数民族语言及文化权利[④]。这些政策的共同点在于强调立场和态度，但缺乏可操作性。随着欧盟的逐渐发展，特别是进入21世纪之后，其多语

[①] 欧盟官方网站（EU law）：https://europa.eu/european-union/law/find-legislation_en.（搜索日期：2018年6月1日）

[②] 英文原文为："It shall respect its rich cultural and linguistic diversity, and shall ensure that Europe's cultural heritage is safeguarded and enhanced."

[③] 英文原文为："The Union shall respect cultural, religious and linguistic diversity."

[④] Shuibhne, Niamh Nic. EC Law and Minority Language Policy. Kluwer Law International, 2002: P63.

化语言政策逐渐从"宣言"式的表明立场转变到具体的"行动计划",如《关于从低龄开始学习欧盟语言的决议》(1997)、《关于在2001年开展欧洲语言年的决定》(2000)、《2004—2006年度促进语言学习及语言多样性行动计划》(2003)、《欧洲语言能力指标测试框架设计》(2007)等,这些政策已具体到年度计划、侧重对象、标准制定、如何行动等具体的实质性措施和行动计划,目标非常具体,操作性也非常强。需要补充的是,欧盟多语化语言政策从言到行的转变,并不是说欧盟不再出台宣言式政策,毕竟,宣言式政策有其独特而明显的"软法"功能,如《推进多语使用的政治进程》(2007)、《多语社会:欧洲的财富与共同的责任》(2008)、《关于联盟多语战略的决议》(2008)等都有着宏观上的战略指导作用,与行动计划类型的语言政策形成配套和互补。

　　从软到硬,是指欧盟多语化语言政策在政策的执行和监督上从柔性向刚性转变。先要说明的是,欧盟多语化语言政策的软法属性是一贯明确且明显的,"从软到硬"并非指其变成了"硬法",而是其在经过"由粗到细""由言到行"的转变之后,大部分政策虽然没有法律约束力,但其行动拘束力得到了明显的加强。这主要表现为两个方面:一方面,行动计划类型的政策对于欧盟机构和各成员国的拉动很有效。例如,有些行动计划是由欧盟委员会直接提供经费、人员和相关条件,欧盟机构和成员国只需要进行成本较低、难度较低的配合行动,何乐而不为?又如,欧盟接二连三地通过宣言性政策表明立场,无论在舆论上、宣传上还是群众基础上都营造了良好的政策认同氛围,在欧盟集体认同的立场上,某些成员国也难以拒绝了,反而拉动了多语化政策的扩展和实施——比如1992年欧洲委员会(非欧盟机构,乃一国际组织)通过的《欧洲区域性及少数民族语言宪章》,正是由于得到欧盟多语化政策对其成员国的宣传和督促,欧盟成员国才陆续签署加入该宪章。另一方面,欧盟监察专员制度的加持,使欧盟多语化语言政策更具执行性和权威性。欧盟的监察专员(European ombudsman)制度是《欧洲联盟条约》设立的专门监督软法实施的制度,通过"监督欧盟各种机构和部门的不当行政行为(maladministra-tion),从而保障了欧洲公民权(European citizenship)的实施"[①]。欧盟监察专员主要是通过对欧盟机构提出建议而使其终止"不当行政行为"。在欧盟多语化语言政策的实践中,就有一些典型关于欧盟公民向欧盟监察专员投诉欧盟机构违背多语化语言政策的案例,如:1997年

---

① Markku Suksi, "Case C-234 /02, P, European Ombudsman v. Frank Lamberts", Common Market Law Review, Vo.1 42, 2005, p.1765.(转引自:朱立宇,袁钢.欧盟监察专员制度的产生及运作[J].欧洲研究,2007(1):56.)

6月欧洲议会因需要采购会议室家具而在报纸上发布了只有法语版本的招标公告，一荷兰家具公司便向欧盟监察专员进行了投诉并要求欧洲议会提供荷兰语版本的公告，欧盟监察专员接到投诉后进行了处理和转交欧洲议会，并向欧洲议会提出了履行语言平等政策的建议，最后，欧洲议会进行了道歉并承诺改进以后的工作，该荷兰家具公司也表示了满意。可见，欧盟监察专员制度的实施，使软法属性明显的欧盟多语化语言政策得到了执行，增强了权威。

4. 政策演变的考察结论

通过发现、总结和分析欧盟多语化语言政策的历史演变及实质性进步，可以得出以下几个结论：

第一，欧盟多语化语言政策的历史演变及三次实质性进步，符合政策发展的一般规律，政策主体和政策客体存在相互制约、相互影响、相互促进的关系。欧盟机构（主要是理事会、委员和欧洲议会）作为政策主体，其所提出的政策取向（多语化而非单语化）和具体的政策目标（如尊重文化和语言的多样性、保护少数民族语言、培养多语人才等）直接引导着欧盟多语化语言政策客体（即受众）的运动方向，欧盟公民获得了自由选择自己语言、使用和发展本国语言的权利；而语言政策客体的发展现实又制约着语言政策主体的政策选择，比如针对欧盟境内多语使用的历史和现实，只能选择多语化的政策取向。政策主体和客体的相互作用，使欧盟多语化语言政策不断向前发展并实现质的飞跃。

第二，尽管经历了三次实质性进步，但欧盟多语化语言政策的软法属性没有变，由于欧盟基础条约的限定以及各成员国向欧盟让渡主权的有限性，欧盟并不能直接干预各成员国国内的语言政策，而只能在官方语言、工作语言、欧盟语言教育、少数民族语言保护等有限的范围内制定相应的干预措施，大部分政策的形式意义大于实质意义，其本质属性依旧是软法。

第三，欧盟语言政策的发展、进步及突破既不是孤立的事件，也不是独立的过程，更不是自然而然的自发进步，而是需要欧盟其他法律制度的发展和配合，典型如1992年《马约》设立欧盟监察专员制度，对于软法属性明显的语言政策就构成了加持，也可以说，欧盟语言政策的发展进步是欧盟法律制度整体完善的表现之一、结果之一。这种整体性、关联性发展，既是欧盟语言政策发展演变的特点，也是其突出的优势。

综上可得，欧盟的超国家性及其法律体系、欧盟各成员国的语言背景和多语化语言政策的历史演变，共同构成了欧盟多语化语言政策研究的实践基础。欧盟的超国家性特别是欧盟法律的超国家性为其多语化语言政策奠定了合法基础，这是为什么其他区域性国际组织没有语言政策而欧盟能够有、可以有的关键原因；而各成员国的语言背景、语言历史和语言现状，则直接促成欧盟语言政策的取向选择——只能多语化而不能单语化，这其实也是欧盟语言政策的一种限度；欧盟在"可为"的基础上"限为"，在"限为"的条件下又能积极"作为"，因此才有欧盟多语化语言政策发展的三次实质性进步。

3

欧盟多语化语言政策的内容与特点

什么是欧盟的多语化语言政策，欧盟的多语化语言政策的基本内容包括什么、其基本特点是什么，是本研究赖以展开的基本起点。探讨其基本内容，即定义；探讨其基本特点，即定性；探讨其与欧洲一体化进程及其他政策的关系，即定位。本章从"本体论"的角度对欧盟多语化语言政策进行定义、定性和定位，探讨欧盟多语化语言政策的基本内容和特点，梳理和分析欧盟多语化语言政策的法律文本，以语言政策作用的范围把欧盟多语化语言政策分为语言平等政策、多语教育政策和区域性及少数民族语言保护政策三类，并探讨这三类政策各自的作用机制，在此基础上，归纳出欧盟多语化语言政策基本特点。另外，为了更好地定位并理解欧盟的多语化语言政策，有必要将其置于更大的格局，即放置于欧洲一体化的进程中进行考察，以及分析其与欧盟的经济政策、文化政策、教育政策、就业政策等其他政策的内在关系。

3.1　欧盟多语化语言政策的基本内容及分类

3.1.1　欧盟多语化语言政策的法律文本

欧盟多语化语言政策一般都有正式的法律文本作为依据，这些法律文本的形式多样，而文本的效力也就随着文本形式的不同而不同。根据欧盟法的效力等级（类似于法律位阶），法律效力从高到低的成文法分别为欧盟基础条约（treaty）、条例（regulation）、指令（directive）、决定（decision）、建议（recommendation）和意见（opinion），其中，建议和意见不具有法律约束力；另外，欧盟法院在长期适用和解释欧盟法的过程中确立的一般法律原则、司法解释和判例，以及成员国国内法，虽在欧盟内部不能直接适用、也不具有直接法律效力，但能对欧盟法产生重要的影响。欧盟多语化语言政策即是以上述诸多形式的法律文本出现的。

自欧盟（欧共体）成立以来，由于欧盟立法数量非常巨大，而且其多语化语言政策并没有作为欧盟独立的立法和决策事项（既不是独立的法律部门也没有专门法典），事实上大部分的语言政策都零散地分布在各类欧盟法中，所以，对欧盟多语化语言政策的梳理既难以、也无需采取机械地逐一列举的方式。不过，应该对在实践中曾起过或正起着重要作用的政策进行法律文本的梳理，这也是理解和把握欧盟多语化语言政策基本内容的必要且重要的环节。

1. 基础条约

从时间上看，最先规定多语化语言政策的基础条约是欧共体的三大条约，但由于三大条约后来分别经过修订或者合并，在修订或合并后现行生效的欧盟基础条约里，直接规定欧盟多语化的政策立场和原则以及有明确的语言使用规定的有[①]：《欧洲联盟条约》《欧盟运行条约》《欧盟基本权利宪章》。具体条文如表3-1所示。

表3-1 欧盟基础条约关于多语化语言政策的规定

条约	条款	内容（中文）	内容（英文）	备注
《欧洲联盟条约》【根据《里斯本条约合并版本》，条文依据欧盟最新版官方公告（OJ C 202 (2016)）】	第3条第3款第4段	联盟应尊重其丰富的文化和语言多样性，并应确保欧洲的文化遗产得到保护和加强	It shall respect its rich cultural and linguistic diversity, and shall ensure that Europe's cultural heritage is safeguarded and enhanced.	
	第55条第1款	本条约以保加利亚语、克罗地亚语、捷克语、丹麦语、荷兰语、英语、爱沙尼亚语、芬兰语、法语、德语、希腊语、匈牙利语、爱尔兰语、意大利语、拉脱维亚语、立陶宛语、马耳他语、波兰语、葡萄牙语、罗马尼亚语、斯洛伐克语、斯洛文尼亚语、西班牙语和瑞典语为基础，在每一个文本中分别拟定了该条约。这些语言具有同等效	This Treaty, drawn up in a single original in the Bulgarian, Croatian, Czech, Danish, Dutch, English, Estonian, Finnish, French, German, Greek, Hungarian, Irish, Italian, Latvian, Lithuanian, Maltese, Polish, Portuguese, Romanian, Slovak, Slovenian, Spanish and Swedish languages, the texts in each of these languages being equally authentic, shall be deposited in the archives of the Government of the	一共24种官方语言，均为条约正本

---

① 其实《欧洲原子能共同体条约》也有语言使用规定并且现行有效，但由于原子能共同体已经被《马约》一并纳入"欧共体"框架内，而且其语言规定与现行的《欧盟运行条约》的语言使用规定几乎是一致的，故没有必要单独列出。

续上表

条约	条款	内容（中文）	内容（英文）	备注
《欧洲联盟条约》【根据《里斯本条约合并版本》，条文依据欧盟最新版官方公告（OJ C 202 (2016)）】	第55条第1款	力，应存放在意大利共和国政府的档案中，该文件将向其他签署国的各国政府发送核证副本	Italian Republic, which will transmit a certified copy to each of the governments of the other signatory States.	一共24种官方语言，均为条约正本
《欧盟运行条约》【根据《里斯本条约合并版本》，条文依据欧盟最新版官方公告（OJ C 202 (2016)）】	第20条第2款第d项	（欧盟公民）有权以任何条约语言向欧洲议会请愿、向欧洲监察专员提出申诉、向任何欧盟机构和咨询机构致函，并有权获得同种语言的答复	The right to petition the European Parliament, to apply to the European Ombudsman, and to address the institutions and advisory bodies of the Union in any of the Treaty languages and to obtain a reply in the same language.	
	第24条第4段	欧盟的每一位公民都有权用《欧洲联盟条约》第55条第1款提到的任何一种语言向本条所提及的机构或者《欧洲联盟条约》第13条所提及的机构致函，相关机构应以同种语言予以答复	Every citizen of the Union may write to any of the institutions or bodies referred to in this Article or in Article 13 of the Treaty on European Union in one of the languages mentioned in Article 55(1) of the Treaty on European Union and have an answer in the same language.	这些机构具体包括：欧洲议会请愿、欧洲监察专员、欧盟理事会、欧盟委员会、欧盟法院、欧盟审计院等

续上表

条约	条款	内容（中文）	内容（英文）	备注
《欧盟运行条约》【根据《里斯本条约合并版本》，条文依据欧盟最新版官方公告（OJ C 202 (2016)）】	第118条第2段	欧盟理事会应按照特别立法程序，为欧洲知识产权制定语言安排的条例。欧盟理事会应在咨询欧洲议会的意见之后，以全体一致通过的方式进行	The Council, acting in accordance with a special legislative procedure, shall by means of regulations establish language arrangements for the European intellectual property rights. The Council shall act unanimously after consulting the European Parliament.	
	第165条第1段	联盟应鼓励成员国之间的合作，如有必要，应支持和补充他们的行动，同时应充分尊重成员国在教学内容和教育体制组织的责任心以及他们的文化差异和语言多样性，以有助于发展素质教育	The Union shall contribute to the development of quality education by encouraging cooperation between Member States and, if necessary, by supporting and supplementing their action, while fully respecting the responsibility of the Member States for the content of teaching and the organisation of education systems and their cultural and linguistic diversity.	本条是第三章"教育、职业培训、青年和体育"中的第一条，表明了欧盟多语化政策的原则和立场

续上表

条约	条款	内容（中文）	内容（英文）	备注
《欧盟运行条约》【根据《里斯本条约合并版本》，条文依据欧盟最新版官方公告（OJ C 202 (2016)）】	第165条第2段	联盟的行动应着眼于：（第一项）发展欧洲层面的教育，特别是通过成员国语言的教学和传播（促进教育的欧盟化）	Union action shall be aimed at:——developing the European dimension in education, particularly through the teaching and dissemination of the languages of the Member States.	明确表明了欧盟语言教育的多语化政策的立场
	第342条	有关联盟各机构的语言规定，在不妨碍《欧盟法院规约》规定的情况下，由欧盟理事会以全体一致的决议确定	The rules governing the languages of the institutions of the Union shall, without prejudice to the provisions contained in the Statute of the Court of Justice of the European Union, be determined by the Council, acting unanimously by means of regulations.	这是关于欧盟各机构工作语言的规定，授权欧盟理事会以决议的方式确定。据此，欧盟理事会于1958年制定了《欧共体语言使用条例》（简称"第1/58号条例"）
《欧盟基本权利宪章》【根据《里斯本条约合并版本》，条文依据欧盟最新版官方公告（OJ C 202 (2016)）】	第21条第1款	禁止基于任何理由的歧视，包括性别、种族、肤色、族裔、社会出身、遗传特征、语言、宗教信仰、政治或任何其他见解，以及禁止歧视少数民族、财产、出生、残疾、年龄、性取向差异的成员	Any discrimination based on any ground such as sex, race, colour, ethnic or social origin, genetic features, language, religion or belief, political or any other opinion, membership of a national minority, property, birth, disability, age or sexual orientation shall be prohibited.	禁止歧视原则

续上表

条约	条款	内容（中文）	内容（英文）	备注
《欧盟基本权利宪章》【根据《里斯本条约合并版本》，条文依据欧盟最新版官方公告（OJ C 202 (2016)】	第22条	欧盟应尊重文化、宗教和语言的多样性	The Union shall respect cultural, religious and linguistic diversity.	
	第41条第4款	每个人都可以用任何一种条约语言向欧盟机构致函，并有权获得同种语言回复的权利	Every person may write to the institutions of the Union in one of the languages of the Treaties and must have an answer in the same language.	

从上述基础条约的条文可以归纳整理出以下几个小结：

第一，欧盟现行的最重要的基础条约，也是最重要的宪法性条约，均有对多语化语言政策做出了规定，即欧盟多语化语言政策确实有明确的欧盟宪法层面的法律依据。

第二，欧盟基础条约对多语化语言政策的规定均较为宏观，条款主要表明多语主义的立场和原则，尽管表面上看大多缺乏操作性，但均符合通常宪法的一般规律和原则，事实上宪法性规定确实不宜过于具体。

第三，欧盟基础条约对多语化语言政策的规定并没有采取单独章节予以规定，而是分散于、附属于其他相近领域的条款之中，因此，有必要对这些零散的规定进行逻辑归纳：

①欧盟官方语言的规划及其地位（《欧洲联盟条约》的第55条第1款）；

②欧盟公民与欧盟机构的语言选择权（《欧盟运行条约》的第20条第2款第d项、《欧盟运行条约》的第24条第4段）；

③欧盟机构的工作语言规定（《欧盟运行条约》的第118条第2段、《欧盟运行条约》的第342条、《欧盟基本权利宪章》的第41条第4款）；

④语言多样性的保护（《欧洲联盟条约》的第3条第3款第4段、《欧盟基本权利宪章》的第21条第1款、《欧盟基本权利宪章》的第22条）；

⑤多语化语言教育（《欧盟运行条约》的第165条第1段、《欧盟运行条约》的第165条第2段）。

这五个具体内容中，前三个内容均属于语言地位政策，后面两个内容则分别属于语言保护政策和语言教育政策。也就是说，欧盟基础条约规定了其多语化语言政策的三个方面内容：一是语言地位政策——欧盟实行官方语言平等政策；二是语言教育政策——欧盟实行多语教育政策；三是语言保护政策——欧盟实行区域性及少数民族语言保护政策（尽管基础条约没有直接对"区域性及少数民族语言"进行保护规定，但对于少数民族等弱势群体的权利保护规定是有的，而且有不少关于区域性及少数民族语言保护的行动计划）。

第四，基础条约并没有赋予欧盟在语言问题行动上的直接权限，欧盟并不能干涉成员国国内的语言政策，也不能制定取代成员国语言政策的语言政策。这意味着，欧盟如果没有得到各成员国的授权，在语言问题行动上只能居于辅助地位——《欧盟运行条约》第165条第1段明确规定："联盟应鼓励成员国之间的合作，如有必要，应支持和补充他们的行动，同时应充分尊重成员国在教学内容和教育体制组织的责任心以及他们的文化差异和语言多样性，以有助于发展素质教育。"其中的"如有必要，应支持和补充他们的行动"便是对欧盟辅助角色的定位，即在各成员国的力量不足以完成之时，或者如果由欧盟完成将获得更多更大的利益之时，欧盟才能介入。事实上，成员国的语言政策及其语言行动依旧由成员国国内立法进行调整，欧盟只能施加间接性影响。

第五，欧盟法中的"协调性原则"对各成员国的语言政策是有效的。欧盟尽管无权制定一种"通用政策"来取代各成员国语言政策和其他政策，但是，可以建立协调机制对各成员国进行"开放式协调"（open method of coordination），既可使各成员国语言政策更好地衔接起来，又可以推进欧盟层面多语化语言政策的实施和运作。

2. 欧盟立法：条例、指令和决定

条例、指令和决定是欧盟机构根据基础条约制定的法律规范，通常称为"欧盟立法"。尽管欧盟立法是欧盟法的次级渊源（首级渊源是基础条约），根据欧盟法院确立的欧盟法优先性原则，欧盟立法也是优先于成员国国内法的。具体地说[①]：

①条例（regulation），是欧盟针对某一领域的事项的一般性法规，对所有成员国均有同等的法律约束力并能在所有成员国国内直接适用，条例具有普遍适用性、整体约束力和直接适用性。

②指令（directive），是欧盟针对某一特定成员国发布的施加某种义务的法律文件，该成员国必须以一定方式转化为国内法（或者国内的法律措施），指令具有特定

---

① 《欧盟运行条约》第288条有关于条例、指令、决定、建议和意见的明确的概念解释。

指向性，成员国对指令具有一定的自由裁量权（可以自行选择形式和方法）但必须接受欧盟的监督。

③决定（decision），即欧盟针对特定对象（成员国或者法人或者公民）颁布的单独法令，决定只对其所通知的对象有全面约束力而并不具有普遍约束力。

由于成员国的语言政策归成员国国内法调整，欧盟没有权限制定取代成员国的"通用政策"，因此，欧盟多语化语言政策较少采取"指令"的方式，而是在基础条约规定和成员国的授权范围内，以条例和决定的形式，对某些语言政策领域进行规定。

为了研究的方便，现将具有代表性和影响力较强的欧盟专门性立法做如下梳理（见表3-2和表3-3）。

表3-2　部分关于多语化语言政策的欧盟条例

中文名称	英文名称	内容（主要条款）	备注
《欧共体语言使用条例》（简称"第1/58号条例"）	Regulation No.1 determining the languages to be used by the European Economic Community	第1条译文：联盟机构的官方语言和工作语言为保加利亚语、捷克语、丹麦语、荷兰语、英语、爱沙尼亚语、芬兰语、法语、德语、希腊语、匈牙利语、爱尔兰语、意大利语、拉脱维亚语、立陶宛语、马其他语、波兰语、葡萄牙语、罗马尼亚语、斯洛伐克语、斯洛文尼亚语、西班牙语及瑞典语	第1/58号条例一共八条，制定本条例的直接法律依据是《欧盟运行条约》第342条
		第2条译文：任一成员国或其公民可以联盟的任一官方语言向共同体机构提交文件，共同体机构应当以该种语言答复	
		第3条译文：共同体机构向成员国或其公民发送文件时，应使用该成员国的官方语言	
		第4条译文：条例及其他具有广泛用途的文件应以所有官方语言起草	
		第5条译文：欧洲联盟的官方公告应以所有官方语言发布	

续上表

中文名称	英文名称	内容（主要条款）	备注
《欧共体语言使用条例》（简称"第1/58号条例"）	Regulation No.1 determining the languages to be used by the European Economic Community	第6条译文：共同体机构可在其议事规则中规定各种具体情形下所要使用的官方语言种类	第1/58号条例一共八条，制定本条例的直接法律依据是《欧盟运行条约》第342条
		第7条译文：欧洲法院的案件审理语言由欧洲法院的议事规则决定	
		第8条译文：如果一个成员国有一种以上的官方语言，则由该成员国法律决定何种语言作为联盟的官方语言	
《欧盟商标条例》（第1001/2017号条例）	REGULATION (EU) 2017/1001 OF THE EUROPEAN PARLIAMENT AND OF THE COUNCIL of 14 June 2017 on the European Union trade mark	第146条共11款（约5000字，相当于一章），专门规定了语言使用规则，概要如下：①商标申请应以欧盟任何一种官方语言提出；②欧盟商标局的工作语言为英语、法语、德语、意大利语和西班牙语；③申请人有权指定第二语言，即以本局的工作语言以外的语言进行申请或诉讼的，本局应将其翻译为申请人的申请时所用的欧盟官方语言；④提出申请的语言即为诉讼程序的语言，申请人有权指定第二语言，申请人若以第二种语言提出诉讼，本局应该以第二种语言回复；⑤异议通知、撤销申请、无效宣告应该以本局的工作语言提交；⑥除前项外的其他任何商标申请和声明，均可以指定第二语言，但是，如果是本条例第100条第2款规定的本局提供的表格，应以本局的工作语言提	

续上表

中文名称	英文名称	内容（主要条款）	备注
《欧盟商标条例》（第1001/2017号条例）	REGULATION (EU) 2017/1001 OF THE EUROPEAN PARLIAMENT AND OF THE COUNCIL of 14 June 2017 on the European Union trade mark	交和使用；⑦如果异议通知、撤销申请、无效宣告使用的语言是商标申请时申请人指定的第二种语言，则该语言为诉讼程序语言；如果异议通知、撤销申请、无效宣告使用的语言既不是商标申请时使用的语言，也不是申请人指定的第二种语言，则反对方、要求撤销方、申请无效宣告方须自费申请翻译成商标时使用的语言，被翻译的语言将成为诉讼的语言；⑧反对方、申请撤销方、申请无效宣告方、提出上诉方若同意，可以以欧盟的其他官方语言作为程序语言；⑨在不影响第4款和第8款的情况下，除非另有规定，任何一方可以使用本局的任何语言；如果所选语言不是诉讼语言，则当事方应在提交原始文件之日起一个月内提供该语言的译文；如果欧盟商标申请人是欧盟商标局诉讼程序的唯一一方，且用于提交欧盟商标申请的语言不是本局的工作语言，则该翻译也可为申请人指定的第二种语言；⑩执行主任应确定翻译的认证方式；⑪委员会应通过实施法案，具体规定向本局以任何语言提交的书面诉讼中使用的证明文件、使用程度以及提供译文的必要性；以及规定向本局提交翻译的必要标准	

续上表

中文名称	英文名称	内容（主要条款）	备注
《欧盟商标条例》（第1001/2017号条例）	REGULATION (EU) 2017/1001 OF THE EUROPEAN PARLIAMENT AND OF THE COUNCIL of 14 June 2017 on the European Union trade mark	第68条第1款概要：关于上诉（申诉）通知书的语言，需要使用上诉决定书的语言（二者必须一致）	
《欧盟商标条例》（第1001/2017号条例）	REGULATION (EU) 2017/1001 OF THE EUROPEAN PARLIAMENT AND OF THE COUNCIL of 14 June 2017 on the European Union trade mark	第96条概要：口头诉讼（申诉）的语言应依据第146条规定	
		第116条概要：机构出版物需要以该机构的工作语言出版	
		第140条第4款概要：如果欧盟商标局或欧盟商标法院以某成员国的官方语言拒绝商标申请，或以绝对理由宣布商标无效，则应该根据第139条第2款的规定，将该语言转换为本局的工作语言。如果欧盟商标局或欧盟商标法院以绝对理由拒绝了欧盟商标申请或宣布商标无效，而该绝对理由若被认定适用于整个欧盟，则不得依据第139条第2款进行转换	
		第147条概要：欧盟商标注册登记文本应以欧盟所有官方语言做出	
		第170条第11款概要：调解应以欧盟的某一种官方语言进行，由双方商定。调解涉及未决纠纷的，除当事人另有约定外，调解以诉讼程序的语言进行	

续上表

中文名称	英文名称	内容（主要条款）	备注
《欧盟商标条例》（第1001/2017号条例）	REGULATION (EU) 2017/1001 OF THE EUROPEAN PARLIAMENT AND OF THE COUNCIL of 14 June 2017on the European Union trade mark	第184条概要：国际申请的语言应使用欧盟官方语言	
《公众查阅欧洲议会、欧盟理事会、欧盟委员会文件的条例》（第1049/2001号条例）	REGULATION (EC) No 1049/2001 OF THE EUROPEAN PARLIAMENT AND OF THE COUNCIL of 30 May 2001 regarding public access to European Parliament, Council and Commission documents	第6条译文：欧盟公民申请访问欧洲议会、欧盟理事会、欧盟委员会的文件，应采用欧盟任何一种官方语言以书面形式提出，包括电子形式，并以足够精确的方式进行，以便机构识别文件。申请人没有义务说明申请理由	欧盟公民官方语言选择权的无条件性
第1288/2013号条例：《欧洲议会和理事会关于"Erasmus+"条例：教育、培训、青年和体育联盟方案，并废除第1719/2006/EC号、第1720/2006/EC号和第1298/2008/EC号决定》（REGULATION (EU) No 1288/2013）	Regulation (EU) No 1288/2013 of the European Parliament and of the Council of 11 December 2013 establishing 'Erasmus+': the Union programme for education, training, youth and sport and repealing Decisions No. 1719/2006/EC, No. 1720/2006/EC and No. 1298/2008/EC Text with EEA relevance.	第5条第1款第e项：方案的第e项目标为改善语言的教学和学习，提高欧盟的语言多样性和文化多样性的意识	即"伊拉斯谟计划"，该计划是欧盟2014—2020年教育项目
……			

说明：在欧盟官方网站上以"languages"搜索欧盟立法文件，可以得出2067个条例（Regulation），其中，欧洲议会188件、欧盟理事会625件、欧盟委员会1392件，还有其他机构的少许[①]；但是，有一些条例是由两个或以上机构联合颁布的，因此，在统计上会有重复。不过，欧盟暂时只有一部关于语言使用的专门性条例，即表3-2中所列的第1/58号条例，其余条例只有某个条款予以规定，如第1001/2017号条例、第1049/2001号条例、第1288/2013号条例等。

表3-3 关于多语化语言政策的代表性欧盟指令和决定

中文名称	英文名称	备注
理事会1977年7月25日《关于外来移民后代教育的第77/486/EEC号指令》	Council Directive 77/486/EEC of 25 July 1977 on the education of the children of migrant workers	又称为"外来移民后代母语教育计划"
《关于通过欧洲经济共同体先进设计机器翻译系统研究与发展方案的决定》（82/752/EEC）（理事会1982年11月4日）	82/752/EEC: Council Decision of 4 November 1982 on the adoption of a European Economic Community research and development programme for a machine translation system of advanced design	又称为"欧罗巴计划"
《关于共同体外语教学推广计划（LINGUA计划）的决定》（89/489/EEC）	89/489/EEC: Council Decision of 28 July 1989 establishing an action programme to promote foreign language competence in the European Community (Lingua)	简称"LINGUA计划"
《关于"苏格拉底"行动计划的决定》（欧洲议会和理事会1995年3月14日第819/95/EC号决定）	Decision No 819/95/EC of the European Parliament and of the Council of 14 March 1995 establishing the Community action programme 'Socrates'	简称"苏格拉底计划"
《关于在2001年开展欧洲语言年的决定》（2000）（Decision No.1934/2000/EC）	Decision No 1934/2000/Ec of The European Parliament And of The Council Of 17 July 2000 on The European Year of Languages 2001	简称"欧洲语言年计划"

[①] 欧盟官方网站（EU law）搜索结果显示网页：https://eur-lex.europa.eu/search.html?textScope0=ti-te&qid=1530265471486&DTS_DOM=EU_LAW&type=advanced&lang=en&andText0=languages&SUBDOM_INIT=LEGISLATION&DTS_SUBDOM=LEGISLATION&FM_CODED=REG（搜索、整理日期：2018年6月1日）

续上表

中文名称	英文名称	备注
理事会2002年2月14日《关于在执行2001年欧洲语言年各项目标的框架内促进语言多样性和语言学习的理事会第2002/c 50/01号决议》（OJ NO C 50. 23.2. 2002. P1）	Council2002/C 50/01：Council Resolution of 14 February 2002 on the promotion of linguistic diversity and language learning in the framework of the implementation of the objectives of the European Year of Languages 2001(OJ NO C 50. 23.2. 2002. P1)	
《关于成立多语使用高级专家小组的决定》（2006）	Commission Decision of 20 September 2006 setting up the High Level Group on Multilingualism	委员会语言咨询机构成立
欧洲议会2016年11月23日《关于手语和专业手语口译员的决议》（OJ C 224, 27.6.2018, p. 68－74）	European Parliament resolution of 23 November 2016 on sign languages and professional sign language interpreters (2016/2952(RSP))（OJ C 224, 27.6.2018, p. 68－74）	

说明：在欧盟官方网站上以"languages"搜索欧盟立法文件，可以得出1983个决定（Decision），531个指令（Directive）①。其中，主要是由欧盟委员会颁布的，也有一些决定是由两个或两个以上机构联合颁布的，因此，在统计上会有重复。上述表格仅列出关于多语化语言政策的代表性欧盟指令和决定。

对上述关于欧盟多语化语言政策的代表性条例、指令和决定进行归纳整理后，可以得出以下几点小结：

第一，从法律位阶上看，欧盟立法中的"条例"相当于国内法中的一般法律（基础条约相当于宪法），"决定"相当于行政法规，而"指令"则需要对象国转化为国内法律。从上述表格中的代表性条例、指令和决定可以看出，欧盟多语化语言政策在宪法、法律、行政法规等各法律位阶上都存在一定的法律依据，并且，欧盟多语化语言政策的制定和实施是一个法制化的过程。

第二，欧盟暂时只有一部关于语言使用的专门性条例，即表3-2中所列的第1/58号条例；其余条例只有某个条款予以规定，如第1001/2017号条例、第1049/2001号条例、第1288/2013号条例等；事实上，欧盟立法中很多条例均有"语言条款"，即关于官方语言的平等、保障欧盟公民的官方语言使用权和选择权以及机构的工作语言的规定，但都是分散规定。

第三，这些条例、指令和决定，是基础条约中关于欧盟多语化立场、原则及一般规定的具体化；如果说，基础条约中的多语主义是一种"理念"，那么，条例、指令和决定（以及不具法律约束力的相关软法）就是把"理念"转化为"现实"。

第四，与基础条约体现的三个语言政策具体方面不同，这些条例、指令和决定只体现了两个方面的内容，即语言地位政策和语言教育政策，并未涉及语言保护政策：

①语言地位政策——条例、指令和决定具体化了官方语言平等政策，具体体现为"官民交往"中欧盟公民对24种官方语言的任意选择权，以及官方机构回复语言的强制对等。例如第1/58号条例规定所有官方公告必须使用所有官方语言发布、规定欧盟公民致函语言的强制对等性；第1001/2017号的《欧盟商标条例》规定了商标申请语言的选择权、官方受理语言的对等性、申诉及诉讼语言的选择权和对等性；第1049/2001号的《公众查阅条例》规定的欧盟公民语言选择权的无条件性；第82/752/EEC号关于开发"机器翻译系统"的决定，以实际的资源、资金和技术的较大规模投入，支持多语平等的实际运作，等等。

②语言教育政策——欧盟立法中的决定和指令在语言教育方面，发挥着重要的作用，对于欧盟的外语教育、外来移民后代的语言教育以及增强欧盟公民自由流动能力的语言教育均有重要的制度支撑。较典型的是第77/486/EEC号关于"外来移民后代母语教育计划"的部署及实施指令，第89/489/EEC号关于欧盟外语教学推广计划（LINGUA计划）的部署及实施决定，第819/95/EC号关于"苏格拉底"行动计划的部署及实施决定，等等。

③语言保护政策——尽管欧盟的基础条约中涉及了语言保护，但具体在欧盟的条例、指令和决定中，并未涉及专门性的语言保护，特别是区域性及少数民族语言保护。最主要的原因是欧盟缺乏相关的权限，欧盟如果没有得到各成员国的授权，在区域性及少数民族语言保护的问题上只能居于辅助地位。事实上，成员国的区域性及少数民族语言保护问题由成员国国内立法进行调整，欧盟只能施加间接性影响，例如，欧盟一直在倡导并游说各成员国加入欧洲委员会（非欧盟机构）发起的《欧洲区域或少数民族语言宪章》，迄今为止，已有17个欧盟国家加入了该宪章。

第五，欧盟通过条例、指令和决定等方式逐渐建构起了语言政策实施和推进的专门性官方机构——多语使用高级专家小组（the High Level Group on Multilingualism）和多语使用总司，以及一些专业的咨询机构，如指标和基准常设小组（the Standing Group on Indicators and Benchmarks）等。多语使用高级专家小组是咨询机构，主要职责是为欧盟委员会提供决策咨询和相关的建议意见；多语使用总司是2007年成立的欧盟委员会下属的一个司，主要任务是促进多语使用、提高就业水平、推进终身学习、促进欧盟的经济和政治进步等。

3. 重要的软法：决议、建议、意见、行动计划等

从规范性文件性质上看，欧盟的多语化语言政策主要且大多表现为软法（soft law），包括决议（resolution）、建议（recommendations）、意见（opinions）、提案（proposal）、宣言（declarations）、行动计划（action programmes）等。现将欧盟多语化语言政策的代表性的软法梳理如表3-4所示：

表3-4 关于多语化语言政策的代表性软法[①]

中文名称	英文名称	备注
《关于地区性语言与文化以及少数民族权利共同体宪章的决议》（1981）（OJ NO.C287,1981/11/9:106-108）	Resolution on a Community Charter of Regional Languages and Cultures and on a Charter of Rights of Ethnic Minorities.	简称"Arfe Resolution"计划
《关于促进少数民族语言与文化的决议》（1983）（OJ NO.C68,1983/3/14）	Resolution on Measures in favor of Minority languages and Cultures.	简称"Arfe Resolution Ⅱ"计划
《关于共同体内区域性及少数民族语言与文化的决议》（1987）（OJ NO.C318/60,1987/11/30）、（OJ NO.C318/60,1987/10/30:161）	Resolution on the languages and Cultures of Regional and Ethnic Minorities in the European Community	简称"Kuijpers Resolution"
《理事会关于设计先进机器翻译系统的具体方案的建议（欧洲翻译体系）》（COM/88/270FINAL – SYN 137）（1988年）	PROPOSAL FOR A COUNCIL DECISION CONCERNING A SPECIFIC PROGRAMME FOR THE COMPLETION OF A MACHINE TRANSLATION SYSTEM OF ADVANCED DESIGN (EUROTRA)	同属于"欧罗巴计划"

[①] 欧盟官方网站（EU law）：https://europa.eu/european-union/law/find-legislation_en.（搜索、整理日期：2018年6月1日）

续上表

中文名称	英文名称	备注
《理事会和部长会议1989年5月22日关于吉卜赛游民儿童教育的决议》（OJ NO. C 153，1989/6/21：02）	Resolution of the Council and the Ministers of Education meeting within the Council of 22 May 1989 on school provision for gypsy and traveller children	属于"外来移民后代母语教育计划"，这类专门针对某一具体事项的语言教育方面的决议有很多，此处不再一一列举
《委员会致理事会和欧洲议会的函：关于机器翻译的欧洲翻译体系项目具体方案》（COM/1994/69 FINAL）（1994年）	COMMUNICATION FROM THE COMMISSION TO THE COUNCIL AND THE EUROPEAN PARLIAMENT Final evaluation of the results of Eurotra: a specific programme concerning the preparation of the development of an operational Eurotra system for Machine Translation	即"欧罗巴计划"，关于运用机器翻译以降低人工翻译成本的计划，也称"语言数位化计划"
《关于欧共体内语言与文化少数民族的决议》（1994）（OJ C 61, 28.2.1994, p. 110）	Resolution of the European Parliament on the linguistic and cultural minorities in the European Community（OJ C 61, 28.2.1994, p. 110）	
委员会行动报告：《关于欧洲联盟使用较少的语言的报告（1989—1993）》（COM/94/602FINAL）	COMMUNICATION FROM THE COMMISSION – Lesser Used Languages of the European Union	
《教育及培训白皮书》（1995）	White Paper on Education and Training	
《关于在联盟教育体系提升外语教育及推进外语教育多样性的决议》（1995）（OJ C 207, 12.8.1995, p. 1-5）	Council Resolution of 31 March 1995 on improving and diversifying language learning and teaching within the education systems of the European Union（OJ C 207, 12.8.1995, p. 1-5）	

续上表

中文名称	英文名称	备注
《关于从低年龄开始学习联盟语言的决议》(1997)（OJ C 1, 3.1.1998, p. 2-3）	Council Resolution of 16 December 1997 on the early teaching of European Union languages（OJ C 1, 3.1.1998, p. 2-3）	
《关于能力与流动行动方案》（COM/2002/0072 final）	Communication from the Commission to the Council, the European Parliament, the Economic and Social Committee and the Committee of the Regions – Commission's Action Plan for skills and mobility	该方案把提高语言能力纳入了2006年"欧洲劳工流动年"的主题之一
《关于在落实2001年欧洲语言年目标框架下促进语言多样性和语言学习的决议》（2002）（OJ C 50, 23.2.2002, p. 1-2）	Council Resolution of 14 February 2002 on the promotion of linguistic diversity and language learning in the framework of the implementation of the objectives of the European Year of Languages 2001（OJ C 50, 23.2.2002, p. 1-2）	
《促进语言学习与语言多样性的咨询报告》（2002）	Promoting Language learning and Linguistic Diversity—Consultation	
《欧洲议会：文化多样性背景下关于欧洲区域性和较少使用的语言及欧盟少数群体语言提出建议的决议》(2003/2057(INI)(OJ NO. C 76E. 25.3. 2004. P374)	Regional and lesser-used languages — enlargement and cultural diversity European Parliament resolution with recommendations to the Commission on European regional and lesser-used languages — the languages of minorities in the EU — in the context of enlargement and cultural diversity (2003/2057(INI))(OJ NO C 76E. 25.3. 2004. P374)	
《2004—2006年度促进语言学习及语言多样性行动计划》（2003）（COM/2003/0449 final）	Promoting Language Learning and Linguistic Diversity: An Action Plan 2004—2006（COM/2003/0449 final）	

续上表

中文名称	英文名称	备注
《区域性及少数民族语言工作（1998—2002）评估报告》（2004）	Ex-Post Evaluation of Activities in the Field of Regional and Minority Languages 1998—2002—Final Report	
《促进多语使用的新战略框架》（2005）	A New Framework Strategy for Multilingualism	
《为成长与工作共同努力——里斯本策略的新开始》（COM/2005/0024 final）	Communication to the Spring European Council – Working together for growth and jobs – A new start for the Lisbon Strategy .{SEC(2005) 192} {SEC(2005) 193}	各成员国同意通过建立内部市场促进教育，以解决欧盟公民的语言能力问题
欧洲委员会给欧洲议会和理事会的致函：《欧洲语言能力指标》（2005）（COM/2005/0356 final）	Communication from the Commission to the European Parliament and the Council – The European Indicator of Language Competence（COM/2005/0356 final）	
《关于欧洲语言能力测试指标的决议》（2006）	Council Resolution of 18 May 2006 on the European Indicator of Language Competence	
《欧洲语言能力指标测试框架设计》（2007）	Framework for the European survey on language competence	
《"2004—2006年度促进语言学习及语言多样性行动计划"实施评估报告》（2007）	Report on the implementation of the Action Plan "Promoting language learning and linguistic diversity"（COM/2007/0554 final）	
《欧洲语言能力调查》(COM(2007)0184)	The European survey on language competences (COM(2007)0184)	
《推进多语使用的政治进程》（2007）	A political agenda for multilingualism	
《里斯本战略：教育与培训进展评估》（2008）	Progress towards the Lisbon Objectives in Education and Training	

续上表

中文名称	英文名称	备注
《多语社会：欧洲的财富与共同的责任》（2008）(COM(2008)0566)	Communication from the Commission to the European Parliament, the Council, the European Economic and Social Committee and the Committee of the Regions – Multilingualism: an asset for Europe and a shared commitment {SEC(2008) 2443} {SEC(2008) 2444} {SEC(2008) 2445} (COM(2008)0566)	
《关于联盟多语战略的决议》（2008）	Council Resolution on a European strategy for Multilingualism	
《多语主义：欧洲的财富与共同的责任》（2009）（2010/C 117 E/10）	Multilingualism: an asset for Europe and a shared commitment European Parliament resolution of 24 March 2009 on Multilingualism: an asset for Europe and a shared commitment (2008/2225(INI))（2010/C 117 E/10）	
欧盟理事会2014年5月20日《关于使用多种语言和发展语言能力的结论》(OJ NO. C 183 2014/06)	Council conclusions of 20 May 2014 on multilingualism and the development of language competences (2014/C 183/06)	
欧洲议会2013年9月11日《关于欧洲联盟濒危欧洲语言和语言多样性的决议》(OJ NO. C 93 .9.3.2016. P52)	European Parliament resolution of 11 September 2013 on endangered European languages and linguistic diversity in the European Union (2013/2007(INI)) (OJ NO. C 93 .9.3.2016. P52)	
……		

从表3-4关于多语化语言政策的代表性软法的梳理中，可以得出以下几点小结：

第一，这些软法凸显了欧盟在语言政策上的"初心"——多语主义。欧盟多语化语言政策最直接表现为倡议和行动计划等软法，无论是宏观方面的政治宣言（如《推进多语使用的政治进程》《多语社会：欧洲的财富与共同的责任》），还是中观方面某一领域的语言决议（如《关于促进少数民族语言与文化的决议》），抑或是微观方面的某个具体行动计划和方案（如《关于在落实 2001 年欧洲语言年目标框架下促进语言多样性和语言学习的决议》《关于机器翻译的欧洲翻译体系项目具体方案》），都不遗余力地确认、展示、重申了欧盟多语主义的立场和原则，而且表现出异常的坚定。

第二，这些软法同时也表现出欧盟在语言政策问题上的"雄心"——尽可能有所作为、努力地扩大影响。由于基础条约没有相关授权，欧盟在语言问题上"难以越雷池一步"，但这并不等于说欧盟完全无所作为。众多语言"宣言"，表明欧盟在语言问题上努力地建构认同、凝聚共识、巩固共识；众多的语言决议，表明欧盟在努力地向成员国施加间接影响，并不断增加呼吁和号召的频率；众多的行动计划，表明欧盟在实质性地"作为"，以实际行动推行多语化语言政策。

第三，这些没有法律约束力的软法与前述有约束力的条例、指令和决定，是"内核"与"外壳"的关系。欧盟多语化语言政策具有可操作性的主要内容，基本体现为一项一项的行动计划，而为了推行的方便，则必须在一定范围内取得合法性，而有约束力的条例、指令和决定便是首选的"硬壳"。典型如"欧罗巴计划"，即开发机器翻译系统以降低人工翻译成本的计划，需要得到合法性支持并在执行上具有约束力，则有赖于欧盟理事会的第82/752/EEC号决定；又如，欧洲语言年计划的实施，有赖于欧洲议会和欧盟理事会共同做出的第1934/2000/EC号决定，以获得扎实的合法性基础。

第四，这些软法充分反映了欧盟多语化语言政策的"百态"。欧盟多语化语言政策的具体内容和形式是多样的，如语言翻译，外来移民及其后代的语言教育，弱势语言与强势语言的关系协调，区域性及少数民族语言的援助与保护，欧盟公民的外语教育，欧洲语言年系列活动，语言学习与终身学习，多语主义战略等。这些具体政策都具有很强的操作性和针对性，而且具有阶段性和时效性，通过行动计划等软法的方式表现出来，也是非常合理的。

4. 欧盟多语化语言政策的分类

从语言政策的作用范围看，可以把语言政策分为四种：①语言地位政策，即关于规划不同语言法律地位的政策，比如规定何种语言文字为官方语言文字，采取单一官方语言文字还是多种官方语言文字，官方语言文字和非官方语言文字之间的地位和关系如何处理，不同非官方语言文字之间的地位和关系如何处理；②语言教育政策，即针对语言文字使用者的语言政策；③语言规范政策，即针对语言文字本体的政策，主要是语言文字的规范化和标准化要求；④语言保护政策，即针对"弱势语言"进行特别关注和科学保护的政策，比如少数民族语言文字保护政策。需要说明的是，"弱势语言"是指本来就很少人使用并且越来越少用的语言文字，以及在某个范围和区域内越来越不普及的语言文字。基于"弱势语言"的文化意义和政治意义，语言保护政策的直接目的就是要保护"弱势语言"。

欧盟的多语化语言政策，理论上说，也应该分为上述四类。但欧盟只是一个国家联盟，尽管各成员国让渡了一些非常重要的国家主权，尽管其有着很多"超国家"的特征和属性，但它依然属于一个国际组织，其政策的制定和实施并没有像一个主权国家内部的政策那样拥有完全权限，特别地，关于语言本体的规范化和标准化问题乃属成员国内政，只能由成员国国内立法调整，欧盟既无权干涉也无法通过立法和制定政策来调整，因此，欧盟的语言政策其实只有三类：

（1）语言地位政策——欧盟实行官方语言平等政策；
（2）语言教育政策——欧盟实行多语教育政策；
（3）语言保护政策——欧盟实行区域性及少数民族语言保护政策。

以下，将围绕这三个方面进行归纳与展开。

3.1.2 语言平等政策的内容与机制

欧盟多语化语言政策中的"语言平等"，是指所有官方语言的平等，而不是指所有的欧洲语言平等。而欧盟的语言平等并不应只局限于官方语言的平等，但由于其权限和作为空间存在局限等原因，欧盟的语言平等政策暂时也只能确立官方语言平等。具体地说，欧盟语言平等政策的主要内容与核心机制可以归纳如下。

1. 坚持多语主义

多语主义是欧盟主张语言平等的逻辑前提。多样性的实质其实是差异性，相同是无所谓平等和不平等的。欧盟的基础条约和条例、指令、决定等欧盟立法以及几乎全部的语言政策软法，无不强调其多语主义的立场和原则。例如，《欧洲联盟条约》的第3条第3款第4段强调"联盟应尊重其丰富的文化和语言多样性"，《欧盟基本权利宪章》第21条第1款规定的禁止歧视原则，《欧盟基本权利宪章》第22条规定的尊重文化、宗教和语言的多样性；又如，《多语社会：欧洲的财富与共同的责任》（2008）（COM(2008)0566）就明确要"重视所有语言"（4.2 Valuing all languages）。这里需要注意，欧盟的多语主义是指一切、所有语言的多样性，不局限于24种官方语言，是一种更加包容的态度和主张。不过，多语主义并不等于语言平等，多语主义只是语言平等的一个大前提，语言平等的确立必须坚持多语主义。

2. 二十四种官方语言的地位平等、使用平等、效力平等

在欧盟二十多个成员国中，某些国家国内的官方语言不只有一种，而是有两种甚至

多种（例如，比利时的官方语言有荷兰语、法语和德语三种；芬兰的官方语言有芬兰语和瑞典语两种；爱尔兰、卢森堡、塞浦路斯具有两种或两种以上官方语言），欧盟的语言平等，主要是欧盟的官方语言的平等，列为欧盟官方语言的时间如表3-5所示。迄今为止，根据最新版的第1/58号条例第1条之规定，欧盟一共有24种官方语言，分别是：保加利亚语、捷克语、丹麦语、荷兰语、英语、爱沙尼亚语、芬兰语、法语、德语、希腊语、匈牙利语、爱尔兰语、意大利语、拉脱维亚语、立陶宛语、马其他语、波兰语、葡萄牙语、罗马尼亚语、斯洛伐克语、斯洛文尼亚语、克罗地亚语、西班牙语及瑞典语。欧盟的语言平等政策主要指向24种官方语言的地位平等、使用平等、效力平等。这集中体现在《欧洲联盟条约》第55条第1款所明确规定的：条约应该使用欧盟所有24种官方语言书写，而且24种官方语言的版本均为条约的正式版本，这些语言具有同等效力；还有，第1/58号条例第5条也明确规定："欧洲联盟的官方公告应以所有官方语言发布。"

3. 欧盟公民拥有自由平等的语言选择权

欧盟公民在与欧盟官方机构进行沟通交流或办理相关事务（如提出某种申请）时，有权自由选择任意一种官方语言，欧盟官方机构必须以相同语言予以回复，同时，欧盟公民还有"第二语言"的选择权，即选择官方机构工作语言以外的第二种语言的权利。具体地说，《欧盟运行条约》第24条、《欧盟基本权利宪章》第41条、第1/58号条例第2条均有类似的规定，即"任一成员国或其公民可以联盟的任一官方语言向共同体机构提交文件，共同体机构应当以该种语言答复"[①]，也就是说，欧盟公民拥有自由平等的官方语言选择权；同时，欧盟公民向欧盟机构提出某些申请（如商标注册），受理机构由于有其特定的"工作语言"（这些工作语言由欧盟理事会依法确立，工作语言必须为24种官方语言中的几种），一般说来，申请人（欧盟公民或法人）应在工作语言中进行选择，但为了确保语言平等，欧盟公民有权指定工作语言以外的官方语言作为"第二语言"，该机构有义务将该"第二语言"翻译为工作语言（而且，申请人若以工作语言以外的官方语言提出申请，该机构则必须以相同语言予以回复），后续的申请、声明、申诉乃至诉讼，申请人均可使用该"第二语言"，翻译的工作和费用由该机构承担，而且是"无需说明理由"，即"无条件"的。典型如《欧盟商标条例》（第1001/2017号条例）第146条（条文具体内容详见表3-2）。可见，欧盟公民的语言选择权是广泛且不受限制的，尽管欧盟官方机构有工作语言的限制性规定（如某些表格只有工作语言版本），但并不能限制欧盟公民的语言选择权。

---

① 见第1/58号条例第2条。

表3-5 列为欧盟官方语言的时间

语言种类	列为欧盟官方语言的时间（年）
荷兰语 德语 法语 意大利语	1958
英语 丹麦语	1973
希腊语	1981
葡萄牙语 西班牙语	1986
瑞典语 芬兰语	1995
立陶宛语 拉托维亚语 爱沙尼亚语 匈牙利语 波兰语 斯洛文尼亚语 斯洛伐克语 捷克语 马其他语	2004
爱尔兰语 罗马尼亚语 保加利亚语	2007
克罗地亚语	2013

4. "公领域"明确对等，"私领域"不作限定

在公共领域，特别是公共行政领域，必须遵循语言平等中的对等规则，具体为：①欧盟发布官方公告必须使用全部24种官方语言；②条例等文件的起草必须使用全部24种官方语言；③欧盟机构向公民发送文件必须使用该成员国官方语言；④欧盟机构回复欧盟公民必须以同种官方语言。但是，在欧盟公民和法人的"私领域"则没有对等要求。事实上，在平等主体之间的交流、交往、交易也无需强制语言的使用。不过，欧盟有关于外语教育的语言政策，促进多语主义背景下语言障碍的消除。

5. 欧盟理事会拥有机构语言的规则制定权

欧盟除了官方语言（official languages），还有工作语言（working languages），当然，根据第1/58号条例的规定，二者的语言种类是一致的，即24种。不过，出于运行效率的考虑，欧盟的官方机构会有自己的工作语言（表3-6），而这些机构的工作语言并不是由机构自己决定的，而是根据《欧盟运行条约》第342条之规定，"由欧盟理事会以全体一致的决议确定"。一般而言，欧盟主要机构的工作语言的范围与官方语言是一致的，即24种，当然也有例外，如欧盟的商标申请局就规定5种工作语言（英语、德语、法语、意大利语、西班牙语）；不过，除了明文规定的工作语言之外，还有实际的内部工作语言，即机构内工作人员习惯的通常用语，如欧盟委员会在日常的内部工作中只使用英语、法语和德语；欧洲法院的内部工作语言只有法语。这其实反映出语言政策及其法律制度在应然和实然层面的区别，也是理

想和现实差距的反映。

表3-6 欧盟主要机构工作语言使用情况

机构名称	工作语言	内部工作语言
欧洲议会	所有24种语言	所有24种语言
部长理事会	所有24种语言（部长会议）	所有24种语言
欧盟委员会	所有24种语言	英语、法语、德语
欧洲法院	所有24种语言	法语
经济与社会委员会	所有24种语言	所有24种语言
地区委员会	所有24种语言	所有24种语言

资料来源：①Gazzola, Michele. Managing Multilingualism in the European Union: Language Policy Evaluation for The European Parliament. Language Policy 2006（5）：393–417.

②田鹏.集体认同视角下的欧盟语言政策研究[M].北京：北京大学出版社，2015年，第93页.

3.1.3 多语教育政策的内容与机制

严格来说，语言教育政策应属一国内政，因为语言教育政策决定着国家推广何种语言以及何种语言被优先使用，在多语言、多民族国家直接与民族（族群）问题甚至政权问题相关联。而欧盟既非主权国家，也暂未得到基础条约的相关授权，因此，欧盟的语言教育政策并未见有明确的、直接的、成文的基础条约依据和欧盟立法（硬法）依据。不过，欧盟存在相关的、抽象的、间接的法律条文和软法指导意见，作为欧盟实施其多语教育政策的载体，对欧盟的语言教育产生着间接但不可忽视的重要影响。具体地说，欧盟多语教育政策的主要内容与核心机制可以归纳如下。

1. 欧盟基础条约对其多语教育政策的间接性规定

《欧盟运行条约》在第三章"教育、职业培训、青年和体育"中的第165条明确规定："联盟应鼓励成员国之间的合作，如有必要，应支持和补充他们的行动，同时应充分尊重成员国在教学内容和教育体制组织的责任心以及他们的文化差异和语言多样性，以有助于发展素质教育。"该条同时规定："联盟的行动应着眼于：（第一项）发展欧洲层面的教育，特别是通过成员国语言的教学和传播；（第二项）……"不难看出，基础条约的规定显得较为原则性而且比较模糊，而欧盟条例、指令和决定也是不能直接介入的，在诸多欧盟立法（硬法）中仅有第1288/2013号条例（"Erasmus+"计划）有提及语言教育，如第5条第1款第e项："方案的第e个目标为改善语言的教学和学习,提高欧盟的语言多样性和文化多样性的意识。"但同样是原则性、抽象性、模糊性、间接性的规定。

2. 坚持外语教育的多语主义

外语教育的多语主义是指外语的教育和学习应该多元化,并应确保外语语种选择的多元化。这里必须强调,欧盟的语言教育就是指外语教育,欧盟的语言教育政策即外语教育政策,而这个"外语"指的是"欧盟语言",即24种官方语言范围之内。因此,欧盟的语言教育政策是针对欧盟公民学习本国语言(母语)之外的其他欧盟语言的鼓励和资助政策。

在外语教育中,欧盟坚持多语主义的立场和原则是一贯的。除了前述的基础条约有明确的多语主义的规定之外,欧盟还有大量关于语言教育的软法规定,较具代表性的有:《关于在联盟教育体系提升外语教育及推进外语教育多样性的决议》(1995年)、《关于从低年龄开始学习联盟语言的决议》(1997年)、《关于在落实2001年欧洲语言年目标框架下促进语言多样性和语言学习的决议》(2002年)、《2004—2006年度促进语言学习及语言多样性行动计划》(2003年)、《多语社会:欧洲的财富与共同的责任》(2008年),等等。

3. 社会多语转化为个人多语:"母语 + 两门外语"模式

"母语 + 两门外语"模式(mother tongue plus two other languages)是欧盟语言教育政策中非常重要且突出的机制,是促进欧盟由社会多语变为个人多语的关键制度。欧盟社会的多语既是不能改变的历史,更是不能改变的现实,而要破除多语背景下的人员流动、沟通、交流、交易和融合的障碍,"母语 + 两门外语"的教育机制就显得尤为重要,而且,须配合低龄学习和终身学习制度,使社会多语变为个人多语。

"母语 + 两门外语"机制不是横空出世的,而是经历了一番酝酿和实践的检验:《关于在联盟教育体系提升外语教育及推进外语教育多样性的决议》(1995年)——形成并确立了外语教育的多语主义指导思想;《关于从低年龄开始学习联盟语言的决议》(1997年)——形成并确立了低龄学习、语言教学多元化和"母语 + 外语"的指导性原则;《关于在落实2001年欧洲语言年目标框架下促进语言多样性和语言学习的决议》(2002年)——从文件到行动、从倡议到实践而逐步主张"母语 + 两门外语";《2004—2006年度促进语言学习及语言多样性行动计划》(2003年)——在实践中形成终身学习、低龄学习、语言教学多元化、"两门外语+母语"的操作机制;《多语社会:欧洲的财富与共同的责任》(2008年)——确立了"两门外语+母语"的具体目标、从强调语言多样性的抽象文化价值转向强调欧盟公民个人的语言能力和发展能力。这些软法的制定出台和实施推行，逐步形成了多语主义的指导思想，逐步构建了语言学习和教育多元化的指导性原则，更逐步把"母语 + 两门外语"机制落实到了具体的行动实践之中。

4. 低龄语言教育、终身语言教育与语言教育的多样性相嵌合

低龄语言教育（the early teaching of European Union languages）中的"低龄"是指小学阶段，即在小学阶段就能够拥有接受"母语 + 两门外语"教育的机会和条件；终身语言教育（the life-long language teaching）中的"终身"是指公民的整个人生发展，从小学到中学、大学以至职后都能接受"母语 + 两门外语"的语言教育。由于低龄语言教育、终身语言教育的相关的文件均属于软法，欧盟也只能"呼吁"和"倡议"各成员国把低龄语言教育、终身语言教育纳入国内的教育体系并安排财政预算，不过，在欧盟层面则能有一定的行动作为。比如《关于从低年龄开始学习联盟语言的决议》（1997年）让欧盟委员会编写低龄语言教育的教材、组织低龄语言教育的跨国合作、组织和资助低龄语言教育的教师培训、组织和帮助低龄学生进行语言学习方面的交流[1]；《2004—2006年度促进语言学习及语言多样性行动计划》（2003年）则把终身语言教育作为三大任务之首（其余两大任务是提高语言教学的质量和营造友好的语言环境），具体计划了建设"语言友好型学校""语言班"、语言教师培训、语言教师资助以及语言技能测试项目[2]；《多语社会：欧洲的财富与共同的责任》（2008年）则直接把"母语 + 两门外语"与终身语言教育挂钩，让语言教育更普及（more opportunities to learn more languages）和更高效（effective language teaching）[3]；而现行的"伊拉斯谟计划"（REGULATION (EU) No 1288/2013）则充分地把低龄语言教育、终身语言教育与语言教育集合起来，同时把教育、培训、青年和体育结合起来，调动法令、财政预算、成员国力量共同推进。

5. 督促与行动相结合机制

在语言教育政策中，督促即"说"，欧盟主要通过决议、宣言等"说"的方式统一思想、凝聚共识；而行动即"做"，通过制定和落实具体的行动计划与实施方案，

---

[1] Council Resolution of 16 December 1997 on the early teaching of European Union languages（OJ C 1, 3.1.1998, page. 2 - 3）.

[2] Promoting Language Learning and Linguistic Diversity: An Action Plan 2004—2006 （COM/2003/0449 final），page 7-9.

[3] Communication from the Commission to the European Parliament, the Council, the European Economic and Social Committee and the Committee of the Regions - Multilingualism: an asset for Europe and a shared commitment {SEC(2008) 2443} {SEC(2008) 2444} {SEC(2008) 2445} (COM(2008)0566), page 10-11.

推动和影响语言教育政策的实现，而"说"和"做"是结合起来的。由于权限原因，欧盟只能制定没有法律约束力的语言教育政策，呼吁、倡导、建议成员国将之转化为国内具有法律效力的语言政策或者转化为国内有财政预算保障的政策措施。不过，欧盟并未因权限受限而无所作为，其正是通过督促与行动相结合机制努力地对各成员国施加影响——以决议、宣言等不具实质行动性和操作性的文件为"先锋"，目的是表明原则立场、统一思想、凝聚共识，让各成员国普遍接受；然后再推出鼓励性、资助性、具有实际操作性的行动计划和方案，那么，成员国基于之前达成的共识，一般都不会拒绝对这些行动计划和方案的支持。例如，前述提及的1995年通过的《关于在联盟教育体系提升外语教育及推进外语教育多样性的决议》，主要是形成了推进外语教育多样性的共识并逐步上升为欧盟语言教育的指导思想，而后的1997年就通过了具有操作性的"低龄语言教育"的方案，然后在2003年形成了更具体的"2004—2006年度促进语言学习多样性"的行动计划。其间，"母语 + 两门外语"、低龄语言教育、终身语言教育与语言教育多样性的模式和机制就是这样建立起来的。

6. **鼓励与资助机制**

欧盟语言教育政策的激励机制主要是正向激励，即鼓励和资助，由于权限原因，欧盟的语言教育政策难以拥有法律约束力，负激励几乎是不可能采取的。因此，欧盟在推动其多语教育政策的过程中，经济投入是很大的，甚至可以说很"烧钱"。一方面，欧盟每年的财政预算中必有语言政策项目，其中就包含多语教育的相关项目，预算金额较大；另一方面，除了欧盟，还需要各成员国政府提供一定经费甚至私人赞助，经费金额同样较大。例如，"2001年欧洲语言年"行动中，欧盟委员会就做了1095万欧元的总预算，同时，需要成员国政府、项目协同人（国）以及私人赞助共1970万欧元（其中1070万欧元是成员国政府出资、720万欧元是项目协同人出资、180万欧元是私人赞助），合计共投入3065万欧元[①]。又如，前述所提及的"2004—2006年度促进语言学习多样性"的行动计划，2004年、2005年、2006年三年的欧盟委员会预算分别是30万欧元、350万欧元、350万欧元，总计730万欧元；而实际执行

---

① 资料来源：《2001年欧洲语言年的执行情况和结果》（COM/2002/0597 final），英文标题：Report from the Commission to the Council, the European Parliament, the Economic and Social Committee and the Committee of the Regions - The Implementation and Results of the European Year of Languages 2001 (presented by the European Commission in accordance with Article 11 of Decision n° 1934/2000/EC)，见欧盟官方网站：https://eur-lex.europa.eu/legal-content/EN/TXT/?qid=1530520346053&uri=CELEX:52002DC0597.（访问日期：2018年6月1日）

情况中这三年分别是69万欧元、444万欧元、424万欧元，总计937万欧元①。需要强调的是，这些投入基本都属于鼓励和资助性质的，这确实反映了欧盟多语教育政策推行的动力机制其实就是鼓励和资助机制。

3.1.4 区域性及少数民族语言保护政策的内容与机制

"区域性及少数民族语言"是指："1.群体人数在全国人口中占少数的国民在一定地区内使用的传统语言；2.与该国的官方语言不同，它既不包括该国官方语言的方言，也不包括移民语言。"② 根据欧盟的官方文件③，欧盟有60多个"土著性质"的区域性及少数民族语言社区，而且欧盟预测随着联盟的扩大，这个数字会增加到一倍以上。可见这是一个不容小觑的问题。

由于基础条约并未授权，欧盟在区域性及少数民族语言的保护方面与多语教育方面的权限一样，只能通过软法提出意见和建议进行呼吁、倡导、引导，当然，还包括实施一些权限范围内（不能干涉成员国内政）的行动计划。较具代表性的决议和行动计划主要有以下几个：①《关于地区性语言与文化以及少数民族权利共同体宪章的决议》（1981）——简称"Arfe Resolution计划（1981）"；②《关于促进少数民族语言与文化的决议》（1983）——简称"Arfe Resolution Ⅱ 计划（1983）"；③《关于共同体内区域性及少数民族语言与文化的决议》（1987）——简称"Kuijpers Resolution 计划（1987）"；④《关于欧洲联盟使用较少的语言的报告（1989—1993）》（1994年）——简称"较少语言计划（1989—1993）"；⑤《关于欧共体内语言与文化少数民族的决议》（1994）——简称"1994年决议"；⑥《文化多样性背景下关于欧洲区域性和较少使用的语言及欧盟少数群体语言提出建议的决议》（2003年）——简称"语言保护2003年决议"，⑦《关于欧洲联盟濒危欧洲语言和语

---

① 资料来源：《关于促进语言学习和语言多样性：2004—2006年行动计划的执行情况》（COM/2003/0449 final），英文标题：Communication from the Commission to the Council, the European Parliament, the Economic and Social Committee and the Committee of the Regions - Promoting Language Learning and Linguistic Diversity: an Action Plan 2004 - 2006,见欧盟官方网站：https://eur-lex.europa.eu/legal-content/EN/TXT/?qid=1530521232007&uri=CELEX:52003DC0449.（访问日期：2018年6月1日）
② 根据欧洲委员会（非欧盟机构）1992年通过的《欧洲地区性或少数民族语言宪章》的第一条。该宪章英文版见欧洲委员会官方网站：http://conventions.coe.int/treaty/en/Treaties/Html/148.htm,（访问日期：2018年6月1日）。该宪章有中文版，见：中国社会科学院民族研究所编. 国外语言政策与语言规划进程[M]. 北京：语文出版社，2001年，第199-209页。
③ 见：《文化多样性背景下关于欧洲区域性和较少使用的语言及欧盟少数群体语言提出建议的决议》第J条。（2003/2057(INI)）（OJ NO. C 76E. 25.3. 2004. P374）

言多样性的决议》（2013年）——简称"语言保护2013年决议"，等等。这些决议和行动计划从内容上看有一个突出的特点，就是承继性非常强——后一个决议都以前一个决议为基础，基本包含了前一个决议主要的政策内容，然后在此基础上扩展新的政策内容。因此，从阅读法律文本的角度看，最近的"语言保护2013年决议"概括性地体现了欧盟的区域性及少数民族语言政策。具体地说，根据以上决议和行动计划，特别是"2013年决议"，欧盟区域性及少数民族语言保护政策的主要内容与核心机制可以归纳如下。

1. 定位语言权为基本人权，呼吁确认其法律地位

把区域性及少数民族语言的使用权定位为基本人权，重视和保护区域性及少数民族语言持有者的个体权利和群体权利，是欧盟区域性及少数民族语言保护政策一贯的、基本的立场。除了引用《欧盟基本权利宪章》作为基本条约依据之外，某些欧盟区域性及少数民族语言保护的决议还以国际人权公约（《公民权利及政治权利国际公约》）、《欧洲人权公约》《世界人权宣言》《联合国宪章》等国际人权法为依据，并且，强烈建议成员国"审查歧视少数群体语言的法律和规定"（"Kuijpers Resolution计划（1987）"第6条）并"谴责语言歧视和侮辱的做法"（"语言保护2013年决议"第2条），同时，强烈呼吁欧盟委员会"审查所有歧视性的共同体和成员国的立法和做法"（"Arfe Resolution计划（1981）"第6条，"Arfe Resolution II计划（1983）"第1条）。又如，"2013年决议"第25条、第27条和第30条都把地区性及少数民族的语言权归口为"少数民族权利"（the rights of national minorities），进而归口于人权范畴。尽管这些决议都是软法，"建议"和"呼吁"不具备强制执行力，但其主要目的是要欧盟及其成员国确认区域性及少数民族语言的法律地位，让这些少数族群的语言权在法律上得到基本人权式的保障。

2. 与多语教育政策相结合，提高延续性和流通性

保护区域性及少数民族语言其实就是提高其延续性，而提高延续性的最好办法是让这些小众语言拥有流通性，因此，欧盟的区域性及少数民族语言保护政策一般与其多语教育政策相结合，通过语言教育的方式提高语言的延续性和流通性。比如，欧盟在相关决议中"要求"各成员国政府及地方政府应允许"所有年级的学校都以地区语言进行教学"（"Arfe Resolution计划（1981）"第1条第a款，"Kuijpers Resolution 计划（1987）"第5条）；又如，直接提出"语言振兴政策"并强调应长期坚持——"加强语言教学在学前教育、小学教育以及在家长培训方面的投入并长期在行政管理、媒体节目、艺术等领域提供资源"（"2013年决议"第13条），同时呼吁各成员国的高等教育研究机构对濒危语言予以特别关注及加强研究（"语言保护

2013年决议"第15条）。

除了在教育领域，欧盟的区域性及少数民族语言政策还强调在公共生活和社会事务领域，提高这些语言的延续性和流通性。比如允许并确保当地广播和电视中的少众语言的使用（"Arfe Resolution计划（1981）"第1条第b款），资助媒体的配音和字幕技术发展（"Kuijpers Resolution 计划（1987）"第8条），允许个人使用地区语言与官方机构和法院打交道（"Arfe Resolution计划（1981）"第1条第c款），在商品商标和说明书等消费者权益保护领域以及公共标志、街道标志等公共信息领域应提供区域语言（"Kuijpers Resolution 计划（1987）"第9条），等等。反正，欧盟的区域性及少数民族语言保护政策把着眼点放在积极营造和建设友好的少众语言使用环境上，让持小众语言的人们能够顺利融入欧盟公民一般的生活。

3. 尝试引入语言保护国际条约以对成员国课以法律义务

由于权限受制的原因，欧盟不能对成员国课以语言保护的法律义务，而转为"曲线救国"的办法——欧盟不遗余力地引入语言保护的相关国际条约，呼吁、倡议、引导、游说各成员国签署加入，而这些国际条约是有确定的、具体的法律义务的。欧盟在多个场合、多次会议、多个决议中都不厌其烦、不辞劳苦、不遗余力地呼吁各成员国加入、也是欧盟最期望各成员国都能加入的就是欧洲委员会（非欧盟机构）的《欧洲地区性或少数民族语言宪章》（the Council of Europe's European Charter for Regional or Minority Languages, 1992），其次则是《世界语言权利宣言》（the Universal Declaration of Linguistic Rights, 1996）和《保护少数民族框架公约》（the Framework Convention for the Protection of National Minorities, 1995）。成员国一旦加入这些国际条约，就有着保护区域性及少数民族语言的具体的国家义务，比如国内立法义务，国内法律清查和清理义务，相关的语言教育义务，宣传义务，定期评估与报告义务，等等。毕竟这些国际条约属于"硬法"，是具有法律约束力的。目前，28个成员国中已有17个国家[①]加入了《欧洲地区性或少数民族语言宪章》，欧盟也正在以其自身的影响力促使其他11个国家加入，例如"语言保护2013年决议"第3条就明文写入："呼吁所有未批准和实施《欧洲地区性或少数民族语言宪章》的成员国尽快批准和实施。"确实，在欧盟缺乏相关权限的情况下，直接引入语言保护国际条约对于区域性及少数民族语言其实是最有利、最直接、最方便也是最

[①] 这17个国家分别是：克罗地亚、奥地利、塞浦路斯、捷克、丹麦、芬兰、德国、匈牙利、卢森堡、荷兰、波兰、罗马尼亚、斯洛伐克、斯洛文尼亚、西班牙、瑞典和英国。参见欧洲委员会官方网站：http://conventions.coe.int/treaty/Commun/ChercheSig.asp?NT=148&CM=1&DF=&CL=ENG（访问日期：2018年6月1日）

有效的。因此，欧盟引入语言保护国际条约的过程，其实是其实施区域性及少数民族语言保护政策的重要一招。

4. 不定期评估及报告机制

严格来说，关于区域性及少数民族语言状况的评估与报告并非欧盟已经确立下来的定期执行机制或制度，定期评估与报告机制只是在《欧洲地区性或少数民族语言宪章》中设置并执行（条约国每三年须提交相关状况评估报告并接受审查），相比之下，欧盟的软法未能促成定期评估与报告机制的形成，不过，欧盟一直在努力地了解、规划、促进区域性及少数民族语言的保护，因而会不定期地进行评估和报告，因此也可以说，不定期评估与报告也是欧盟区域性及少数民族语言保护政策的一种重要机制。一般来说，欧盟的一些非官方机构和欧盟资助项目，如欧洲少数语言局[①]（the European Bureau for Lesser Used Languages（EBLUL））和墨卡托网络工程[②]（Mercator）等，会对相关领域进行评估以及对组织方和项目资助方报告。

5. 经费支持机制

欧盟区域性及少数民族语言保护政策的经费支持机制有三个特点：费用庞大、来源多和依申请。

与多语教育政策类似，欧盟区域性及少数民族语言保护政策会设立很多项目与行动计划，欧盟负责提供经费支持（一般由欧盟委员会提出申请，经欧洲议会和欧盟理事会审核通过）。从过去的经费预算看，数量是很庞大的，因为欧盟的相关决议明确作出了"至少100万欧元"的规定（"Kuijpers Resolution 计划（1987）"第14条），并且事实上，是在逐年递增的。据欧盟的官方统计，1983年至1997年的经费预算累计为2845.5万欧元[③]。而且，经费的来源非常多元，欧盟在几乎每一次相关决议中，都会重点提及经费筹措和来源，具体包括：欧盟的财政援助，成员国政府的财政援助，地区基金，教育基金，民间资助等；单是地区基金又有很多种类，很多项目，可以说，其经费来源比多语教育政策还要多。

与多语教育政策不同的是，欧盟区域性及少数民族语言政策的经费一般都要"依

---

① 欧洲少数语言局是1982年在欧洲议会的iniative下由欧共同体资助成立的面向欧洲的非政府机构。它代表地区性以及少数语言群体与欧盟相关机构及其他国际组织沟通，促进群体与欧洲及其他国际团体的联系。
② 墨卡托网络工程是在1987年在共同体委员会倡议下成立，是一个信息与文献中心，旨在促进少数群体语言及文化的交流及传播，鼓励各类机构、大学与地方政府机构及国家政府机构进行合作及交流。该信息与文献中心包括三个分支机构：教育分支（设在荷兰）、立法分支（设在西班牙）、传媒分支（设在英国）。
③ 欧盟官方公告：OJ No. C178,1997/6/12:163.

申请",因为每项资金的出资方和项目来源是不同的,这些经费都需要按照法定程序进行申请和批准。而多语教育政策的经费有的是"依申请",有的则可以"依职权"主动为之。这也体现出欧盟区域性及少数民族语言政策推行的难度比多语教育政策更大,作为的可能性和空间其实更小。

3.2 欧盟多语化语言政策的特点

欧盟多语化语言政策具有多种突出的特点。从政策目的看,欧盟多语化语言政策显现出较为明显的融合性;从政策功能看,欧盟多语化语言政策具有工具性;从法律性质看,欧盟多语化语言政策具有软法性;从政策内容看,欧盟多语化语言政策具有明显的激励性;从政策的价值取向看,欧盟多语化语言政策具有公平性。

3.2.1 融合性

融合性,是指欧盟多语化语言政策的政策目的是增强成员国及其公民对欧盟的集体认同感,促进欧盟的大融合。欧盟多语化语言政策的融合性其实可以回应篇首提出的一个问题——既然要促进融合,欧盟为什么选择多语化的政策取向而不是统一化?从前述分析可知,"多语"既是欧洲的历史,更是欧洲的现实,欧洲(欧盟)的文化多样性特别是语言多样性是一个不可逆、不可违,只能顺势而为的过程,"统一化"反而会引发民族分裂、国家矛盾、民众反对等分裂欧盟的现实风险,毕竟,"书同文、语同音"是要付出很大成本的,被同化的成员国及其公民自然会很反感。相反,尊重文化的多样性特别是语言的多样性,实行多语主义,则能直接增强成员国及其公民对欧盟的归属感、安全感和信任感。试想,为何犹太民族内部那么团结?宗教因素可能是重要的原因,但还有一个往往被人们忽略了的原因——犹太民族不断被其他民族所排斥和孤立,其他民族都试图想同化和欺凌犹太民族,反而成就了犹太民族的内部团结,可以说,犹太民族的团结是逼出来的。同理,欧盟语言政策的政治目的当然是促进融合,而多语主义的语言政策才是正确的选择,而这一正确的选择的背后用意,就是促进大融合,至少,避免造成分裂。

3.2.2 工具性

语言本身是不具备意识形态属性的,但语言政策则带有明显的意识形态属性,任何国家和组织的任何公共政策都不例外。欧盟多语化语言政策具有工具性,是指其在意识形态领域具有解决社会问题的功能性,包括引导、协调和服务等功能。语言作为人类最重要的交际工具，本可以无分彼此、一视同仁地为人类服务，但是现实中持不同语言、不同语种的人之间的交际问题，并不是语言本身能够解决的，因为这不仅是"懂与不懂""便与不便"的问题，更是"认同与不认同""谁迎合谁""谁迁就谁"的问题，这已经是一个"分彼此"的社会问题了，具有明显的意识形态属性了，而多语化语言政策正是欧盟应对这些社会问题的工具——引导、协调和服务功能。另外，换一个角度说，欧盟的多语化语言政策尽管一直在强调多语主义、强调24种官方语言一律平等、强调语言教育的多语化、强调要保护区域性及少数民族语言特别是濒危语言，最重要还是为了应对问题、应付问题以及减少问题，也就是一种政策工具而已。

3.2.3 软法性

国际法中的软法（soft law）是相对于国际条约和国际惯例等硬法（hard law）而言的，是指不具法律约束力但又能产生一定法律效果的国际文件，一般表现为建议（recommendations）、标准（standards）、行为准则（code of conducts）、指南（guidelines）、意见（opinions）、通知（notices）、宣言（declaration）、框架（framework）、行动纲领（action programs）等[①]。从法律性质看，欧盟多语化语言政策大多属于软法，具有明显的软法性。

首先，从严格意义上说，语言政策属于主权国家的内政，是一国文化政策、社会政策甚至民族政策的重要组成部分，欧盟亦未得到基础条约的明确授权（事实上语言政策不属于成员国让渡主权的范围），欧盟的多语化语言政策只能以软法形式出现。其次，尽管某些基础性条约与欧盟条例、指令和决定确实有明确的语言规定（例如，《欧洲联盟条约》的第55条规定了24种官方语言地位和效力平等，《欧盟运行条约》的第20条和第24条规定了欧盟公民语言选择权，第1/58号关于语言使用的专门性条例，等等[②]），从形式上说这些规定属于硬法，但主要是原则性、倡议性、宣示性和任意性规范，也缺乏明确的法律后果，法律约束力不足，从法律的执行效果上说跟软法无异。最后，欧盟多语化语言政策的三大类型（语言平等政策、多语教育政策、区域性及少数民族语言保护政策）的主要内容和核心机制基本上都是由软法构建起来的。事实上，在基础条约没有授权的领域，欧盟的作为空间是不大的，特别是想通过有约

[①] 万霞.试析软法在国际法中的勃兴[J]. 外交评论，2011（5）：132.
[②] 详细可参见前述"表3-1：欧盟基础条约关于多语化语言政策的规定""表3-2：部分关于多语化语言政策的欧盟条例""表3-3：关于多语化语言政策的代表性欧盟指令和决定"。

束力的法律文件推行多语化语言政策，就会出现某些成员国反对甚至抵制的情况（例如区域性及少数民族语言保护政策在法国等具有语言民族主义色彩的国家就难以推进），此时，反而软法的灵活性和适应性的作用及功效就会被充分发挥出来，从而凝聚共识、接近目标。所以说，欧盟多语化语言政策确实具有明显的软法性。

3.2.4 激励性

欧盟多语化语言政策具有明显的激励性，这与政策的软法性特点是密切相联的。由于权限和软法属性的原因，欧盟的语言教育政策难以拥有具体的、明确的、实在的法律约束力，负激励几乎是不可能的——其所采取的激励主要是正向激励，即鼓励和资助。一方面，在语言平等政策上，欧盟在每一次与语言政策相关的决议、宣言、计划和行动方案中，都不遗余力、不厌其烦地"提倡多语""鼓励多语"；另一方面，在多语教育政策和区域性及少数民族语言保护政策的推动上，除了"提倡"，还非常慷慨地"烧钱"，通过精神上、意识上的充分鼓励和物质上、实践上大量资助，拉动多语化语言政策的实施。从感性上看，欧盟在推行其多语化语言政策的方式有种"财大气粗"的感觉；但从理性上看，"正向激励"的定位是非常准确的，因为欧盟并没有在语言问题行动上的直接权限。根据《欧盟运行条约》第165条第1段的规定："联盟应鼓励成员国之间的合作，如有必要，应支持和补充他们的行动，同时应充分尊重成员国在教学内容和教育体制组织的责任心以及他们的文化差异和语言多样性，以有助于发展素质教育。"其中的"如有必要，应支持和补充他们的行动"意味着欧盟只处于辅助地位、只是一个辅助角色、只能施加间接影响——在各成员国的力量不足以完成之时，或者如果由欧盟完成将获得更多更大的利益之时，欧盟才能介入。事实上，目前没有比实实在在的鼓励和资助更能施加间接性影响了。因此，欧盟多语化语言政策的"正向激励"的定位是非常恰当的。

3.2.5 公平性

公平性是欧盟多语化语言政策的内在价值取向，是其在价值观方面的最大特点。欧盟多语化语言政策的公平性主要体现为：第一，规则公平——语言平等政策强调所有的官方语言地位平等、使用平等、效力平等，并以基础条约的方式明确规定，同时通过第1/58号条例等相关欧盟立法以及授权欧盟理事会对欧盟机构的语言使用进行立法和规定，确保各方主体（欧盟机构、各成员国、欧盟公民、小众语言族群等）在制度和规则面前一律平等；第二，机会公平——欧盟的多语教育政策着眼于培养和提高欧盟公民的语言能力进而提升其就业、流动、发展的素质和能力，促进欧盟社会的机会公平；第三，权利公平——欧盟的区域性及少数民族语言保护政策把语言权定位为基本人权，特别关注弱势语言群体的语言权的实现和保障，通过鼓励和资助机制促进小众语言群体语言权利的平等。另外要补充的是，"公平"往往与"效率"一起比较与讨论，具体到政策的价值取向而言，欧盟多语化政策主张和坚持的是公平价值优先于效率价值，在公平与效率相冲突的情况下，公平价值是优先的。比如，欧盟机构中存在大量的翻译工作，事实上对于工作进程是有明显延误影响的，但欧盟依然坚持不应对官方语言和工作语言作出限制，也就是公平优先。

3.3 欧盟多语化语言政策与欧洲一体化的关系

事物是普遍联系的。要深入认识和了解欧盟多语化语言政策，就有必要将其放置于更大的环境和格局之中——欧洲一体化进程，通过探讨欧盟多语化语言政策与欧洲一体化的关系，探讨欧盟多语化语言政策与欧盟其他经济社会政策的关系，从而有利于更加客观、全面、深入地理解欧盟多语化语言政策。

3.3.1 欧洲一体化中欧盟多语化语言政策的定位

1. 宏观：欧洲一体化的历史背景与基本理论

欧洲一体化的历史，从理论上可以追溯到17世纪法国亨利四世、18—19世纪的卢梭和圣西门等，他们都提出过建立"欧洲联邦"的类似主张和计划。在实践上，则是在二战之后，英国首相丘吉尔、"欧洲之父"让·莫内、法国外长舒曼，对于欧洲统一运动有着重要的开启性、奠基性作用。1946年丘吉尔提出"欧洲合众国"的构想并在其后的多个正式和非正式场合中大力倡议，1949年促成了10个欧洲国家[①]签订了《欧洲理事会章程》，正式设立欧洲理事会，在欧洲理事会的主导下，欧洲不少国家签署了《欧洲人权公约》《欧洲社会宪章》《欧洲社会安全公约》等具有相当影响力的国际协定。让·莫内则以煤和钢为突破口，提出把欧洲各国的煤钢资源（当时最重要的资源之一）置于一个超国家的机构来管理以实现利益的最大化，这就是著名的《莫内计划》建议书（又称《法国宣言》），并于1955年创立欧洲合众国行动委员会，让·莫内担任主席长达20年之久，对于欧洲的统一发挥着重要的影响，被称为"欧洲之父"。1950年，法国外长罗伯特·舒曼建议建立煤钢共同管理机构，这一建

---

① 这10个国家是：英国、法国、挪威、丹麦、瑞典、意大利、荷兰、爱尔兰、比利时、卢森堡。其中，只有挪威不是现在的欧盟成员国。

议得到了联邦德国、意大利、荷兰、比利时、卢森堡5个国家的积极响应,1951年,六国在巴黎签署了《煤钢共同体条约》(又称《巴黎条约》并于1952年正式生效),开启了欧洲联盟以真实存在实体的形式走向更大的联合的历史序幕。其后,经济共同体和原子能共同体相继成立,三大共同体后合并组织机构,再到后来的《马约》、《阿约》《里约》的相继签订,由于前已有述("欧盟发展简史"),此处不赘。

欧洲一体化的实践演进直接促成了欧洲一体化理论的蓬勃发展,欧洲一体化理论可谓门派众多、异彩纷呈。有学者"按关于民族国家在一体化中的作用的看法来分的话,大致可分为超国家主义和国家中心主义这两种大相径庭的理论,前者包括联邦主义、功能主义和新功能主义;后者包括邦联主义、政府间主义、自由政府间主义和民族国家选择论。"[①] 应该说,每一种理论都有其内在逻辑与合理之处,对欧洲一体化都有一定的解释力,但实践中影响欧洲一体化的因素实在太多而且太复杂,不是某一种理论就能解释和分析完全的,他们本身也随着欧洲一体化实践的发展而不断发展。

从历史到现实,从实践到理论,欧盟多语化语言政策的宏观定位(同时也反映出其与欧洲一体化的关系)是:

第一,欧盟多语化语言政策是为了增强社会凝聚力、对抗分裂而实施的,而欧洲一体化的最终目的就是要实现"一体",无论是三大共同体还是后来的欧洲联盟,无论是经济政策还是社会文化政策,"初心"是不变的,语言政策迟早也是欧洲一体化必然会涉及进而深化的领域,因此,欧盟多语化语言政策是欧洲一体化的产物。

第二,欧盟多语化语言政策尽管在大部分的情况下没有行动的权限,即很多时候欧盟只能"督促"和"呼吁"、只能靠成员国的"自觉",但置于欧洲一体化发展的大格局看,是一种不断寻找欧洲共治与自治相平衡模式的过程。欧洲共治与自治要实现契合,需要实践、需要时间甚至需要试错,因而也不是某一种理论就能完美解释和解决的。因此,欧盟多语化语言政策与欧洲一体化一样,是一个不断探讨、不断检讨、不断试错、不断纠错并逐渐深化的过程。

第三,欧盟多语化语言政策坚守欧洲一体化的底线,即和平与民主——即便不能实现一体化,也不能导致战争与独裁。国家主权和民族主义问题在欧洲一体化中是最为敏感问题之一,也是最难克服和解决的障碍之一,但起码,欧洲一体化坚持和平与民主的基本主张、基本理念、基本价值观是正义的、可取的、正确的。欧盟多语化语言政策的推行,正是基于反对专制、反对歧视、反对仇外、反对种族主义,进而倡导"文化多样性",因此,欧盟多语化语言政策是欧洲一体化价值底线在语言政策领域

---

① 姜南. 浅析战后欧洲一体化理论[J]. 史学理论研究, 2013(1): 85.

的具体化。

2．微观：欧洲一体化中公民参与社会的能力

欧洲一体化中公民在欧洲社会的融合度是非常重要的。从《马约》正式引入"欧盟公民"的法律概念，再到《阿约》对《欧盟条约》的修订，《欧盟条约》近50%的章节都是关于欧盟公民的条款，同时，实现人员、劳务、货物和资金的自由流通，是欧共体早就定下来的基本目标（现已基本实现并成为基本原则），可见，欧洲一体化中公民参与社会的能力是异常重要的。而公民的语言能力，正是社会参与能力中非常核心和关键的一环。可以说，欧盟多语化语言政策中的语言平等政策、多语教育政策和区域性及少数民族语言保护政策，直接针对的就是欧盟公民语言能力的提高，促进欧盟公民参与社会（如就业、升学、贸易等）能力的提升。若从微观角度看，欧洲一体化中欧盟多语化语言政策的定位，也就是欧盟多语化语言政策在欧洲一体化中应该承担的使命是：

第一，克服语言障碍，使人员流动一体化。欧盟多语化语言政策为帮助欧盟公民克服语言障碍和提升语言能力有"静"和"动"两个方面的考虑，"静"的方面主要是强调所有官方语言平等，实现在现有基础上承认各成员国的官方语言（一种）都是"欧盟语言"，欧盟官方机构对欧盟公民致函及其他正式沟通须使用该国官方语言，扫除欧盟官方机构与欧盟公民之间的沟通障碍；"动"的方面主要是主张"两门外语+一门母语"的模式推行多语教育政策，以及通过教育、鼓励、资助等方式保护区域性及少数民族语言并提高其流通性和延续性。"静"和"动"两方面双管齐下，使不同地区的欧盟公民更自由、更自在、更轻松地生活、工作、学习、定居或旅居。

第二，促进跨文化融合，使社会合作一体化。几乎每一个关于语言政策（特别是决议、计划和行动方案）在作出具体的法律措施和建议之前的"序言"中，都特别地以较长篇幅"考虑到"（having regard to）和"注意到"（noting that）多语主义的上级概念——文化多样性，同时，强调"跨文化合作能力"并把它与"创造力"联系在一起，有的决议把欧洲的所有语言视为"欧洲文化遗产"并强调共同合作保护，所有的这些，其实质都是欧洲一体化某种具体的、可操作的促进社会合作一体化的方式。

第三，保护弱势群体，使权利保障一体化。欧盟多语化语言政策把语言权定位为基本人权，把对小众语言群体的权利保护定位为对弱势群体的保护，但由于权限原因，欧盟在法律层面和行动方面都无法做出具体的突破，但"初心"不改、"雄心"（甚至可以说是"野心"）犹在——正如欧洲一体化，非常希望能在更多、更大和更深的领域突破和超越国家主权，实现权利保障的一体化。从这个角度看，欧盟多语化语言政策的雄心壮志与现实无奈，和欧洲一体化是高度的一致，未尝不是欧洲一体化

总体战略的一个缩影。

3.3.2 欧盟多语化语言政策对欧洲一体化的影响

欧盟多语化语言政策是围绕欧盟的基本目标和基本价值服务的，而欧盟的最终目标就是实现欧洲一体化。欧盟多语化语言政策与欧洲一体化是一种相互影响的互动关系，因为二者不属于同一个层面的内容，正如前述所分析，在定位上，前者是后者的一种方式、一种工具、一种策略以及一种缩影，那么，要分析欧盟多语化语言政策对欧洲一体化的影响，也应该围绕更大的主体和更高的目标展开，即围绕"一体化"而展开。

1. 对内促进"欧洲认同"

严格来说，"欧洲认同"应该只是"欧盟认同"，即成员国及其公民对欧盟这一超国家组织的集体认同感和归属感，不过，欧盟一直视自己为整个欧洲的代表，而且欧盟的最高目标就是实现欧洲统一，因此，"欧盟认同"会显得狭隘，而"欧洲认同"才能表现出其"雄心壮志"。如前所述，融合性是欧盟多语化语言政策的基本特点之一，其政策目的就是要增强成员国及其公民对欧盟的集体认同感，促进欧盟乃至欧洲的大融合。而欧盟多语化语言政策的宏观作用机理，是采取多语主义确认平等性、保障发展权和增强归属感——首先，语言地位与民族尊严是息息相关的，语言平等政策能够让不同国家的公民"不反对"，国与国、民与民之间没有厚此薄彼、没有区别对待，确认平等性；其次，多语教育政策让更多的公民提升语言能力，让其在就业、升学、贸易等方面得到更多、更好的发展机会，起码让欧盟公民看到希望、看到并不遥远的机会，保障发展权；最后，区域性及少数民族语言保护政策让小众语言群体的权利被重视起来以及被保护起来，让弱势群体降低被边缘化的感受，实质上也提高了小众语言的流通性和延续性，增强他们对欧盟的归属感。所以说，欧盟多语化语言政策对于欧洲一体化的影响首先是对内促进"欧洲认同"。

2. 对外防止"被趋同"

"被趋同"是指欧盟存在盎格鲁–撒克逊化的威胁。盎格鲁–撒克逊大体是指英国文化和美国文化（大部分英国人和美国人就是盎格鲁–撒克逊人的后裔），盎格鲁–撒克逊语其实就是现在的英语（严格语言学上说，盎格鲁–撒克逊语是英语的一种），而欧盟最为担心的恰恰就是盎格鲁–撒克逊化。有学者曾作出警告："过去，'语言帝国主义'就是通过征服、殖民和传教士将欧洲的语言强加给其他民族……这种殖民性质的帝国主义如今已被'经济帝国主义'所取代，它在语言领域追求的也是同一目标，即建立广阔和同质的语言市场……一旦盎格鲁–撒克逊体系成为整个欧洲唯一的样板，那将出现标准化，标准化必将扼杀我们欧洲多元文化和语言的创造力，用社会学的术语说，导致我们欧洲文化的无家可归。"[①] 其实，这就是所谓的"英语霸权主义"。虽然，英语也是欧盟24种官方语言中的一种，英国也是欧盟的成员国之一（尽管准备脱欧），但盎格鲁-撒克逊化的"英语霸权主义"并不是欧盟由内而生的，相反，乃属于一种外部的冲击，因为盎格鲁-撒克逊化是从外而内地对欧洲各国产生同化，是"一对多"地产生侵蚀影响，事实上，不见得有英语以外的其他欧盟官方语言有"一语独大"的趋势，也暂时未见有比盎格鲁-撒克逊文化更强势的文化出现在欧洲。如果语言领域的盎格鲁-撒克逊化一旦铺开，欧盟的文化多样性势必会遭到严重的破坏。如此看来，欧盟从语言领域坚守文化多样性，即推行其多语化语言政策，其实也是对于被盎格鲁-撒克逊化的一种选择，而对外防止"被趋同"，才可能实现真正的、独立的欧洲一体化。

3.3.3 欧盟多语化语言政策与其他政策的关系

欧盟的任何政策既不是孤立存在，也不是独立运作的，总会与其他政策密切相关，欧盟的多语化语言政策亦如是。因此，欧盟的多语化语言政策看似一个"点"，实则牵涉到经济政策、文化政策、教育政策和就业政策等多个维度的"面"。

1. 欧盟多语化语言政策与经济政策的关系

欧盟多语化语言政策与经济政策之间既有间接联系，也有直接联系。所谓间接联系，一方面是指公民的语言能力与经济效益的正相关关系——尽管公民的语言能力的提升不能直接创造经济效益，但毫无疑问地可以为获得经济效益创造有利的条件，多语能力越强则创造经济效益的可能性就越大，比如具有多语能力的人一般都被作为公司人才而获得更高的经济待遇，多语能力也能为组织的对外发展提供优势；另一方面，是指欧盟多语化语言政策有利于经济政策目标的实现，特别是促进人员、劳务、货物和资金的自由流通，促进欧盟内部市场的建立和巩固。所谓直接联系，是指因欧盟多语化语言政策而直接促成的语言服务产业，从经济发展的角度说其实就是经济政策的对象范围，二者有重叠的部分。比如翻译企业、编辑企业、语言培训和教学企业在欧盟经济政策和语言政策的双重支持下正大量地、快速地成长；物流、公关、媒体、广告、出版、新闻、旅游等很多行业的经济发展都融入了语言服务产业并与之共

[①] José Carlos Herras, " Le bilinguisme dans l'Union européenne :un objectif à atteindre" in " L'enseignement des langues étrangères dans les pays de l'Union européenne ", Peters Louvain-la-Neuve ,1998, p.22.

生、共长、共荣。因此，欧盟多语化语言政策与经济政策是密切相连的。

2. 欧盟多语化语言政策与文化政策、教育政策的关系

应该说，欧盟多语化语言政策与文化政策、教育政策是两两部分重合的三角关系，多语化语言政策与文化政策、多语化语言政策与教育政策、文化政策与教育政策之间都有不少的交集，而且三种政策之间也有共同的交集，正如《欧盟运行条约》第165条的规定："联盟应鼓励成员国之间的合作……同时应充分尊重成员国在教学内容和教育体制组织的责任心以及他们的文化差异和语言多样性，以有助于发展素质教育。"。具体地说：其一，区域性及少数民族语言保护政策既属于语言政策，也属于文化政策，因为对小众语言的保护就是坚持和保护欧盟文化多样性的重要内容，语言权利就是一种文化权利，同属语言政策和文化政策保护的范畴；另外在媒体、出版、新闻等文化行业中对小众语言流通性和延续性的提高，也是语言政策和文化政策共同的任务。其二，欧盟的多语教育政策本身就是教育政策，欧盟教育政策中的重要内容就包括多语教学，教育更是欧盟多语化语言政策实施和推行的重要手段。其三，欧盟多语教育政策中的大多数重要计划和项目，本身就是三种政策的共同交集，如"外来移民后代母语教育计划"（《关于外来移民后代教育的第77/486/EEC号指令》）、"LINGUA计划"（《关于通过欧洲经济共同体先进设计机器翻译系统研究与发展方案的第82/752/EEC号决定》）、"苏格拉底计划"（《关于在2001年开展欧洲语言年的第1934/2000/EC号决定》），等等，都兼具了语言政策、教育政策和文化政策的属性。

3. 欧盟多语化语言政策与就业政策的关系

因为欧盟公民的语言能力与其就业能力是直接相关的，因此，欧盟多语化语言政策把提高就业能力作为重要的政策目标和内容，而欧盟就业政策则把提高多语能力作为重要的政策目标和内容，二者在这一点上可以说是互为目标和内容。正如《欧盟运行条约》第145条之规定："各成员国和欧盟应根据本编规定为制定旨在促进就业特别是培育适应经济变化的有技能、有知识和适应能力强的劳动力大军和协调劳动市场战略而努力。"[①] 这里的"有技能、有知识和适应能力"当然重点包括多语能力，因为缺乏多语能力的欧盟公民，哪怕在自由人员和劳务流动的市场中也是缺乏适应能力

---

① 条文依据欧盟最新版官方公告（OJ C 202 (2016)）的《欧盟运行条约》翻译，第145条英文原文为："Member States and the Union shall, in accordance with this Title, work towards developing a coordinated strategy for employment and particularly for promoting a skilled, trained and adaptable workforce and labour markets responsive to economic change with a view to achieving the objectives defined in Article 3 of the Treaty on European Union."

的，就业的机会就会大幅度降低。而欧盟的就业政策中有专门提高就业能力、劳动能力的计划和项目，其中就有劳工语言能力培训，例如1994—1999年的欧洲社会基金对意大利政府资助约1000万欧元，专门资助意大利的青年外语教育和劳工语言能力培训；同样，欧盟的语言政策中诸如"LINGUA计划""苏格拉底计划"等计划和项目，也有专门针对劳工语言能力培训的专题，还为开发劳工外语教育教材、外语教师进修培训等提供了资助。

虽然，欧盟的任何政策与其他政策密切相关且交集甚多，但在某些情况下政策之间会有一定的冲突和矛盾。从基础条约的授权以及政策的法律依据和性质看，经济政策若与语言政策相冲突，前者的执行往往是优先的，毕竟后者作为软法是缺乏法律约束力的，而前者则有基础条约的明确授权，很多属于硬法，具有直接效力，必须直接适用。而语言政策与文化政策、教育政策和就业政策等发生冲突的可能性较小，因为大部分的文化政策、教育政策和就业政策与语言政策一样也是具有明显的软法属性，欧盟只能充当"辅助角色"、发挥"补充作用"，例如，《欧盟运行条约》关于语言和教育政策的第145条[①]、关于就业政策第147条[②]、关于文化政策的第167条第2款[③]等。因此较容易融合在一起而形成政策合力，对欧洲一体化产生促进作用。

[①] 《欧盟运行条约》第145条规定："各成员国和欧盟应根据本编规定为制定旨在促进就业特别是培育适应经济变化的有技能、有知识和适应能力强的劳动力大军和协调劳动市场战略而努力。" 英文原文为："Member States and the Union shall, in accordance with this Title, work towards developing a coordinated strategy for employment and particularly for promoting a skilled, trained and adaptable workforce and labour markets responsive to economic change with a view to achieving the objectives defined in Article 3 of the Treaty on European Union."（依据欧盟最新版官方公告（OJ C 202 (2016)））

[②] 《欧盟运行条约》第147条规定："欧盟应通过鼓励和支持各成员国在就业方面的合作并在必要的情况下，支持其行动，为实现高水平的就业做出贡献。但欧盟采取行动时应尊重各成员国的权能。"英文原文为："The Union shall contribute to a high level of employment by encouraging cooperation between Member States and by supporting and, if necessary, complementing their action. In doing so, the competences of the Member States shall be respected."（依据欧盟最新版官方公告（OJ C 202 (2016)））

[③] 《欧盟运行条约》第十三编"文化编"中的第167条第2款规定："欧盟的活动应以促进成员国之间的合作为目的，如果必要在下述领域支持和补充他们的活动：促进对欧洲人民文化和历史的了解和传播；保存和维护具有欧洲特色的文化遗产；非商业性的文化交流；艺术和文学创作，其中包括视听部门。"英文原文为："Action by the Union shall be aimed at encouraging cooperation between Member States and, ifnecessary, supporting and supplementing their action in the following areas:— improvement of the knowledge and dissemination of the culture and history of the European peoples;— conservation and safeguarding of cultural heritage of European significance;— non-commercial cultural exchanges;— artistic and literary creation, including in the audiovisual sector."（依据欧盟最新版官方公告（OJ C 202 (2016)））

4

欧盟多语化语言政策的公平价值

欧盟多语化语言政策是否体现了公平价值，答案是肯定的。但公平价值是否是欧盟多语化语言政策的核心价值，这是值得探讨的问题，当然，本章的结论也是肯定的——欧盟多语化语言政策的核心价值是公平的，而这一核心价值是通过其制度逻辑体现的，欧盟的语言政策是围绕着公平这一核心价值展开的。在分类上，欧盟多语化语言政策可以分为语言平等政策、多语教育政策和区域性及少数民族语言保护政策，而这三大类别的政策的价值侧重是有所不同的——语言平等政策侧重规则公平，多语教育政策侧重机会公平，区域性及少数民族语言保护政策侧重权利公平。不过，任何公平都不是绝对的，也不存在绝对的公平，在已有所知的具有代表性的国家和地区（如法国等欧盟成员国、美国和澳大利亚等非成员国）的语言政策之中，欧盟的多语化语言政策确实是具有比较优势的，从某些角度说，确实显得比其他语言政策要更为公平，这也是本章探讨的重点。

4.1 公平视角下欧盟多语化语言政策的制度逻辑

4.1.1 欧盟多语化语言政策的核心价值：公平

法律政策的价值追求可以是多元的，语言政策自不例外。欧盟多语化语言政策的价值有：秩序价值、效率价值、自由价值、公平价值等，但核心价值有且只有一个，即公平价值。

首先，欧盟多语化语言政策的核心价值不是秩序。并非说欧盟多语化语言政策没有秩序价值的追求，欧盟的语言平等政策及其立法明确的24种官方语言平等规则，欧盟公民有权选择任意官方语言与欧盟机构沟通并有权获得相同语言的回复的规则，对于欧盟官方语言、欧盟机构的工作语言的区分及其使用规则等，都是秩序价值的体现。然而，欧盟多语化语言政策强调的是多种语言的地位平等、适用平等和效力平等，并不在乎顺序性、优先性，很多情况下更没有强制性，可见秩序价值的体现是不完整、不充分、不凸显的。

其次，欧盟多语化语言政策的核心价值不是效率。欧盟在基础条约和主要机构的立法（硬法）中已有明确规定，所有的欧盟条例及具有广泛用途的文件都必须以所有24种官方语言来起草，欧盟的所有官方公告都必须以所有24种官方语言发布（《第1/58号条例》第4条、第5条），从效率价值的角度而言，这不仅没有考虑效率，相反，恰与效率价值背道而驰。当然，多语主义与单语主义在效率价值上本来就分道扬镳，实践中的欧盟机构，尽管机构工作语言和内部工作语言没有24种之多，但同样是多语主义，工作中的翻译问题带来了客观的效率困境。

再次，欧盟多语化语言政策的核心价值不是自由。法律政策若以自由价值为核心追求，理应尽可能地释放并保护公民的权利，扩大公民权利的空间。在自由价值上，欧盟多语化语言政策是有追求的，比如坚持多语主义，语言地位平等，基础条约和欧盟立法（硬法）赋予欧盟公民语言使用的任意选择权，区域性及少数民族语言保护政策对小众语言延续性和流通性的提升等，都是在释放、扩大和保障欧盟公民的语言权利，增加公民自由。但是，经过具体细致地看就不难发现，自由价值并非政策的核心价值。比如，语言平等仅仅限于24种官方语言，某些成员国国内有2种或以上官方语言的（如爱尔兰、塞浦路斯、卢森堡、马其他等），只能选择一种作为欧盟的官方语言（《第1/58号条例》第8条），也就是说，不是所有的"多语"都平等，仅仅是24种语言是平等的，具体到公民的语言选择权，是一种非常有限的自由权；又如，区域性及少数民族语言保护政策，其着眼点是"弱势语言""弱势群体"的保护，更多的是追求"实质公平"。

最后，欧盟多语化语言政策的核心价值就是公平。不同的价值会有重合的部分，如自由与公平发生重合，这很正常，但各自的内涵与实质却是不一样的。同时，公平作为欧盟多语化语言政策的核心价值，并不否定秩序、效率、自由价值。之所以说公平是欧盟多语化语言政策的核心价值，最关键的是基于其制度逻辑：

第一，对内与对外——欧盟多语化语言政策对内把"多语"视为问题，对外把"多语"视为资源，而应对问题和分配资源的核心价值标尺就是公平。

对内，"多语"对于一个统一体而言，无论在沟通交流还是经贸往来，都存在着突出的缺陷（如交际困难、翻译麻烦、交易不便、语言歧视、群体歧视等），而欧盟文化多元化、语言多元化的历史和现实决定了不可能推行单语主义甚至双语主义，否则极有可能造成民族矛盾而引发欧盟的分裂。因此对内而言，欧盟多语化语言政策是解决问题的——语言平等政策主要针对国家平等和民族尊严等问题，多语教育政策主要针对多语背景下的交际困难和公民的语言能力问题，区域性及少数民族语言保护政策主要针对弱势群体语言权问题。总之，欧盟多语化语言政策对内就是在对抗多元化、驾驭多元化，而对抗和驾驭的核心价值尺度就在于公平，即追求国家、民族和公民的地位平等，发展机会的公平和权利保护的公平，实现共享、共治、共荣。

对外，欧盟把"多语"视作珍贵的欧洲文化遗产，是欧洲文化多样性的极其重要的资源。欧盟在几乎每一个关于语言政策的基础条约、欧盟立法（硬法）和软法规范中，都强调"尊重语言和文化的多样性是欧盟的基本原则"，欧盟在实践中的多个场合、多次会议、多个决议中确实也不厌其烦、不辞劳苦、不遗余力地呼吁、倡导各成员国必须保持、维持、维护乃至强化多语主义。从认知的角度而言，其实多语主义内涵的一种深刻效用，就是创新的多元化，这也是欧洲文明保持活力的重要源泉。（比如同一个词语，在不同语言当中就会有不同的理解，不同理解本身其实就是创新，允许和鼓励不同的理解其实就是激发创新。）也就是说多语其实是非常重要的文化资源，而既然是资源就会有分配的问题，而分配的价值尺度就是公平。因此，欧盟的语言平等政策、多语教育政策、区域性及少数民族语言保护政策其实质都是在追求公平地分配资源，让成员国、欧盟公民共享资源的收益，使他们更具获得感、安全感和归属感。

第二，起点、过程与结果——欧盟多语化语言政策在起点上追求规则公平，过程中追求机会公平，结果上追求权利公平。

起点，即欧盟多语化语言政策的基点、出发点，是规则平等。欧盟多语化语言政策的基础规则是多语主义下的官方语言平等，在语言平等的基点之上衍生出多语教育和区域性及少数民族语言保护，如果多语之间不平等，多语教育和区域性及少数民族语言保护的合法性就会不足。欧盟以基础条约的形式确立了欧盟的所有官方语言地位平等、使用平等和效力平等，其实质是排除特权，尽管24种官方语言在流通程度、使用频率、受众广度等方面都大相径庭，但在语言平等政策的原则和规则面前，"大语言"与"小语言"、"强势语言"与"弱势语言"是一律平等的，欧盟机构也必须按照语言平等的原则制定和实施语言政策（如回复语言对等的原则）。例如根据《欧盟运行条约》第342条规定，欧盟理事会有权制定各欧盟机构的工作语言，但应遵循语言平等原则。事实上，欧盟各主要机构的工作语言都规定为全部24种官方语言。

过程，即欧盟多语化语言政策的制定和实施，主要围绕着机会公平的实现，即尽可能让"所有人都有同样的合法权利获得有利的社会地位"[①]，最典型的政策类型应属欧盟的多语教育政策。欧盟的多语教育政策通过"两门外语 + 一门母语"等模式以及通过大力资助等方式，力求提升欧盟公民的语言能力从而使其获得就业、升学、贸易等社会有利地位的条件。而这些，都体现出欧盟多语化语言政策对机会公平的价值追求。

结果，即欧盟多语化语言政策的实施归宿、落脚点，是权利公平。欧盟多语化语言政策最直接的是针对语言权的平等实现，而语言权平等实现的背后还包含着公民知情权、表达权、参与权和监督权的实现，例如欧盟要求所有的立法条例和官方公告从起草到公布都必须同时使用全部24种官方语言，这就是在结果上对公民知情权、表达权、参与权和监督权的保障，即追求权利公平的实现。另外，欧盟的区域性及少数

---

① 赵苑达. 西方主要公平与正义理论研究[M]. 北京：经济管理出版社，2010年，第92页.

民族语言保护政策集中体现了对弱者的保护，通过倾斜性的资助和保护措施，"使现实中处于不利社会地位的人也能像处于有利地位的人那样具有获得社会有利地位的能力"①，无疑，这是通过刻意的"差别对待"追求实质公平、结果公平、最终公平。

以下，将以"起点上追求规则公平、过程中追求机会公平、结果上追求权利公平"的逻辑，对欧盟多语化语言政策的公平价值进行分析。

4.1.2　语言平等政策的价值侧重：规则公平

罗尔斯提出"正义即公平"（justice as fairness）的两个基本原则，其中第一个原则便是平等自由原则——"每个人都应有平等的权利去享有与人人享有的类似的自由权体系（scheme）相一致的最广泛的、平等的基本自由权总体系"②。此平等自由原则的侧重点，是社会的制度规范应该"平等地适用于每一个人"②，以确保人们具有政治自由、思想自由、人身自由等自由权利。欧盟的语言平等政策所侧重的规则公平，与此相符。

1. 语言政策规则面前人人平等

语言平等是欧盟语言政策的基础规则，规则面前人人平等。首先，"人人"不仅指所有的欧盟公民，还包括成员国和欧盟机构，在语言使用规则面前，所有主体都是平等的；其次，"平等"主要是指"平等待人"（而非"使人平等"，使人平等是结果），是语言利益和资源在分配方式上的一视同仁，规则面前没有区别对待；最后，既没有特权也没有特殊，"大语言"与"小语言"、"强势语言"与"弱势语言"地位平等、使用平等、效力平等。

2. 营造多语主义下的公平环境

语言平等政策最重要的内涵是所有欧盟的24种官方语言一律平等，欧盟公民在与欧盟机构交流沟通时具有任意选择权。这里当然包括某成员国公民选择非本国的官方语言的权利，而且是无条件的，欧盟官方机构必须以同种语言回复。由于宗教信仰、伦理观念、政治立场等多种因素的影响，不同语言人群之间一定会有利益的冲突和矛盾，但同样需要合作与沟通。无论处理冲突还是进行合作，都需要一些规则、原则、规范来指导利益的分配、冲突的解决与合作的达成，此中，语言平等政策无疑就是在营造一种公平的环境，构建公平的规则，也是在促进不同语言人群的合作与沟通。

---

① 赵苑达. 西方主要公平与正义理论研究[M]. 北京：经济管理出版社，2010年，第94页.
② [美]罗尔斯（Rawls, J.）. 正义论[M]. 谢延光，译. 上海：上海译文出版社，1991年，第330页.

3. "无知之幕"的语言政策前提

罗尔斯关于"无知之幕"的假设其实是一个思想实验，但很有现实意义。即假设在现实社会中拉起一张巨大的幕布，使人和现实社会隔离，"没有人知道自己在社会中的地位，即他的阶级地位和社会地位；他也不知道他在自然生产和自然能力中的分配中的命运如何，不知道自己的智能和力量……他们不知道社会的经济和政治状况，也不知道社会已达到的文明和文化阶段。"① 而后，"他们必须选择某些原则，而这些原则所产生的后果是他们准备接受的。"② 尽管现实中欧盟的"大语言"与"小语言"、"强势语言"与"弱势语言"的差距性、差异性是很明显的，但欧盟语言平等政策侧重的就是规则平等——通过"无知之幕"的假设不难发现，语言平等才是各成员国、各欧盟公民都能接受的公平规则，因为没有谁能确保自己一出生就处于优势状态和有利地位，哪怕处于优势和有利地位的人也不敢确保以后一直延续优势而不会发生"攻守之势异也"的改变，所以，欧盟语言平等政策是经过"无知之幕"的思考之后的选择——规则公平。

4. 规则公平的具体化：以《第1/58号条例》为例

《第1/58号条例》（Regulation No.1 determining the languages to be used by the European Economic Community）是最早的，也是除基础条约之外法律效力最高的关于语言平等的专门性欧盟立法（具体条文详见表3-2）。

首先，《第1/58号条例》与基础条约一道，营造语言公平的环境。《第1/58号条例》是在《欧洲联盟条约》《欧盟运行条约》《欧盟基本权利宪章》等基础条约对文化多样性和多语主义立场的肯定性氛围之中制定的，并以相应的、明确的授权条款为制定的依据，如《欧洲联盟条约》第55条，《欧盟运行条约》第20条、第24条、第342条，《欧盟基本权利宪章》第22条、第41条等。这些基础条约的相关条款本身尽管是较为抽象和笼统的，但毫不含糊地确立了欧盟语言政策的基本规则，也奠定了欧盟语言政策的底层逻辑：语言平等，没有特权，平等地对待所有官方语言。

其次，《第1/58号条例》确立了平等的语言使用的具体规则。《第1/58号条例》第2条确立了欧盟公民对欧盟机构的语言选择权，并赋予欧盟机构用同种官方语言答复的义务；第3条规定了欧盟机构向成员国或其公民发送文件必须使用该国官方语言；第4条和第5条规定欧盟的条例、文件和公告从起草到发布都必须使用所有官方语言，等等。这些具体规则的确立更多的是在实现规则公平，即平等地对待每一个人，

---

① [美]罗尔斯（Rawls, J.）.正义论[M].谢延光，译.上海：上海译文出版社，1991年，第150页。
② [美]罗尔斯（Rawls, J.）.正义论[M].谢延光，译.上海：上海译文出版社，1991年，第151页。

至于结果是否公平、权利保障是否公平则并非《第1/58号条例》的侧重点。例如，欧盟的条例、文件、公告等使用所有官方语言起草和发布，用意是让所有欧盟公民都能看到和看懂以保障其知情权、表达权、参与权和监督权，但这些知情权、表达权、参与权和监督权的最终落实并不是"看到"和"看懂"就能实现的，所以说，《第1/58号条例》侧重于起点的公平、规则的公平。

最后，《第1/58号条例》排除了规则制定的任意性。《第1/58号条例》第7条规定："欧共体机构可在其议事规则中规定各种具体情形下所要使用的官方语言种类。"这条授权规定，表面上看是欧盟机构具有一定的规则制定权和自由裁量权，但这恰恰说明语言使用规则的制定不能是任意和随意的，结合《欧盟运行条约》第342条规定："有关联盟各机构的语言规定，在不妨碍《欧盟法院规约》规定的情况下，由欧盟理事会以全体一致的决议确定。"真正具有规则制定权的欧盟机构其实是欧盟理事会，而且必须以"全体一致"的方式方可通过。制定语言使用规则的规则也必须是明确而非任意的，这更凸显出语言平等政策确实侧重规则公平。

4.1.3　多语教育政策的价值侧重：机会公平

机会公平是欧盟多语教育政策的侧重价值，教育本身就是实现机会公平的最有效的途径之一。机会公平中的"机会"是指个人通过发挥自己的能力而取得成果、成就、成功的一切机会，机会公平意味着所有人都有平等权利获得成功，即罗尔斯所说的作为公平的正义的"机会公平"原则——社会的有利地位"应该在公平的平等机会下对所有人开放"①。因此，机会公平首先是形式上的机会公平，即要让有利的社会资源和地位平等地向所有具有类似才能的人开放（罗尔斯认为，那些有着类似能力或才干的人应当有类似的生活机会），而实质上的机会公平，则不仅仅要求这些有利的资源和地位形式上是开放的，而且要求所有人都应该有获得它们的公平机会，即社会应创造和赋予获得机会的条件，"使他们具有把握机会的能力"②。

1. 多语教育的平等开放：形式上的机会公平

一方面，欧盟的多语教育向所有人开放。这里的"所有人"一般是指欧盟公民，但同时也包括移民和潜在国公民（即意欲加入欧盟的候选国，例如《关于吉卜赛游民儿童教育的决议（OJ NO C 153, 1989/6/21：02）》和"欧洲语言年"计划等），多语教育政策赋予了他们获得接受多语教育的机会。欧盟的多语教育政策把促进语言

---

① [美]罗尔斯（Rawls, J.）. 正义论[M]. 谢延光，译. 上海：上海译文出版社，1991年，第330页.
② 赵苑达. 西方主要公平与正义理论研究[M]. 北京：经济管理出版社，2010年，第92页.

多样性作为欧盟整个教育的目标之一,从相关政策文件中可知,欧盟早已认识到"熟练掌握几种语言是欧盟公民获得就业和个人发展等机会的先决条件之一"①,在统一的内部市场(所谓的"无边界单一市场")中,欧盟极力倡导所有公民熟练掌握三种欧盟语言。

另一方面,欧盟的多语教育政策强调低龄语言教育和终身语言教育,对所有年龄层次的人开放。欧盟的多语教育政策非常强调"从娃娃抓起",无论是对成员国的倡导,还是欧盟自身的努力,比如开发幼儿教材、分享幼儿使用的多媒体资源等,都体现出欧盟在以发展的眼光促进机会公平。同时,诸如"伊拉斯谟"计划、"苏格拉底计划"、《2004—2006年度促进语言学习及语言多样性行动计划》《多语社会:欧洲的财富与共同的责任》等政策都把语言教育纳入到欧盟的终身教育计划中,不分年龄开放多语教育的机会。

2. 多语教育资助的推广:实质上的机会公平

鼓励和资助机制是欧盟多语教育政策的动力机制,如前章所述,欧盟多语教育政策非常"烧钱",但经济资源的大量投入确实能有所作为,这主要体现在实现实质的机会公平:缩小了人们获得多语教育机会的能力的差异。

从早期(低龄)接受多语教育的条件来说,并非每一个成员国的公民都是一样的。事实上,不同成员国提供国内多语教育的条件的差异是很大的,也就意味着,欧盟公民获得多语教育机会的能力的差异是很明显存在的。欧盟的一些多语教育政策,如著名的"LINGUA"计划、"伊拉斯谟"计划、"苏格拉底计划""低龄学习"计划从经济资助、教育和培训系统的资源整合等多方面着手,从法理上发挥了法定的"补充作用"②,为更多的欧盟公民提供更多的接受多语教育的机会,从而缩小了人们获得多语教育机会的能力的差异。

具体地说,欧盟的多语教育政策通过与成员国的协商与合作,设定了具体的多语教育的指标和基准,例如,在终身语言教育方面,成员国承诺并采取措施实现终身语言教育的关键目标,设置早期语言学习、中学语言学习和培训、高等教育语言学习、成人语言学习、特殊需要群体语言学习等细致而全面的指标和基准;在语言教学方面,成员国承诺并采取措施创见语言友好学校、装备语言教室、增加和培训语言教

---

① 《关于从低年龄开始学习联盟语言的决议》(Council Resolution of 16 December 1997 on the early teaching of European Union languages)第9条。
② 《欧盟运行条约》第165条第一段规定:"联盟应鼓励成员国之间的合作,如有必要,应支持和补充他们的行动,同时应充分尊重成员国在教学内容和教育体制组织的责任心以及他们的文化差异和语言多样性,以有助于发展素质教育。"

师、测试语言技能等。这些都是得到成员国同意的欧盟多语教育政策，只不过欧盟在法理上只能补充和辅助而并不能取代成员国的行动，然而，这就是创造条件缩小人们获得多语教育机会的差异的过程，追求实质的机会公平。

3. 机会公平的具体化：以"低龄学习决议"和"伊拉斯谟条例"为例

"低龄学习决议"全称《关于从低年龄开始学习联盟语言的决议》（Council Resolution of 16 December 1997 on the early teaching of European Union languages），"伊拉斯谟条例"全称《欧洲议会和理事会关于"伊拉斯谟"条例：教育、培训、青年和体育联盟方案》（Regulation (EU) No 1288/2013 of the European Parliament and of the Council of 11 December 2013 establishing 'Erasmus+': the Union programme for education, training, youth and sport and repealing Decisions No 1719/2006/EC, No 1720/2006/EC and No 1298/2008/EC Text with EEA relevance.），即第1288/2013号条例。前者属于软法，是关于欧盟多语教育政策的代表性文件之一；后者是硬法，是一个现行有效并正在实施的综合性政策，其中包含了多语教育。

第一，"低龄学习决议"和"伊拉斯谟条例"均把多语教育、提高语言技能作为政策的基本目标，向"所有人"开放，促进形式上的机会公平。"低龄学习决议"的"所有人"是指成员国，而"伊拉斯谟"计划的开放对象（"伊拉斯谟条例"第24条）既包括成员国，也包括候选国，还包括EFTA国家（欧洲自由贸易联盟），以及与欧盟达成相关协议的国家，这些参与"伊拉斯谟"计划的国家必须承担起相应的多语教育义务，履行"伊拉斯谟条例"规定的所有任务。从目标上说，"低龄学习决议"和"伊拉斯谟条例"都致力于促使成员国加大多语教育的投入。

第二，"低龄学习决议"和"伊拉斯谟条例"都以发展的眼光促进多语教育实质机会公平的实现。"低龄学习决议"强调多语学习从低龄儿童抓起，"伊拉斯谟条例"侧重于对青年的教育和培训。这些政策都以发展的目光投资欧盟的未来，为年轻人的发展起步提供公平的条件和机会。

第三，"低龄学习决议"和"伊拉斯谟条例"都非常注重多语教育的资助及资源投放方式的规范性和公平性。"低龄学习决议"极力呼吁成员国在各自的政治、法律、财政预算和教育系统投入足够多的资金和资源，首先从总量上扩大提高多语教育机会公平的总能力，然后才能有调节不公平的可能；"伊拉斯谟条例"则有具体的资金筹措机制（"伊拉斯谟条例"第19条）和受教育者的贷款机制（"伊拉斯谟条例"第20条），还有具体的监测和绩效评估机制（"伊拉斯谟条例"第21条），规范程度较高，教育的资助及资源投放的公平性也得到制度的保障。

4.1.4 区域性及少数民族语言保护政策的价值侧重：权利公平

规则公平是"平等待人"；权利公平则是"使人平等"，是结果上的公平，是权利实现上的公平。权利公平是一种结果公平，由于人们天然条件的客观差异，为了实现结果公平，就"不得不区别对待不同地位的人们，例如，赋予那些受冷落的群体以某些特权"①，这也就是罗尔斯正义论中的差别原则——必须有利于社会的最不利成员。欧盟的区域性及少数民族语言保护政策就是一种典型的保护弱势群体、向社会最不利成员倾斜的政策安排，这种刻意的差别对待追求的其实就是权利公平。

1. 向"最不利者"倾斜

罗尔斯差别原则的核心，就是强调"区别对待"，社会利益和资源的分配应有利于社会的最不利者。欧盟境内（非欧洲全境）已知的地区性语言和少数民族语言的社区（非语种，语种则更多）数量就有60多个，这些社区的人们持同一种语言交流和生活，无论从群体还是个体而言，他们就是欧盟社会语言生活中的"最不利者"。如果对这些人群置之不理，"一方面，这可能产生出范围广泛的逆来顺受和卑躬屈膝的态度；另一方面，也会引起统治欲望和狂妄自大的态度"②，说到底，这对于欧盟的团结和欧洲一体化进程相对不利。所以，欧盟的区域性及少数民族语言保护政策正是对这些"最不利者"的倾斜。

欧盟的区域性及少数民族语言保护政策的行动计划，都毫无例外地针对这些小众语言进行资助和资源投放。例如，对当地广播和电视中的少众语言的使用资助（"Arfe Resolution计划（1981）"第1条第b款），资助媒体对小众语言进行配音和字幕（"Kuijpers Resolution 计划（1987）"第8条），允许个人使用地区语言与官方机构和法院打交道（"Arfe Resolution计划（1981）"第1条第c款），在商品商标和说明书等消费者权益保护领域以及公共标志、街道标志等公共信息领域应提供区域语言（"Kuijpers Resolution 计划（1987）"第9条），等等。尽管，这不能说是对小众语言群体设置了特权，但事实上他们确确实实得到了公权力的倾斜。

2. 互惠、互利、共赢

欧盟的区域性及少数民族语言保护政策并非是一种单项的"独利"政策，它内涵性地包括互惠、互利和共赢的态度与理念。比如，欧盟在区域性及少数民族语言保

---

① [美]昂格尔. 现代社会中的法律[M]. 吴玉章，周汉华，译. 北京：中国政法大学出版社，1994年，第73页.
② [美]约翰·罗尔斯. 作为公平的正义[M]. 姚大志，译. 上海：上海三联书店，2002年，第215页.

护中强调语言权的重要性，并把语言权定位为基本人权，同时，极力倡导并游说各成员国加入《欧洲地区性或少数民族语言宪章》等语言保护的国际条约，实际受益的，并非只有少数语言及其群体，而是欧盟的语言多样性和文化多样性，这实际也是欧盟多语主义主张实现的需要，毕竟，欧盟视语言多样性为欧洲的遗产，倾斜性地保护区域性及少数民族语言，其实就是保护欧盟的语言多样性和文化多样性。欧盟的区域性及少数民族语言保护政策并没有想要造成"此消彼长"的局面，相反，其追求的是互惠、互利和共赢，只有在这个意义上，才是真正的权利公平。

3. 权利公平的具体化：以"语言保护2003年决议"为例

由于欧盟立法权限原因，区域性及少数民族语言保护政策暂无具体的直接硬法依据，只有软法文件，不过，相关的区域性及少数民族语言保护的软法是比较多的（见表3-4），而"语言保护2003年决议"便是一个具有代表性的政策文件，其全称是《文化多样性背景下关于欧洲区域性和较少使用的语言及欧盟少数群体语言提出建议的决议》（2003年）（2003/2057(INI)(OJ NO C 76E. 25.3. 2004. P374）。

第一，郑重地反歧视，表达和强调区域性及少数民族语言多样性的重要性。"语言保护2003年决议"在其目标明确了欧盟反对语言歧视的一贯立场，以及要求在欧盟层面的跨境合作、政策宣传、文化活动、社区行动及网络中促进区域性及少数民族语言的使用（"语言保护2003年决议"第13、第14、第15、第16和第20条）。

第二，呼吁建立语言多样性学习机构，以便投放资源，有针对性地帮助"最不利者"。"语言保护2003年决议"的核心建议有两个，一是建立欧洲语言多样性学习机构，二是建立语言多样性多年度计划，二者当然是密切关联的，这些建议的具体内容主要是：①让执行委员会在行动计划中提出执行措施；②促进多语种的欧洲和接受多种语言的气氛，促进多语种城市和地区之间的经验交流；③建立一个包括区域性及少数民族语言在内的、促进语言多样性的网络；④收集、整理语言保护数据，扩大对欧盟区域性及少数民族语言情况的掌握；⑤制定具体的财务措施；⑥在充分尊重成员国语言政策的前提下提供语言教育的指导。从这些建议和主要内容看，尽管欧盟的权限非常有限，但其实际作用于"最不利者"，力图通过相关措施实现对小众语言群体的帮助。

第三，呼吁所有成员国加入《欧洲地区性或少数民族语言宪章》，互惠共赢。由于权限受制的原因，欧盟不能对成员国课以语言保护的法律义务，而转为"曲线救国"的办法——欧盟不遗余力地引入语言保护的相关国际条约，呼吁、倡议、引导、游说各成员国签署加入，而这些国际条约是有确定的、具体的法律义务的。欧盟在多个场合、多次会议、多个决议中都不厌其烦、不辞劳苦、不遗余力地呼吁各成员国加入，也是欧盟最期望各成员国都能加入的就是欧洲委员会（非欧盟机构）的《欧洲地区性或少数民族语言宪章》（目前，28个成员国中已有17个国家[①]加入了《欧洲地区性或少数民族语言宪章》，欧盟也正在以其自身的影响力促使其他11个国家加入）。因此，"语言保护2003年决议"第3条和第28条都以敦促的语气明文呼吁未加入者尽快加入："呼吁所有未批准和实施《欧洲地区性或少数民族语言宪章》的成员国尽快批准和实施。"后来的"语言保护2013年决议"第3条又重申了同样的呼吁。可见，欧盟在语言保护和发展语言多样性方面的努力是多么的坚持，其互惠共赢的追求是多么的坚定。

4.2 比较视角下欧盟多语化语言政策的公平优势

共性的社会问题和需求，是政策比较的基本前提。无论是欧盟还是其他国家或地区，他们的语言政策都需要面对和解决一些具有类似的社会问题和需求，例如，如何制定符合社会语言发展实际的政策？如何增进国家认同、民族认同、组织认同？如何开展外语教育以及如何面对英语（作为全球性语言）的冲击和影响？如何保护小众语言？等等。

为进一步探讨欧盟多语化语言政策的公平价值，以下将通过比较的方法，对不同国家的语言政策进行分析。当然，用于比较的对象不能随意选取：首先，在语言政策的法律效力和法律权限方面，欧盟是难以和主权国家相比的，但在政策和法律的效果与价值方面，特别是公平价值的衡量，欧盟是可以与主权国家及其他地区相比的；其次，选取比较对象需要一定的前提条件，起码它们的政策方向、内容、范围和领域是基本一致的；最后，选取的比较对象需要具有代表性。以下，分别选取法国、美国、澳大利亚等国家的语言政策与欧盟相比较，其中，法国与欧盟的语言政策的最大不同在于语言规划政策，美国与欧盟的最大不同在于语言教育政策，澳大利亚与欧盟的最大不同则在于语言保护政策。不同的语言政策有不同的价值追求，例如有的更追求效率价值，有的更在乎安全价值，有的更注重秩序价值，但若以公平价值为主要的衡量标尺，这些差异恰恰最能体现出欧盟多语化语言政策的公平优势。

[①] 这17个国家分别是：克罗地亚、奥地利、塞浦路斯、捷克、丹麦、芬兰、德国、匈牙利、卢森堡、荷兰、波兰、罗马尼亚、斯洛伐克、斯洛文尼亚、西班牙、瑞典和英国。 参见欧洲委员会官方网站：http://conventions.coe.int/treaty/Commun/ChercheSig.asp?NT=148&CM=1&DF=&CL=ENG（访问日期：2018年6月1日）

4.2.1　语言地位规划政策：法国与欧盟的比较

1. 法国的语言政策

如果要以一句话来概括法国的语言政策，那应该就是"唯法语独尊"。从历史上看，法语在整个欧洲乃至全世界都有着辉煌的过去，远在12、13世纪时候，法国就是欧洲的第二重要通用语（拉丁语之后），到了18世纪，整个欧洲成为了法语的世界，从上流社会到底层民众都以会说法语为荣。据统计（2001年），全世界约有1.2亿人完全使用法语，2亿人经常使用法语，法语也被认为能与英语"语言霸权"相抗衡的重要力量。法国的语言政策正是在这样一种历史和现实的优越感的基础上产生和发展的。

第一，法语的法律地位：唯一的官方语言。早在1975年12月，法国就通过了关于法语法律地位和使用的专门性立法——《法语使用法》，规定人们在商业、公共场所、媒体以及公共服务行业都必须使用法语，该法旨在保护法语的"纯洁性"。1992年6月，法国宪法修正案通过，明确规定"法语是法兰西共和国的国家通用语言"[①]。其后在1994年，前述的《法语使用法》依据新宪法进行修订，修订后的《法语使用法》就是俗称的《杜彭法》（杜彭是时任法国文化部部长，也有译为"杜蓬"），《杜彭法》同样很明确地规定，"法语是法兰西共和国的语言，法语是法兰西品格及遗产的基本要素"，还规定，"法语是教育、劳动、交际和公共服务各部门使用的语言，法语是法兰西共同体各成员之间特殊的纽带"[②]。法国文化部法语及法国境内语言总司副司长让·弗朗索瓦·巴尔迪曾撰文指出，法国宪法委员会关于法语法律地位和法语作为唯一官方语言使用的三个结论[③]：①法国全体公法人（如国家、地方政府等受公法制约的法人）必须使用法语，私法人在进行公共服务时也必须使用法语，任何个人在与国家行政机构、公共服务机构打交道时，不享有使用其他语言的权利，也不能被强制使用其他语言；②宪法并没有禁止翻译的使用，公共服务机构可以求助于其他语言，但前提是需要保留法语版本的记录，用作发生纠纷时提供唯一有效的法律依据；③不应该把使用法语的规定解读为否定言论自由、创办企业自由、贸易和工业自由。

第二，法国语言政策的两个基本面。第一个基本面是保证法语在国内的使用：在

[①]　《法兰西共和国宪法》第2条。
[②]　《杜彭法》第1条，中文翻译版本详见：周庆生.国外语言政策与语言规划进程[M].北京：语文出版社，2001年，第174页。
[③]　让·弗朗索瓦·巴尔迪.关于法语使用的宪法与法律框架，载：李宇明.中法语言政策研究[M].北京：商务印书馆，2014年，第39页。

教育方面，所有的公立和私立教育机构的教学、考试、选拔都必须使用法语，外语教育和外教等特殊情况除外（《杜彭法》第11条）；在劳动合同方面，所有劳动合同必须用法语起草，如遇外籍人士可以附其母语的合同译文（《杜彭法》第8条）；在交际和传媒方面，所有的新闻媒体、视听节目均必须使用法语，外国原版电影或者视听教学可以除外（《杜彭法》第12条）；在公共服务方面，不仅仅全体公法人必须使用法语，私法人在进行公共服务时也必须使用法语，而且某些特定的场合和官方公告还必须使用批准的表达方式和法语术语，具体包括各部部长及官员在职权范围内发布的命令、决定、公报、证书、指示及命令，国家机关、公共机构发出的信函、文件及出示的证件，以国家或公共机构为买卖一方的合同，国家或享受国家财政援助的组织机构使用的教学、培训或研究材料的出版或再版（1985年10月10日《关于充实丰富视听与广告术语的决定》第1条）。第二个基本面是在世界范围内推广法语。在这一方面，法国同样有着非常执着的精神。法国政府推广法语的总体战略目标是，在世界范围内重新发挥因战争而削弱了的法语的影响和作用，在具体行动上，法国政府既通过自身的实际政策行动，同时也通过发挥政策的作用成立并支持了一批专门的法语文化推广机构。在自身行动方面，法国文化部早在1989年就成立了法语和法国方言总署，用以保证所有旨在保护和推广法语政策的有效落实；法国文化部于1996年又成立了法语监测机构，搜集法语在全世界的使用及演变情况，然后进行分析概况、集结出版（该机构每年都会发布《法语使用报告》和每四年都出版《法语在世界》）。自2002年起，法国政府联合了几个国家和国际组织共同组织实施了"欧洲计划"；先后对6万名非法语国家的国际职员进行法语培训，这些人员不仅仅包括外交官，还包括翻译、行政人员和记者[①]。在法语文化推广机构方面，比较具有代表性的是法兰西联盟学院[②]、法国文化中心、法语学术讨论会和著名的法语国家组织（即法语共同体，Organisation Internationale de la Francophonie），等。这些语言推广机构为政府意志的具体实施发挥了并继续发挥着非常重要的平台作用。

第三，法国最重要的语言立法：《杜彭法》。1994年修订通过的《杜彭法》（Loi Toubon）是目前法国语言政策领域的最重要的立法，该法律总共有24条，主要规定了商业活动、公共场所信息、研讨会或相关论文出版、雇佣契约和内部规范、

---

① 刘洪东. 国际组织的多语制：法国经验与中国思考，载：李宇明. 中法语言政策研究（第三辑）[M]. 北京：商务印书馆，2017年，第88页。
② 据统计，每年有超过50万的学员在法语联盟学习，有600余万人参加法盟组织的文化活动。参见：Alliance Fran aise Paris Ile de France: Qui sommes — nous, http: / / www. alliancefr. org / sommes — nous, （访问日期：2018年6月1 日）

视听媒体等领域的语言使用。在法国的商业活动、职场、教育、音像、通信、学术会议和各种大会上，法语是必备的语言，公务员必须使用规范的法语词汇。按照规定，在法国出售的所有产品都必须标注法语说明，所有的法国政府企业都必须使用法语，所有被国家雇用的人员都必须依据法国宪法的规定来使用法语，包括使用的所有术语都必须是他们所在部门"术语委员会"所批准的术语。不过，看似权威霸气的《杜彭法》在法国国内和国外都引起了不少争议。国内争议方面，该法自经两院三读通过后，反对该法案的国民议会议员经由连署，向法国宪法委员会提出合宪性审查，法国宪法委员会受理并宣告部分条文违宪。在国外争议方面，该法被解读为法国禁止使用法语以外的语言。另外，1995年3月和1996年3月又分别出台了《杜彭法》的两个实施条例，明文规定了违反法语使用的规定将受到的法律制裁。这是较之于1975年《法语使用法》最大的改变，处罚措施的写入为《杜彭法》的切实实施奠定了强大而坚实的基础。除了处罚措施，国家对某些活动（研讨会的组织和教学科研成果的出版等）的拨款也与活动中法语的使用挂钩。

第四，法国的外语教育：提倡两门外语。在母语（法语）教育方面，法国从幼儿园到大学都有标准而严格的语文课设置（与中国的语文教育类似，教授国家通用语言文字），这在一定程度上已经决定了外语在法国的地位是不可能与法语相提并论的。不过，在外语教育上，法国采取了较为开明的态度——提倡两门外语。这在法国的《教育法典》"总则"的第L121-3条第1款有明确的规定："掌握法语以及学习另外两门语言是教学基本目标的组成部分。"这一定程度上是受到欧盟"母语+两门外语"的语言教育政策的影响，事实上，法国与欧盟在这一点上是一致的。另外需要补充的是，法国的地区方言和少数民族语言是受严重挤压的，因为地区方言被认为是对法语"纯洁性"的破坏和"玷污"（法国有很多官方、半官方性质的"术语委员会"，将法语语言编成典，使其标准化、精制化），而少数民族语言文字的使用和流通在法国公共领域是不被支持甚至不被允许的，毕竟法国宪法和法律只支持法语的流通，可以说，法国对小众语言的保护政策是缺失的，而且是刻意地缺失。

小结：法国企图构建单一语言、单一文化、单一民族的大一统国家，强力推行法语作为国家统治的行政司法语言，地区方言受到严重挤压，法国的语言教育政策一直是以强化中央集权、推广单一国语为目标。法国政府资金有系统地在全球推动法语学习，透过语言来传播文化，通过文化来行销加强其政治影响力，语言就是这类柔性力量的最佳后盾。法国被认为是实施单语政策的典型国家，语言对于法国，不仅是用来实现法兰西民族团结和优势地位的工具，更是塑造法国国家认同的重要基础。

2. 欧盟在语言地位规划政策方面的公平优势

欧盟与法国语言政策的最大不同,在于语言地位规划政策,前者是多语平等,后者是法语单语政策。

第一,语言和语言之间并非天然平等,法国的语言政策选择承认并扩大这种不平等,而欧盟试图扭转这种不平等。如果语言仅仅是一种表达的符号,则任何一种语言都是平等的,正如计算机面对任何一种语言文字的输入,都仅仅是一种指令符号而已,但事实上人类语言附着于文化之上,关乎个人认同、集体认同、社会认同和国家民族认同,并且与经济利益、社会利益、国家利益密切相关,语言之间的平等与否关乎着族群之间发展机会和结果的平衡。法国"唯法语独尊"的单一语言政策,用其本国的解释是"应对英语霸权"和"确保法国公民和选择学习法语的人在法国领土上享有使用法语的权利"[①],而实际上这只是矫枉过正、避重就轻的说辞而已。作为一项公共政策,集中了社会权利、机会、资源、物质乃至技术、媒体等复杂因素,只是为了承认并扩大这种语言的不平等而已,相比欧盟多语化语言政策中的多语平等,所有官方语言的地位平等、使用平等、效力平等,欧盟语言政策显示出明显的公平性。因为语言毕竟是族群的区分性标志,往往代表着信仰、阶级、性别、民族等人类差异性,承认语言的不平等其实就是承认歧视的合法化,而欧盟一贯的立场都反歧视,因此其多语平等政策也显现出更为公平的价值追求。

第二,不同语言政策的核心价值追求会有所不同,欧盟的核心追求是公平价值,而法国的核心追求是秩序价值、认同价值。法国从国内立法到国际推广,不遗余力、不惜血本地推崇和推广法语,已然把法语定位为国家认同、民族认同和社会认同以及文化输出的核心因素了,语言政策也就只是实现这种国家意志的工具,因此,法国语言政策的核心追求不是公平,而是认同,也就是秩序价值。前述对法国"唯法语独尊"的单一语言政策的批评,并非想因此否定所有的单语政策,也非一律认定多语政策就要比单语政策要好——这仅仅是价值标准的选取问题,如果以效率和集体认同为标尺,单语政策无疑要胜于多语政策,但就公平价值而言,欧盟多语化政策确实更具公平优势。

第三,政策公平价值的实现是一个动态的过程,尽管法国与欧盟所具有的语言背景很不一样,但法国也不应绝对地墨守成规,法国语言政策对时代发展的应对不如欧盟灵活。法国单一民族、单一文化、单一语言背景浓重,法语占有绝对优势且近乎单

---

① 让·弗朗索瓦·巴尔迪. 关于法语使用的宪法与法律框架,载:李宇明. 中法语言政策研究[M]. 北京:商务印书馆,2014年,第40页。

一,似乎单一语言政策是合乎法国国情的。但问题是法国的人民不是永远不流动的、法国的族群也不是永远固定不变的,而且法国本土就存在多种语言及社区,如德语、荷兰语、欧西坦语、布列塔尼语(布列塔尼半岛)、巴斯克语(上比利牛斯山脉)、阿尔斯萨语(阿尔斯萨–洛林地区)、加泰罗尼亚语(上比利牛斯山脉东部)、科西嘉语(科西嘉岛)、卢森堡语(洛林的蒂永维尔)等,况且,欧盟境内已实现人员自由流动,单一语言是不可能固守也没必要固守的。因为抗拒人员、资本、货物、劳务的自由流动就是抗拒发展,而人员、资本、货物、劳务的自由流动需要一个安全、可靠特别是公正的环境,对语言的限制其实就是对自由的限制,对自由的限制是不公正、也是不合理的。相比之下,欧盟的多语化语言政策无疑显得更加公平、正义和更容易让人接受。

第四,法国语言政策除了"唯法语独尊"之外,其对于少数民族语言的保护有着极大的保留——以《欧洲区域性或少数民族语言宪章》为例。早在1999年5月7日,法国政府就已经签署了《欧洲区域或少数民族语言宪章》(以下简称《宪章》),但至今仍未批准该宪章,关键因素就是《宪章》与法国宪法相冲突。首先,法国政府的诚意有限——《宪章》规定共有98项措施,但法国政府仅仅同意实施其中的39项,而其他签署国一般都同意50项以上;其次,法国政府借口堂皇——法国政府对于签署该《宪章》所作的声明指出:"签署并承诺实施该宪章的措施并非指对于少数族群的承认和保护,目的是为了促进欧洲语言遗产;此外,使用'群体',并非赋予区域或少数语言的人集体权利。政府必须依循宪法来解释该宪章,确保所有公民不论出身、种族或宗教,在法律面前人人平等",这一声明美其名曰"人人平等",实质是否定区域或少数语言的人的集体权利;最后,法国宪法委员会"黄雀在后"——法国政府签署的国际条约必须经过法国宪法委员会的合宪性审查,而《宪章》的相关规定明显与法国宪法关于法语使用的基本原则是相冲突的,处理办法是,要么宣告违宪而不批准,要么修改宪法,而目前,《宪章》仍未批准。若不是碍于欧盟的影响和国际合作的大潮,基于其国内语言政策,法国政府是不会签署《宪章》的,签而不批的"拖字诀"或许是法国正采取的策略。

任何语言政策的拟定与执行,本身皆深刻反映出政治角力与权力较劲[①]。法国是执行单语政策的国家,甚至可以说法语成功地实现了法兰西的统一及民族的团结。法国正是通过法语向外彰显其文明并进行海外扩张,对内则压抑地区语言及其文化的传

---

① 施正锋:《语言的政治关联性》,载施正锋编《语言政治与政策》,台北:前卫出版公司:1996年,第53-80页。

播及地方主义的抬头，这也正是法国语言政策的核心价值追求。至于公平价值，欧盟多语化语言政策的底气确实较之充足许多。

4.2.2 语言教育政策：美国与欧盟的比较

1. 美国的语言政策

美国是一个多语种的移民大国，英语是美国的通用语，也是使用人口最多的、最强势的语言（其次是西班牙语）。总的来说，美国语言政策的发展历史，就是英语的使用范围不断扩大、其他语言（包括移民语言和土著语言）逐步被限制的历史，但美国既不对外宣称、也不对内立法"唯英语独尊"的单语政策，事实上，美国至今仍然是一个多民族多语言国家，其在语言规划政策上并无明确的法律主张，但在语言教育政策上却"独尊英语"，这不得不说是美国语言政策的最大特色。

美国语言立法主要是通过两个层面上的立法呈现出来的：一个是联邦政府层面的语言政策修正案，另一方面则是形形色色的州法令和地方条例。立法程序主要是通过以美国英语协会为首的唯英语运动的相关组织和人员首先通过基层征集请愿签名，然后进行院外政治活动，要求议员向国会提案或要求公民投票，最终促成联邦政府或州政府制定法律，确立英语为官方语言的法律地位。[①]

第一，"暧昧"的官方语言政策——宪法上不规定官方语言，事实上英语就是官方语言。首先，美国自建国至今都没有在宪法上规定全国的官方语言。《独立宣言》是用英语写成的，但宣言中没有宣布官方语言，在独立战争中的美国宪法对官方语言也避而不谈。获得独立之后，英语迅速取得了主导地位，用于立法、司法、行政事务以及选举、教育和移民归化，英语已经事实上成为了这个国家的官方语言。其次，美国通过软法赋予英语全国通用语地位，相当于官方语言。进入21世纪后，英语官方语言立法有了长足的发展。2005年佐格比国际调查机构的民意调查显示，79%的美国人支持将英语确立为美国的官方语言，其中包括2/3的民主党人和4/5的第一代和第二代美国人。借助民意的走向，2006年4月28日，时任美国总统小布什在白宫新闻发布会上明确表态，希望成为美国公民的人应该学习用英语唱国歌。2006年5月2日，美国国会参议院通过了一个不具约束力的决议，宣告英语是美国国歌的唯一语言。5月18日，来自俄克拉荷马州的共和党参议员詹姆士·因霍夫提交的一项名为《英语语言一致法案》的H·R·997号移民法修正案，得到了来自39个州的152名众议员的支持，成为美国第109届国会上获得最广泛支持的提案之一。最后，各州的地方立法有不少

---

① 周玉忠. 美国语言政策研究[M]. 北京：外语教学与研究出版社，2011年，第13页。

已确立英语为官方语言。美国的语言立法先后经历了离散状态、地方分权、联邦集权三个阶段，由于现行美国政府的联邦制是一种双重政府结构，因而，美国现有的语言立法体制具有统一与分权并重、平衡与制约结合、严格与灵活共存的特点。两级政府分享政府各种权利和义务，互相限制，同时又互为补充。在法律和政策方面，全国政府和州政府均享有相当独立的法律权限。在维护全国宪法的前提下，联邦政府与州政府均可制定法律、颁布政令，并且贯彻执行。1980年之后，受到唯英语运动的推动，英语立法又重新浮出水面，并以迅雷不及掩耳之势在州际间迅猛发展。到目前为止，美国已有30个州将英语确定为官方语言（这些州大部分集中在美国的南部和平原地区，其他零散分布于东北部和西部），其中有25个州是在1980年后直接受到英语官方化运动的影响而制定的。在其他未通过官方英语立法的20个州中，新墨西哥州、俄勒冈州、罗德岛州和华盛顿州这4个州分别于1989年、1989年、1992年和2007年通过了"英语+X"（English Plus X）的法律，即英语为官方语言，也允许使用其他语言。①

第二，"独尊英语"的语言教育政策——从双语教育到只唯英语的转变。"独尊英语"的语言教育政策是通过一场运动三部立法确立的：

①"唯英语"运动。加利福尼亚州参议员、旧金山学院院长早川一会(SamuelI. Hayakawa)向美国国会递交了一份题为《英语语言修正案》的宪法修改提案，建议美国联邦政府以宪法的名义确定英语为官方语言。提案没有被列入国会审议名单，于是他改变策略，把目标移到地方，通过州政府议会的院外政治活动来实现英语官方地位立法的目的。总体而言，英语官方化运动在联邦政府层面没有实现其目的，但是在州政府这一层面却收获颇丰。他们采取各个击破的战略，先后在20多个州取得了成功，造成了极为深远的影响。美国唯英语运动的实质是害怕移民不能同化，支持者并不仅仅是一部分民族激进主义分子，而是有相当数量的美国人支持这一想法。很多人认为，语言的多样化会使英语的地位受到挑战，导致语言冲突，种族仇恨，最后导致政治分裂。因此，美国政府要通过唯英语运动来树立"一个国家，一种语言"的语言意识形态，英语可以成为美国社会的"黏合剂"，是重要的共同纽带，可以帮助来自不同背景的美利坚人互相理解，消除隔阂。

②《双语教育法》。1959年，美国成立"国家双语教育协会"，1968年颁布的《双语教育法》具有里程碑意义，该法案被纳入到《中小学教育法》，旨在解决"英

---

① Tatalovich,Raymondand Daynes,Brown W.Moral Controversiesin American Politics:Cases in Social Regulatory Policy.Armonk[M].NY:MESharpe.Inx. 1998：197.

语水平欠缺者的教育问题"。《双语教育法》的出台，使双语教育正式成为联邦教育政策的重要组成部分，从而使为少数民族学生争取平等机会的运动转化为国家强制执行的教育政策。从1974年到1999年，美国对《双语教育法》进行了六次大的修改和重审，从双语教育惠及对象、范围、规模、经费分配、目的、性质、责任等方面进行了不同程度的修订。但每次修订都不是如何加强双语教育的实施，而是围绕如何加强"同化"的主题和目的，以英语为核心的这一语言意识形态在每次修改中都得到强化和重申。1978年，国会修正了《双语教育法》，强调以提高英语语言能力为目标，限制对过渡性双语教育计划的支持。可以说，美国的《双语教育法》实际上并未促进母语或多语主义的发展，其本质就是同化，让移民的子女更多、更好、更快地学会英语，用英语学习文化课程，通过教育的方式同化移民，使其早日融入英语主流文化，最终达到"飘一面旗帜，唱一首国歌，讲一种语言"的目的。因此，它基本上是一个有悖于双语主义的法律①。2002年1月8日，小布什政府颁布了《英语习得法》，获得两党支持，实行了34年的《双语教育法》被废弃。这项由政府立法资助、一度风行全美的双语教育事业也随之归于沉寂。

③《英语习得法》。美国于2002年颁布的《不让一个孩子落后法》，即《英语习得法》，正式确定为美国联邦政府的公共法律②。这一法律终结了《双语教育法》。该法要求各州和地方教育机构，为语言少数族裔学生，包括社会、经济地位处于不利境地学生的语言习得以及学业成就承担责任。明确了英语学习者习得英语、提高学业成绩的目标，确立了英语熟练标准和年度测试成绩三级目标的评价体系，改变了以往《双语教育法》规定的多元教学模式，弥补了以往语言学习和学业成绩评价体系的缺陷。然而，人们对英语迅速习得及学业标准是否过高、学业成绩评价体系是否公正，一直持质疑态度。为满足英语学习者的特殊教育需求，美国联邦政府对该法案进行了及时的修正。虽然人们对《英语习得法》持不同的看法，但毕竟它取代了1968年《双语教育法》，引发了美国所有学校对语言习得和学业成绩评价等进行根本性的改革，甚至引发了美国学校文化的改变，值得语言与教育专家及决策者的重视。

④《每一个学生成功法》。2015年12月10日，美国总统奥巴马签署了《每一个学生成功法》。该法案是对美国前总统小布什于2002年签署的《不让一个孩子落后法》的继承和纠偏。该法规定了英语学习者及移民学生的语言教学。

第三，土著语言的保护政策——从语言屠杀到语言保护。美国原住民的语言被

---

① 周玉忠.美国语言政策研究[M].北京：外语教学与研究出版社，2011年，第12页。
② 蔡永良.美国的语言教育与语言政策[M].上海：三联书店，2007年，第278页。

美国政府设定为语言屠杀的目标。1878年，印地安事务委员会提出报告，认为印第安人子女离开父母及部落，建宿舍，教育儿童是"教化"印地安人最有效的方法。1879年到1902年间，政府建起25间宿舍学校，1905年总共有9736位学生入学。1968年以后，联邦《双语教育法》资助印地安双语计划，出版母语教科书。1984年，北印第安部落事务委员会宣布，印第安语是北印第安部落的官方语言。纳瓦霍人部落委员会宣布纳瓦霍人语是纳瓦霍族生活、文化及认同的最基本成分。1990年，老布什总统签署《原住民语言法案》，承认美国印地安人、阿拉斯加原住民、夏威夷原住民及美国托管的太平洋群岛原住民的语言权。该法案第2章第1条规定：美国原住民的语言及文化的状况是独特的，美国有责任与原住民共同行动，来确保其独特的语言、文化的存活。第4章第1条规定：美国的政策是保存、保护及推广美国原住民使用、实施以及发展。

2. 欧盟在语言教育政策方面的公平优势

由于美国并没有以明确的、具有约束力的立法进行语言规划，尽管事实上英语已占有绝对的主导地位和事实上的官方语言地位，但美国在语言教育方面是有着明确的政策的，即"唯英语"的语言教育政策，这与欧盟相比是最大的不同，在政策的公平度上，二者也就有明显的差别。

第一，美国语言教育政策存在明显的"文化同化"的工具定位，意识形态感太强；欧盟则把语言政策定位为促进"多元一体"的工具，把语言学习权交回给公民个体做选择。早在殖民地时期，其实在北美的印第安人就已经被语言、宗教和文化同化，美国在建国之后基于这一基础，对英语进行了美国化的建构并依旧对印第安人实行文化和语言的同化政策，在第二次世界大战结束之后，语言同化政策并未改变，前述提到的《双语教育法》，实质就是一个语言教育的同化政策，目的是为了逐步降低学生对第一语言（母语）的依赖，提高英语能力而非保持母语能力，更非增强母语能力，而是要让其第一语言完全失落，这对于参加双语教育的母语非英语的人们而言，其实就是以英语为目标语言的外语教育而已。也就是说，美国的语言教育政策不仅没有立足于发展和保护少数民族语言和文化，而且还刻意地将主体文化强加于移民和土著民族人民。与欧盟的多语教育政策相比，美国对少数族群而言是显失公平的。欧盟的多语教育政策，首先坚持的是语言平等下的多语教育，然后推广"母语+两门外语"的机制及模式，这里的"母语"一般是指公民所在成员国的官方语言，但不排斥区域性及少数民族语言作为母语，并把多语社会定位为欧洲的"财富"和"共同的责任"，而且还从低龄儿童、终身学习等维度展开，使"母语+两门外语"的机制更加普及和高效。

公平视角下欧盟多语化语言政策研究
A Study on the EU's Multilingualism Policy from the Perspective of Justice

第二，美国的语言教育政策以秩序、效率与安全价值优先，欧盟则以公平价值优先。如果说，语言就是权利的话，美国双语教育政策的目的，如前所述，并非为了保护少数人的语言权利，而是为推行英语创造更好的条件，而美国政策所追求的价值，是秩序、效率与安全。比如，得克萨斯州法庭重申一条旧规定："允许雇主禁止雇员在公共场所使用少数人集团语。"[①]这明显是秩序、效率与安全的需要；又如，"唯英语"运动，有两个原因，一是政治统一，二是交际容易[②]。当时的"唯英语"运动中的政府官员的声明："英语从来就是我们社会的黏合剂，是民众间最为重要的共同纽带；与昔日的移民不同，现在的移民拒绝学习英语，都是因为政府所支持的双语计划带来的负面影响；一种新的语言应当在强迫的情景下才能学好……"[③]后来《双语教育法》的废止和《英语习得法》的通过充分地证明，美国的语言教育政策支持了这些主张。反观欧盟，其多语教育政策的侧重点则放在"增加机会"，以实现机会公平。例如1995年的《关于在联盟教育体系提升外语教育及推进外语教育多样性的决议》、1997年的《关于从低年龄开始学习联盟语言的决议》、2001年的"欧洲语言年"行动计划、2014年的《关于使用多种语文和发展语文能力的结论》，又如正在进行的"LINGUA"计划、"伊拉斯谟"计划等，基本上都是围绕增加多语资源、改善多语学习机会而展开的，为更多的欧盟公民提供更多的接受多语教育的机会，从而缩小了人们获得多语教育机会的能力的差异。

第三，美国的语言教育政策披着多元外衣反多元，不如欧盟表里如一。美国是世界上典型的多民族、多语言、多文化、多宗教的国家。作为一个移民国家，美国的语言资源的丰富程度和文化成分的复杂程度堪称世界第一，素有"大熔炉"（melting pot）之称。二战之后美国的移民政策和民主潮流都有所转向，美国社会对移民和少数族裔群体也显得更加宽容，"多元文化主义"思潮兴起，例如，在20世纪60年代，多元文化主义要求废除种族隔离制度，要求黑人学生与白人学生拥有平等的受教育权。应该说，多元主义本身的主旨就在于反对歧视和追求机会的公平。后来推行双语教育，也有出于知识传授上的公平性的考虑。然而，从美国语言教育政策的发展演变及其脉络看来，美国的语言教育政策深刻地隐藏着美国的"文化霸权"，其打着多

---

① 黄毅. 美国的双语政策和双语教育[J]. 民族教育, 1989（4）. 转引自：周玉忠. 美国语言政策研究[M]. 北京：外语教学与研究出版社, 2011年, 第80页。
② 周玉忠. 美国语言政策研究[M]. 北京：外语教学与研究出版社, 2011年, 第2页。
③ Crawford, James. At War With Diversity: US Language Policy in an Age of Anxiety. Clevedon, Buffalo, Toronto, Sydney: Multilingual Matters Ltd. 2000. 转引自：周玉忠. 美国语言政策研究[M]. 北京：外语教学与研究出版社, 2011年, 第80页。

元主义的旗号、披着多元主义的外衣潜移默化地反对多元主义，似乎有表里不一、口是心非之嫌。正如有学者所指出，"从多元文化主义的视角，更容易厘清美国语言教育政策中隐含着的文化霸权、忽视语言少数族裔本有的文化价值，以及不经意流露出要特定群体向主流社会靠拢的父权之心。"① 而欧盟则表现得一如既往、表里如一。无论是在语言规划还是在语言教育方面，欧盟都坚定不移、始终如一地推行其多语主义。无论是基础条约的宣示性规定，抑或是具有法律约束力的欧盟立法，还有数量较多的软法，无不倡导和承诺多语主义。欧盟的文化政策亦未脱离过多语主义的路线和方向。欧盟已经把多语主义作为自己的价值观和使命了，正如2009年的《多语主义：欧洲的财富与共同的责任》（2010/C 117 E/10）第F款所强调："虽然《欧盟基本权利宪章》第21条和第22条承认语言多样性是一项公民权利，但使用多种语言也应以鼓励尊重多样性和容忍为目标，以防止成员国内不同语言社区之间可能出现的冲突，无论是主动冲突还是被动冲突。"可见，"尊重"和"容忍"才是欧盟对待多元主义的态度，而"尊重"和"容忍"，无非是更接近于公平。

第四，美国语言教育政策蓄意加大语言之间的不平等，而欧盟试图扭转语言教育之间的不平等。美国语言教育政策的基本方面是英语教育，如前所述，这种"唯英语"的语言教育的本质是文化同化，结果是加大语言之间的不平等，有可能会引发族群、地区和文化的强烈冲突。另外需要补充的是，美国语言教育政策的另外一个重要方面是外语教育。有学者指出，"美国的外语教育过度政治化，不顾及本国公民的实际情况，对本土公民的外语教育缺乏必要投入，也没有给予多语人群应有的外语教育权利。"②其实，可能最令人不解的是，美国的外语教育政策是附属于国防教育而展开的，最典型的法律和政策依据便是1958年的《国防教育法》出台，美国开始实施其"关键语言"（Critical Language）战略，即把外语划分为几个层次③，目的是培养语言高级人才以服务于冷战军事情报的目的以及全球贸易；后在2006年开始实施"国家安全语言倡议"，其目的也是培养"国家安全语言"亟需的高级人才以服务于军事和经济等国家安全领域。可见，美国的外语教育政策的国家利益价值取向是相当明显的，事实上，美国政府对外语教育的投入和支持是相对集中（也可以说很局限）的，

---

① 但昭伟，苏永明. 文化·多元文化与教育[M]. 台北：五南图书出版社，2000年，第132页.
② Cardinal, L. &Sonntag, S. K. State Tradtions and Language Regimes[M]. Quebec: McGill-Queen's University Press, 2015.
③ 1958年的《国防教育法》把"关键语言"（Critical Language）分为三个层次：第一层次是6种语言，包括汉语、日语、阿拉伯语、北印度-乌尔都语、葡萄牙语、俄语；第二层次是18种；第三层次是59种。

例如只投入到参战人员、个别语言研究机构和个别高校之中，哪怕是在大学之中，"外语学习具有的价值并不只是外语本身的实际交流的价值，还具有文化欣赏、辅助分析和文学学习的价值。"①也就是说，美国的外语教育政策可能自始至终都没考虑过"公平"价值。而欧盟的多语教育则不然，其巨大的、"烧钱"式的鼓励和资助，以及"从娃娃抓起"和终身语言教育的政策措施，都在竭力创造更多的多语学习机会，弥补欧盟公民多语学习中的天然不公平的现状。

4.2.3 语言保护政策：澳大利亚与欧盟的比较

1. 澳大利亚的语言政策

澳大利亚的语言政策的覆盖面是较广的，在语言规划、语言教育和语言保护等方面均有所涉及和体现。作为一个经历过殖民且典型的移民国家，澳大利亚语言政策的发展转变也经历了不少波折和坎坷，从之前（20世纪70年代以前）的"白澳"同化（只尊欧洲白人，歧视其他人种，语言上只尊英语，歧视和打压其他语言）语言政策到今天的多元化和多语化政策，实属不易。

第一，《国语政策》：英语为官方语言，同时大力发展非英语语言。1987年澳大利亚总理霍克签署《国语政策》的语言政策方案并获议会批准，自此奠定了澳大利亚语言政策的基本原则的方向，《国语政策》的基本内容包括②：①克服不公，克服语言的不利地位和语言歧视；②提高文化和智力；③结合澳大利亚的对外需要和优先考虑，废除语言教学中的种族歧视；④对一般语言教育和特殊语言教育做出公众明确的规定；⑤支持非常重视语言问题的澳大利亚社区（包括少数民族群体、受损害的传媒和土著部落）；另外还提出，所有澳大利亚学生要学习土著文化和土著语言，并拨下一定的经费（前三年每年750万澳元，1987—1991年共追加了9400万澳元）作为支持《国语政策》的系列语言计划，其中就包括"国家土著语言计划"。

第二，双语教育政策：允许母语教育，同时加强英语作为第二教学语言。在1991年，澳大利亚联邦政府提出了一个《澳大利亚语言和扫盲政策》（Australia's Language: The Australian Language and Literacy Policy）并经议会通过，主要内容包括：①在全国推行英语，加强英语作为第二语言的教学，使移民子女能够尽快

---

① Walton, A.R.Expand the Vision of Foreign Language Education: Enter the Less Commonly Taught Language[A]. In Ellen S. Silber (Ed.). Critical Issues in Foreign Language Instruction[C]. New York & London: Garland Publishing, 1991: 171.
② 中国社科院民族所课题组，等. 国家民族与语言：语言政策国别研究[M]. 北京：语文出版社，2003年，第227页.

进入主流学校接受教育；②大力开展学习非英语语言的工作，并改进教育成果，促进国内各民族和世界民族的语言交流；③保存和发展土著语言，帮助土著民族记录自己的语言；④扩大和改善语言服务业、翻译、口译、电视、图书工作。可见，最近20年澳大利亚在语言规划上的政策覆盖面是比较广泛的。严格来说，这不是专门性的语言教育政策，但却重点对语言教育进行了政策规划，即：允许母语教育，同时加强英语作为第二教学语言。澳大利亚还采取民族语言在高考中计入总分的办法，对移民子女、土著人民子女继续学习自己民族语言持鼓励态度，也让那些英语水平不高但其他科目成绩并不差的移民子女、土著人民子女能顺利考上大学，这也是促进机会公平的体现。

第三，语言保护政策：保护土著语言。澳大利亚的语言政策有三大原则，分别是"所有人的英语"（"English for all"），"支持土著语言"（"offering support to aboriginal languages"）和"人人有权使用英语以外的语言"（"a language other than English for all"），而且，澳大利亚的语言政策非常明确："土著语言是澳大利亚的母语，他们应该得到接受和尊重。土著人民有权使用自己的语言。"[①]不过，在保护和发展土著语言问题上，澳大利亚联邦政府并非"一视同仁"地支持和资助所有的土著语言，而是仅限于某些"活跃的"土著语言。例如，有相关调查显示，"那些积极传播的土著语言将得到维护和推广，但不幸的是，只有20种语言被确认为'活跃的'，这意味着至少70种土著语言不能得到政府的支持"[①]。可见，澳大利亚的语言保护政策有不少片面的地方。

2. 欧盟在语言保护政策方面的公平优势

从澳大利亚语言政策的三大原则——"所有人的英语"（"English for all"），"支持土著语言"（"offering support to aboriginal languages"）和"人人有权使用英语以外的语言"（"a language other than English for all"），以及其语言政策的基本内容看，与欧盟多语化语言政策相比并无大相径庭之处，比如，二者都强调语言平等，支持多语使用，保护小众语言。但是，这仅仅是从静止的角度和文本的比较而得出的结论，并不科学。事实上，澳大利亚的语言政策在政策公平性方面与欧盟相比是存在较大差距的，特别是在语言保护政策方面。

第一，澳大利亚语言政策高度推崇英语，除将其列为官方语言外还作为最重要的教学语言进行强化，造成了英语和其他语言事实上的、天然的不平等，是被"阉割"了的多语平等；欧盟则在语言规划上确立多官方语言，在区域性及少数民族语言保护

---

① 王辉. 澳大利亚语言政策研究[M]. 北京：中国社会科学出版社，2010，第79页.

公平视角下欧盟多语化语言政策研究
A Study on the EU's Multilingualism Policy from the Perspective of Justice

上有政策的一致平等性。澳大利亚倡导并实施多元文化主义和多语政策，应属正确而进步的选择，但应把土著和移民语言问题作为政策的中心加以解决才是合理的，既应对土著语言和文化的价值进行法律上和事实上的确认，同时再采取相应的支持和保护措施。但令人遗憾的是，"所有人的英语"（"English for all"）是澳大利亚语言政策的第一原则，这意味着提高英语素养才是最重要的，包括土著学生和移民学生们的英语素养。这对于小众语言的保护非但无所助力，相反还带来了伤害。而欧盟的官方语言平等政策首先强调了所有24种官方语言平等，同时通过相关立法让欧盟的机构设置可由欧盟公民自由选择的"第二语言"并提供免费翻译；在语言教育方面力推"母语+两门外语"的培育机制，确保公民的语言权的同时提升他们的语言能力；在此基础上，区域性及少数民族语言的保护也就顺理成章、理所当然了，这既具有政策的一致性，也符合欧盟多语主义的真正内涵与意义——追求权利公平。

第二，澳大利亚的语言保护政策只注重"名存"而不在乎是否"实亡"，忽视了小众语言的流通性和延续性；欧盟则把提高区域性及少数民族语言的流通性和延续性作为语言保护政策的重要着力点，注重语言权利的真正实现。澳大利亚联邦政府在保护和发展土著语言问题上既没有"一碗水端平"，更没有采取有效的提高语言流通性和延续性的措施，而仅仅针对某些"活跃的"土著语言进行保存和记录。尽管政府的语言保存工作得到了原住民的支持，还声称任何土著语言都要被记录下来。但目前关于政府已做的语言保护报告显示仅仅局限于20多种土著语言而言，而且并没有显示政府是否将继续努力、如何努力和具体的行动计划。退一步说，哪怕联邦政府和地方政府对土著语言做大面积的记录和保存工作，但这并不能减缓这些小众语言走向灭绝的速度，更不能确保土著人民的语言权利，因为，这些语言缺乏了流通性和延续性，语言的记录和保存只是形式主义的形象工程罢了。相比欧盟的区域性及少数民族语言保护政策，除了设置不定期的评估和报告机制（即记录和保存）之外，还与其多语教育政策相结合，重点实施了提高语言流通性和延续性的措施。如，欧盟在相关决议中"要求"各成员国政府及地方政府应允许"所有年级的学校都以地区语言进行教学"（"Arfe Resolution计划（1981）"第1条第a款，"Kuijpers Resolution 计划（1987）"第5条）；又如，直接提出"语言振兴政策"并强调应长期坚持——"加强语言教学在学前教育、小学教育以及在家长培训方面的投入并长期在行政管理、媒体节目、艺术等领域提供资源"（"2013年决议"第13条），同时呼吁各成员国的高等教育研究机构对濒危语言予以特别关注及加强研究（"语言保护2013年决议"第15条）。再如，资助媒体的配音和字幕技术发展（"Kuijpers Resolution 计划（1987）"第8条），允许个人使用地区语言与官方机构和法院打交道（"Arfe

Resolution计划（1981）"第1条第c款），在商品商标和说明书等消费者权益保护领域以及公共标志、街道标志等公共信息领域应提供区域语言（"Kuijpers Resolution计划（1987）"第9条），等等。总之，欧盟的区域性及少数民族语言保护政策注重语言权利的真正实现，追求结果公平。

第三，澳大利亚的语言保护政策是一种有条件的保护政策，人力物力财力的实际投入、针对性投入非常少，远不如欧盟语言保护政策的"大手笔"，从实现公平的条件看，澳大利亚确实远不如欧盟。澳大利亚的语言保护政策的实施主要有三个"老大难"问题，一是英语作为第二教学语言的间接侵略性，二是土著语言和移民语言的专业教员（教师）持续、极度的缺乏，三是资金支持的事实缺位。这三个问题最容易突破、也应该最先予以考虑解决的，应该是第三个资金问题。首先，澳大利亚联邦政府对语言政策的相关计划的投入（包括财政援助和相关基金）是不少的，但专门针对土著语言保护的投入太少了[①]；其次，专款并未专用，资金的监督机制缺乏，也没有相应的公开机制，大量资金并未按照计划的比例进行投入，地方政府的资金支配权很大，有些地方政府直接把本来用于土著语言教育计划的专项资金转用于英语教学；最后，就是腐败问题频出，导致资助的效果大打折扣，语言保护难免会沦落为一句空话。而欧盟在区域性及少数民族语言保护政策中的经费支持机制则不然，首先资金较为庞大，其次是专款专用，而且必须纳入欧盟的财政预算且须经过公开和审计，最后还要进行计划实施的评估，资金的使用从法律程序上得到了保证，区域性及少数民族语言保护得到了实在的资金支持，这再次体现出欧盟的区域性及少数民族语言保护是注重有物质条件支撑的权利公平，没有物质条件支撑的权利是不现实的。

---

① 例如，1999—2000年的ATSIC土著语言基金，实际花费总额是725万美元，但已有近300万美元用于前期的成立工作，而实际上用于具体的语言保护上的钱是很少的。而且这个机构在2005年因为腐败问题被提起诉讼而关闭了。（资料来源：http://en.wikipedia.org/wiki/Aboriginal_and_Torres_Strait_Islander_Commission. 访问日期：2018年6月1日）

5

欧盟多语化语言政策的公平困境

人类社会不存在绝对的公平正义，任何一种政策制度在公平方面都会存在一定的缺陷和局限，欧盟多语化语言政策也不例外。尽管前章探析了欧盟多语化语言政策的公平价值以及公平优势，但这并不代表欧盟的语言政策就不存在缺点和不足。事实上，随着全球化的加快和欧盟本身的扩大以及欧洲一体化实践的深入，欧盟多语化语言政策面临着系列公平困境。欧盟多语化语言政策所遭遇的公平困境，主要体现为规则公平的困局、机会公平的困顿和权利公平的困难，多语化语言政策总体上表现出"有心无力"之"无奈"。而这些无奈，也就是这些困境的形成，主要是由多语化语言政策本身存在的难以突破的政策限度所导致的，具体表现为语言政策驱动因素的多重性、政策权限的局限性和政策成本的负担性等方面。

5.1 现象分析：公平困境的表征

欧盟多语化语言政策的公平价值主要表现为规则公平、机会公平和权利公平，但并不是说欧盟多语化语言政策在这些方面都达到了理想状态，相反，政策在追求规则公平、机会公平和权利公平中遇到了相应的瓶颈和困境，亟待突破和解决。

5.1.1 规则公平的困局：效率的牺牲与民主的透支

规则公平的困局是指，欧盟多语化语言政策特别是其语言平等政策的制度成本逐渐陷入了一个难以控制的状态，而制度成本一旦完全失控，制度本身的公平性也就不复存在了。现如今，欧盟多语化语言政策面临的规则公平的困局具体为效率的牺牲与民主的透支，当多语化语言政策的推行严重影响欧盟各方面运行的效率和导致严重的民主赤字的时候，多语化语言政策无论多完美都是不公平的，也不可能实现公平。

1. 多语化语言政策的坚守一直都以牺牲效率为代价

第一，多语化语言政策明显提高了沟通的成本并压低了欧盟决策的效率。①基础文件的翻译成本很高。早在10年前的2007年，欧盟成员国增加至27个，官方语言增至23种，在2007年之时欧盟的主要条约和协议就已经多达9万页[①]，而且必须同时翻译为23种版本，而这些仅仅是已有的、基础性的欧盟文件而已，也就是说，这只是翻译成本（和工作量）的起点而已，还未把之后的决策会议、活动的翻译等纳入在内。②从欧盟机构内部的会议情形及其翻译状况看，其效率低、成本高。早在1990年（当

---

① 资料来源：Special Report No 9/2006 of Court of Auditor of Concerning translation expenditure incurred by the Commission, the Parliament and the Council.DT/643388EN. doc.

时欧盟只有12个成员国）欧盟一共召开会议9894次，1992年9982次，1994年10109次，再到1996年（15个成员国）的10807次，在这些会议中，翻译人员（主要是口译人员）的工作天数是：1990年108093天，1992年112174天，1994年122611天，再到1996年的126949天。另外，2003年欧盟花在翻译上的总费用高达4.142亿欧元，平均每页材料翻译的花费为166.37欧元；2005年的翻译总花费是5.11亿欧元；2006年已接近10亿欧元，平均每页材料翻译的花费已为188欧元[①]。还有，欧盟的翻译机构不得不随着任务体量的暴增而不断调整。起初因为成员国数目较少，欧盟委员会下设"翻译局"来解决欧共体内部的语言沟通问题，但翻译任务的暴增，翻译局不得不增加人员、增加设备、增加场所、增加投入，1973年扩大为"翻译署"，1981年再次扩大为"联合翻译及会议服务部"，后来又演变为"口译总司"和"笔译总司"，到现在，欧盟各机构都设有"翻译中心"（the Translation Centre for the Bodies of the European Union）。根据"翻译中心"2001年和2018年的财务报表[②]（Statement of revenue and expenditure of the Translation Centre for the Bodies of the European Union for the financial year 2001/ 2018）进行对比，翻译中心的运作支出（包括员工工资福利、固定资产和设备运营、事务合作等），1999年为1414.2万欧元，2000年为1868.1万欧元，2001年为2237.8万欧元，而近三年则比过去翻了一番，2016年为4520.1万欧元，2017年为4942.9万欧元，2018年（预算）4847.7万欧元。[③]部分个案也表明，欧盟机构自身也深感效率低下。据欧盟监察员官方网站所公布的一个案例[③]，2004年欧盟委员会发布公告，进行"欧洲民主与人权行动计划"项目招标，该项目由于涉及酷刑受害者的身心康复且时间特别紧迫，同时由于翻译力量有限，所以公告要求申请者只能以英语、法语或西班牙语提交申请材料。而一家符合条件的专业性的德国公司拟申请该项目，但将德语翻译为英语、法语或西班牙的费用非常昂贵而且很费时间，因此，这家德国公司就向欧盟监察员提出申诉，认为这个语

---

① "Working Document" by the Committee On Budget Control, 2004—2006, DT/643388EN. Doc. PE382.297v02-00.
② 资料来源：Statement of revenue and expenditure of the Translation Centre for the Bodies of the European Union for the financial year 2018 (2018/C 108/10)与Statement of revenue and expenditure of the Translation Centre for the Bodies of the European Union for the financial year 2001(2001/559/EC)，见欧盟官方网站：https://eur-lex.europa.eu/search.html?textScope0=ti&qid=1532055851514&CASE_LAW_SUMMARY=false&DTS_DOM=ALL&type=advanced&lang=en&andText0=translation%20expenditure&SUBDOM_INIT=ALL_ALL&DTS_SUBDOM=ALL_ALL&page=1（访问日期：2018年6月1日）
③ 资料来源：Summary of Decision on Complaint 259/2005/(PB)GG against the European Commission, http://www.ombudsman.europa.eu/case/summary.face/en/3476/html.bookmark.（2018年6月1日查询）

言限定是对其母语德语的语言歧视。欧盟监察员也认为欧盟委员会违背了第1/58号条例，遂向欧盟委员会发出了正式建议并要求其改变。该申诉从2005年开始一直延续了三年到2007年才结束，期间，欧盟监察员、欧盟委员会和申诉者都有多次的沟通，但是，欧盟委员会坚持认为自己并未违反第1/58号条例而且并不打算改变原来的做法，欧盟监察员于2008年对欧盟委员会的这一做法公开发布了"行政行为不当"的批评意见。本案从欧盟委员会的立场和态度看，其实欧盟委员会早已认为二十多种语言版本的翻译是严重影响项目的进展的，哪怕有足够的翻译服务（事实上是不足的），就很可能造成项目无法按期完成，因此认为欧盟监察员的建议和批评是不具操作性的，故表现的态度强硬且毫无歉意。不过，从后续报道看，欧盟委员会在此次的被批评中最终是获得了部分申诉者的谅解，或许，申诉者也体会到了欧盟委员会事实上的无奈，而这种无奈，恰恰是机构对于自身运行效率低下的不满。

第二，多语化语言政策明显降低了欧盟机构运作的效率。①以欧盟的信息发布为例。根据第1/58号条例的规定，欧盟的"条例及其他具有广泛用途的文件应以所有官方语言起草"（第1/58号条例第4条）而且"官方公告应以所有官方语言发布"（第1/58号条例第5条），也就意味着，欧盟单纯以一种途径进行信息发布，就要发布24次（共24种官方语言），单一的发布环节就需要进行严格的翻译工作，这对于发布效率而言是大打折扣的，如果是以网络信息发布的还算是节约成本的，如果牵涉到纸质版信息公布，对于纸张、排版、印刷、运输等都是需要较大成本并折损效率的。②再以官方网站的建设为例。在现在的欧盟官方网站的首页，确实显示了24种语言的界面和链接，但并非每一种语言界面的内容都是一样的，在某些语言的链接页面中，欧盟官方网站的信息是明显缺失的（目前信息最全的是英语界面）。一般而言，一种重要的条约、立法和文件，都具备24种语言版本，而一些软法性质的、不具法律约束力的文件则只提供英语、德语、法语等少数几种语言版本。从欧盟官方网站的建设可以看出，一方面工作量很大，效率不高，另一方面维护和管理成本很高，网站建设的预算成本很高。③也有不少个案表明，本来信息运作效率最高的网络其实也很低效——以"欧盟理事会主席官网"为例①。按照惯例，欧盟理事会主席官网只设置三种语言，英语、法语和轮值主席国官方语言，一直未设置所有欧盟官方语言，2005年就有一家德语公司向欧盟监察员申诉该官网没有"德语版"。欧盟监察员向欧盟理事会发出了

---

① 资料来源：Summary of Decision on Complaint 1487/2005/GG against the Council of the European Union, The European Ombudsman Annual Report for 2006, Strasbourg, European Parliament, March 2007, pp.98-99.（2018年6月1日查询）

正式建议，建议其改进多语服务，但却受到理事会的"踢皮球"，认为应该交由轮值主席国负责，而主席国则认为其不负有建设网站的职责。其后，欧盟监察员向欧洲议会发去特别报告以寻求议会的支持，欧洲议会后来批评了"欧盟理事会主席官网"缺乏多语服务的做法，并把此事与"欧盟委员会官网"的类似情形相联系，后来演变为多个欧盟机构之间的"掐架"，后于2008年11月欧盟理事会通过《关于联盟多语战略的决议》（Council Resolution on a European strategy for Multilingualism），事情才得到平息——统一了"用全部官方语言提供信息"的共识。但是，时任欧盟委员会多语委员的伦纳德·奥本在决议通过当天就会见记者并发表意见："我想澄清一点，不可能将一切都翻译，但我们每一天都在做出努力改进我们的网站。不过，翻译人员非常有限，翻译费用过于昂贵……"①可见，多语共识的达成是难以改变低效的现实的，反而增加了效率上的负担。

2. 多语化语言政策既是民主的标志更是民主的赤字

一方面，多语化语言政策确实带来了欧盟公民民主生活的进步。例如欧洲议会的网站上就设置了全部官方语言的选举投票，也就是说，欧洲议会的网站欢迎、支持和尊重所有欧盟公民直接参与到欧盟民主进程中，正如《欧洲议会与委员会的公民倡议书》（Proposal for a Regulation of the European Parliament and of the Council on the Citizens' Initiative）中所描述："这意味着欧盟民主生活的重大进步。它（指多语种投票方式）为欧盟接近其公民提供了一个难得的机遇，并通过把来自不同国家的公民以支持一个特定问题的方式而结合在一起，促进了有关欧盟政策的跨界讨论。"

但另一方面，多语化语言政策又带来了民主的负担、民主的赤字、民主的透支。所谓"赤字"和"透支"就是预支了本来的不足，也就是说，现阶段欧盟民主期望值过高，所付出的承受力在一定程度上已超出负荷，现阶段完全没必要跑那么快、跳那么高，这就是透支了、赤字了。首先，多语化语言政策带来的民主过于理想主义，实质上缺乏真正的凝聚。《欧洲议会与委员会的公民倡议书》描述的"把来自不同国家的公民以支持一个特定问题的方式而结合在一起，促进了有关欧盟政策的跨界讨论"是过于理想主义的，这只是提供了一个形式上的围绕同一个主题供各国人民关注的可

---

① Education Council/Multilingualism: Orban: Translation A "Very Costly" Business, (Brief Article) Publication: European Report Publication Date: 24-NOV-08, http://www.accessmylibrary.com/coms2/summary_0286-36608549_ITM.（2018年6月1日查询）

能，各国人民进行的讨论是分散讨论而不是集中的跨界讨论；其次，多语化语言政策最多能带来诉求表达渠道的畅通，而表达渠道的畅通并不等于公民知情权、表达权、参与权和监督权等民主权利的真正实现；最后，各成员国人民对于欧盟层面的民主诉求本身就没那么多，欧盟现阶段能提供的"民主产品"同样少得可怜，事实上欧盟层面也满足不了。不是说各成员国人民缺乏民主诉求，而是公民对自己国内的民主诉求大大地高于、多于、强于、紧迫于、重要于欧盟层面，而欧盟不得干涉成员国的内政，对于各成员国公民而言自不必舍近求远、多此一举。正如欧洲议会的民主模式，尽管欧盟公民可以直接选举，但这种民主的实效性、实用性和实在感对欧盟公民而言是不强的，毕竟欧洲议会并不像欧盟理事会那样拥有立法权、决策权，也不像欧盟委员会那样拥有事务权、执行权，欧洲议会仅仅行使监督权、预算决定权（《里约》之后还有立法否决权），其民主的精神意义大于实质意义，而在追求这种实际意义不大的民主精神，却需要牺牲本可节省的巨大成本和运行效率，仅仅为了促进欧盟各国公民的"政治参与感"（而无决定权，甚至无影响力），这似乎有点"不值得"。应该说，欧盟的多语化语言政策其实是超前、超预期地提供了民主的产品，虽然不能绝对否定之，但从现阶段发展之现实来衡量，既影响效率，又增加负担，实属不明智之举，所以称之为民主的赤字、民主的透支。

不可否认，语言多元化是欧盟民主的标志，然而，语言多元化也使得政治对话变得更加复杂，甚至还会导致交流障碍。在欧盟民主发展的现阶段，多语化语言政策无疑增加了欧盟民主的负担。

5.1.2 机会公平的困顿：经济资助的乏力与政策的不连续性

机会公平的困顿是指，欧盟多语化语言政策特别是其多语教育政策难以创设和提供充足的条件使人们获得多语教育而提升自己的机会，以及在创设和提供条件的过程中持续动力不够充足。机会公平的困顿主要表现为多语化语言政策中的经济资助乏力以及政策的不连续性。

1. 经济资助的乏力

第一，政策目标宏大，项目金额显小。应该说，欧盟的多语化语言政策特别是其多语教育政策是充满理想、充满情怀、充满雄心的政策，绝大多数的政策项目的目标设定都是比较宏大的。比如，2003年的《2004—2006年度促进语言学习及语言多样性行动计划》（COM/2003/0449 final）的总体目标是：学习其他语言，通过提高认知技能和加强学习者的母语技能（包括读写技能），帮助欧盟实现"发展成为一个在2010年前以知识为基础的、世界最具竞争力的经济体"；具体目标是：①对所有的欧盟公民扩展语言学习的优势,从早期开始学习外语;②促进更好的语言教学;③构建友好语言环境;④构建行动信息框架。从政策目标看,确实很美好,但再从预算看(表5-1),实施整个计划的总预算是937万欧元,其中用于主计划的是730万欧元,接近千万欧元的投入当然不是小数目,但要实现上述宏大目标和具体目标,毫不避讳地说,这显然是很不足的。

表5-1 促进语言学习及语言多样性行动计划经费预算　　　单位:万欧元

	年份						
	2004	2005	2006	2007	2008	2009年及以后	总数
任务拨款	30	350	350				730
任务支付	24	290	347	69			730
任务拨款 (技术、管理及支持)	50	40					90
任务支付 (技术、管理及支持)	40	42	8				90
任务拨款/任务支付 (人力资源和其他管理)	39	39	39				117
总任务拨款	69	444	424				937
总支付拨款	63	369	428	77			937

资料来源:European Commission,COM(2003)449 final.

制表参考:周晓梅.欧盟语言政策研究:1958—2008[M].昆明:云南大学出版社,2012年,第87页.

又如著名的LANGUA计划(《共同体外语教学推广计划》(89/489/EEC)),目标非常明确,"主要是促进外语能力的定质定量地提升,发展共同体内的人们的沟通能力",而整个LANGUA计划下又开设了非常多的子计划,而这些子计划所要达到的目标是:①培养欧盟公民的欧洲参与能力;②开创一个信息社会;③加强欧盟公民的欧洲意识。而LANGUA计划一开始是一个五年计划(1990—1994),预算是5年一共2亿欧元(图5-1),后来于1995年,LANGUA计划被纳入苏格拉底计划之下,而苏格拉底计划也是五年计划,五年预算总额8.5亿欧元,后又追加至9.2亿欧元,LANGUA计划在其中的预算总额不得少于2.3亿欧元。可以看出,LANGUA计划一开始的资金预算（2亿欧元）是很庞大的，后续的五年的总预算也是"有增无减"（2.3亿欧元），但客观地说，要实现以上目标谈何容易？2亿欧元其实是远远不够的，何况后来LANGUA计划被纳入苏格拉底计划之后执行面会更大、执行焦点被模糊或冲淡，LANGUA计划的效果打了折扣。其实，欧盟多语化语言政策的目标过于宏大，反而会让政策的落实效果受到影响，像是"无底洞"的感觉，恐怕无论如何"烧钱"都是填不平的。

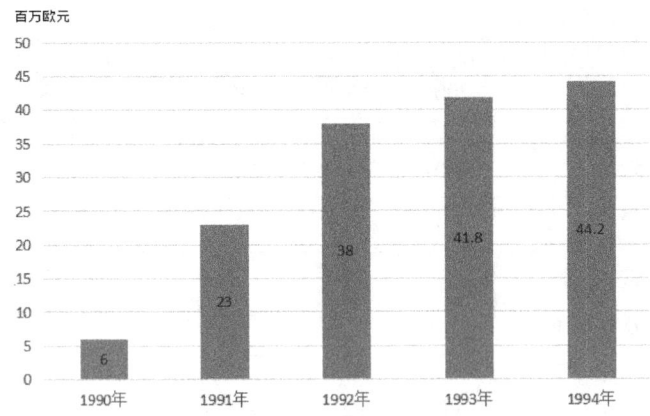

图5-1　LINGUA计划历年经费预算

资料来源：COM(93)194 final,1993/5/10:5; COM(94)280 final ,1994/7/6:6; COM(95)458 final,1995/10/9:5.
制表参考：周晓梅.欧盟语言政策研究：1958—2008[M].昆明：云南大学出版社，2012年，第71页.

第二，项目的资助源越来越少。从历史上看，欧盟的多语教育政策和语言保护政策的资金来源是多元化的，例如"2001年欧洲语言年"系列计划，既有欧盟财政、成员国财政的支持，也有地区基金、教育基金、民间资助等方面的助力，但这是多年来所展现过的形式，而非某一个具体的政策或项目都能有多元化的资助源，事实上，欧盟多语化语言政策的项目的资助源已呈现出越来越少的趋势，基本上都只剩下"财政援助"。比如，前述提到的2003年的《2004—2006年度促进语言学习及语言多样性行动计划》（COM/2003/0449 final），其接近一千万欧元的总预算经费并不是该项目的单独投入，而是绝大部分来源于另几个项目，包括"达芬奇计划""苏格拉底计划"和"媒体优势项目"的项目经费，只有少部分（例如会议费用和研究费用共约70万欧元）是该项目单独投入，而其主要资助源则是欧盟的财政援助。又如作为五年计划的LANGUA计划，经费预算都是欧盟财政支出，而某些成员国政府认为自己国家的受益性较少时，便会反对预算的通过，正如LANGUA计划原本的计划预算是2.5亿欧元，但时任英国首相的撒切尔夫人认为英国在这一计划中获益最少，就反对该计划的通过，后来预算修改为2亿欧元，才于部长理事会中获得通过。可以说，欧盟财政援助就是包括LANGUA计划在内的许多行动计划的唯一的"天使投资"，花光了也就难以再生了。

2. 政策的不连续性

第一，权威性小和不稳定性是欧盟多语化语言政策的天然弱点。机会公平的实现亟需社会创设和提供充足的条件使人们获得相应的机会，而政策就是公权力调节和分配资源、创设和提供条件的有效而且重要的手段。但政策相较于与法律存在着权威性小和不稳定性的天然弱点，具体到欧盟的多语化语言政策而言，首先，形式上多为"决议"，软法属性很突出，缺乏法律的权威性和约束力；其次，功能上只能起辅助、补充的作用；再次，大部分行动计划和方案都只能局限于短时间内的阶段部署，并不能建立系统的长效机制；最后，政策和政策之间的衔接性明显不够。

以《关于在2001年开展欧洲语言年的决定》（2000）（Decision No.1934/2000/EC）（以下简称"2001年欧洲语言年"计划）和2003年的《2004—2006年度促进语言学习及语言多样性行动计划》（COM/2003/0449 final）（以下简称"语言多样性学习"计划）的具体政策项目为例。

首先，"2001年欧洲语言年"计划是一个"决定"，是具有法律约束力的，但这个具有法律约束力的法律文件，只在2000年和2001年在部署和组织活动中发挥约束作用，2001年过后则无法持续，好在欧盟理事会在2002年通过了一个后续的"关于在执行2001年欧洲语言年各项目标的框架内促进语言多样性和语言学习的决议"（2002/C 50/01）（COUNCIL RESOLUTION of 14 February 2002 on the promotion of linguistic diversity and language learning in the framework of the implementation of the objectives of the European Year of Languages 2001），这才让"2001年欧洲语言年"计划的各项目继续进行下去。然而，这其实又是一个"决议"，与"语言多样性学习"计划一样，并不具有法律的权威性和约束力。

其次，由于政策权限的原因，"2001年欧洲语言年"计划和"语言多样性学习"计划要发挥作用，需要想方设法"拉拢"各成员国加入。《欧盟运行条约》第165条第1段的规定："联盟应鼓励成员国之间的合作，如有必要，应支持和补充他们的行动，同时应充分尊重成员国在教学内容和教育体制组织的责任心以及他们的文化差异和语言多样性，以有助于发展素质教育。"其中的"如有必要，应支持和补充他们的行动"便是对欧盟辅助角色的定位，欧盟的多语教育政策和区域性及少数民族语言保护政策的实施都只能处于较为被动的状态。所以，"2001年欧洲语言年"计划和"语言多样性学习"计划要发挥作用，就要想方设法"拉拢"各成员国加入，事实上，欧盟委员会在这些政策下设置了很多与成员国一起合作的"共同筹资项目"，例如欧盟委员会在"2001年欧洲语言年"计划中就分配了600万欧元给185个共同筹建项目，最后实际开展了190个项目，这样，"2001年欧洲语言年"计划才能名正言顺地实施，否则，不能替代成员国自己的行动。

最后，项目的周期太短，政策间的衔接性也明显不够。"2001年欧洲语言年"计划和"语言多样性学习"计划的周期都很短，前者只是一年，后者是三年。前述提到的LANGUA计划、苏格拉底计划等也仅仅是5年，实施的周期都不长，试想，要掌握一门语言，岂是3、5年便可成功？再者，政策间的衔接性是明显不足的。很多政策的方向是一致的、领域是重叠的，但每个项目和行动计划都是"另起炉灶"，资源没有集中持续地往同一个"点"进行投入，显得断断续续，刚有起效又打回原形，打回原形后又再加药。比如"2001年欧洲语言年"计划，欧盟委员会共资助了200个子项目，非欧盟资助的项目大概有8000多项[①]，其中就有不少是关于多语教育和区域性及少数民族语言保护的，但遗憾的是，后续并没有与这些项目直接对应、对接的新项目政策或行动计划，哪怕有相关的，但均属于"另起炉灶"；"语言多样性学习"计划也是如此，项目期间是2004年到2006年，从表5-1中关于经费预算即可看出，在2007年之后不再安排预算，也即不再投入了。即使有些项目被合并或被吸收到新项目中去，但实质是被新项目所取代，而且是按照新项目的总体目标实施的。例如作为五年计划的LANGUA计划在实施5年后被纳入到苏格拉底计划中，又实施了5年，而苏格拉底计划就包括了六大架构[②]，其中的一项才是LANGUA计划，执行战线被拉长，执行焦点被模糊，其政策的衔接性不够理想。

第二，欧盟多语化语言政策统筹的范围太广、项目过多，"遍地开花"只能"蜻

---

① 《2001年欧洲语言年的执行情况和结果》（COM/2002/0597），英文标题：Report from the Commission to the Council, the European Parliament, the Economic and Social Committee and the Committee of the Regions – The Implementation and Results of the European Year of Languages 2001 (presented by the European Commission in accordance with Article 11 of Decision n° 1934/2000/EC)（COM/2002/0597），见欧盟官方网站：https://eur-lex.europa.eu/search.html?DTN=0597&DTA=2002&qid=1532173191631&DB_TYPE_OF_ACT=comJoin&CASE_LAW_SUMMARY=false&DTS_DOM=ALL&excConsLeg=true&typeOfActStatus=COM_JOIN&type=advanced&SUBDOM_INIT=ALL_ALL&DTS_SUBDOM=ALL_ALL（访问日期：2018年6月1日）

② 分别是：①高等教育，ERASMUS计划；②学校教育，COMENIUS计划；③共同体外语教学推广，LANGUA计划；④开放式远程教学，ODL计划；⑤成年教育；⑥教学经验及教学资讯交流计划。（见欧盟官方公告：OJ No.L87, 1995/4/20:12）

蜓点水"，难有长效。欧盟的多语化语言政策除了充满理想、充满情怀、充满雄心之外，还特别的"全面"和"热情"，即这些政策都很想"尽可能地多做""照顾到每一个方面"，所以，有一种"遍地开花"之感。比如，"2001年欧洲语言年"计划就是一个"遍地开花"的政策，该政策有五项基本目标（规定在《第1934/2000／EC号决定》的第2条），分别是：

a. 提高人们对欧洲联盟内语言和文化多样性的认识，以及提高人们对其中体现的文明和文化价值的认识，必须承认所有语言具有同等文化价值和尊严的原则。

b. 鼓励多种语言。

c. 让广泛的公众注意到多种语言能力的优势，是个人（包括寻找第一份工作）和职业发展的关键因素，在跨文化理解中，充分利用欧盟公民身份获得这些权利，并提高企业和整个社会的经济。上述目标公众应包括：学生和学生的父母，工人，求职者，小众语言的持有者，边境地区的居民，周边地区人们，文化机构，贫困社会群体，移民等。

d. 鼓励终身学习语言，酌情从学前和小学时代开始，以涉及使用语言的相关技能为特定目的，所有居住在成员国的人们，无论其专业背景、年龄、出生背景、社会背景、教育经历和成就，都应鼓励终身学习语言。

e. 收集和传播有关语言教学和学习的信息，以及技能、方法（特别是创新方法）和工具，包括有助于教学和学习、有助于促进不同语言之间沟通的社区措施和社区倡议中有益的信息。

这五个目标大致可以概括为，提高认识，鼓励多语，提高目标群体的多语能力，终身语言学习，多语教学。尽管这五个方面是相互联系的、大体方向是一致的，但缺乏政策实施的着力点——没重点！而且一个为期仅一年的项目要想同时达到上述五个目标，确实是不现实的。

当然，并不是每一个语言政策都像"2001年欧洲语言年"计划那样有多重目标，不少政策的目标设置较为明确与集中，但是，这些政策本身的周期较短，而且并没有"前赴后继"的相似政策与之形成合力，其他语言政策"另起炉灶"的多，"后继香火"的少，这也是"遍地开花"的另一种体现。故形成如今欧盟多语化语言政策"蜻蜓点水""多而不精"，缺乏长效的局面，本想为欧盟人们创造公平的机会，反而陷入了机会公平的困顿，实属可惜。

5.1.3　权利公平的困难：语言交际的冲突和自由的此消彼长

权利公平的困难是指，欧盟的多语化语言政策特别是其语言平等政策和区域性及少数民族语言保护政策的纵深实施，尽管在某种程度上保障了各成员国及其公民的语言权，但却带来了社会运行中的摩擦，主要表现为语言交际的冲突和自由的此消彼长。理论上说，权利公平是"接棒"机会公平而追求结果公平的，但由于这些摩擦的存在很容易导致公民权利在整体实现上的不公平，比如语言交际的冲突会带来经济交易的障碍和麻烦，也就是各方语言权的满足可能引起人们各种经济权利实现的障碍，权利在整体实现上此消彼长，形成权利公平的困难。

1. 语言交际的冲突

第一，官方语言和非官方语言之间的冲突。欧盟的多语平等不是所有语言的地位、使用和效力都平等，而是特别指24种官方语言的平等，其实是有条件、有范围的相对平等，那么就造成了官方语言和非官方语言之间的冲突，这些冲突主要表现在以下两个方面：一是欧盟24种官方语言与未被纳入24种的成员国官方语言之间的冲突。因为有些成员国国内的官方语言不止一种，例如，比利时的官方语言有荷兰语、法语和德语三种；芬兰的官方语言有芬兰语和瑞典语两种；爱尔兰、卢森堡、塞浦路斯具有两种或以上官方语言。根据《第1/58号条例》第8条的规定，"如果一个成员国有一种以上的官方语言，则由该成员国法律决定何种语言作为联盟的官方语言"。这就意味着有些成员国的官方语言就不属于欧盟的官方语言了，语言地位就显得不平等了，欧盟机构和该成员国公民之间的沟通语言就变相受到限制了。二是欧盟24种官方语言与区域性及少数民族语言之间的冲突。因为欧盟境内还有至少60多种区域性及少数民族语言，它们本身在成员国国内就已经事实上处于与本国官方语言不平等的地位了，在欧盟层面与24种欧盟官方语言同样并不能取得平等地位。

第二，官方语言和官方语言之间的冲突。尽管欧盟从基础条约到欧盟立法再到相关软法都强调所有官方语言地位平等，但这并不能在实践中使所有官方语言都能自由地使用而不受限制，也就是事实上的不平等。官方语言和官方语言之间的冲突最主要表现为欧盟内部工作语言中的"大语言"与"小语言"、强势语言与弱势语言之间的矛盾。欧盟内部工作语言可以分为四级：英语、法语、德语及其他官方语言[①]，而其中前三级的英语、法语、德语就是所谓的"大语言"、强势语言，处于第四级的"其他官方语言"其实就是可以忽略不计的"小语言"、弱势语言。一份1997年的欧盟委员会的语言使用报告[②]显示，委员会内部47%的口语交流是用英语，38%用法语；委员会

---

① Phillipson, Robert. English-only Europe? Challenging Language Policy. New York: Rougledge Taylor & Francis Group, 2003, p. 132.
② 沈骑. 外语教育政策价值国际比较研究[M]. 上海：复旦大学出版社，2017年9月，第97页.

内部书面交际用语中英语占49%，法语占45%；委员会的外部交流英语占54%，法语占35%。而当时法国政府就已经意识到英语的威胁，向欧盟提出防止英语霸权。"大语言"之间尚且存在公平之争，何况"大语言"与"小语言"乎？再者，有资料统计了欧盟机构文件起草时的常用语言的情况（表5-2），英语、法语、德语的使用率一直居于前三。虽然，欧盟内部工作语言的使用具有相当大的灵活性，但事实上导致了官方语言之间的实际不平等。

表5-2 欧盟机构文件起草时的常用语言

年度	常用语言1及比例/%	常用语言2及比例/%	常用语言3及比例/%	其他官方语言/%
1970	法语60	德语40	0	0（2种）
1989	法语49	英语30	德语9	12（6种）
1997	英语45.5	法语40.4	德语5.4	8.8（6种）
2004	英语62	法语26	德语3.1	8.9（17种）
2006	英语72	法语14	德语2.8	11.2（17种）
2008	英语73	法语12	德语2.5	12.5（20种）
2010	英语77	法语7	德语2	14（20种）

资料来源：①Phillipson, Robert. English-only Europe? Challenging Language Policy .New York: Rougledge Taylor & Francis Group, 2003, pp.130-131.②European Commission. Translation for a Multilingual Community. European Communities, B-1049 Brussels, 2007, pp.6-7.③European Commission.Translation and Multilingualism. Luxembourg: Publication Office of the European Union, 2012, p.7.④田鹏. 集体认同视角下的欧盟语言政策研究[M]. 北京：北京大学出版社，2015年，第116页.

从表5-2可看出，"其他官方语言"的比例一直稳定地居于最末位，尽管从时间上看比例在提升，但语种数量也在提高。欧盟机构文件（例如条约、条例、指令、决定、决议、意见、宣言等）在起草时，出于工作效率的考虑，会先以某一种"大语言"起草，然后再翻译为中间语言，再由中间语言翻译为其他官方语言，这期间的条文准确性就会有所影响。由于大部分成员国在欧盟内部工作中对于其官方语言的实际不平等情况并没有提出过反对意见，至少暂未发现有明文的记录文件记载过反对意见，欧盟内部工作的语言使用也就维持现状了，但这并不代表官方语言和官方语言之间的冲突已经消除，相反，只是未爆发而已。

第三，欧盟境内语言和移民语言之间的冲突。欧盟从初创到成立再发展至今的相对成熟，经历过几次移民潮。在移民融入的过程中，欧盟国家对于移民政策显示出三种模式：一是以德国为代表的差异排斥模式（the model of differential exclusion），二是以英法为代表的共和模式（the republican model），三是以瑞典、荷兰、芬兰为代表的多元文化模式（the multicultural model）。① 不管哪种模式，都必然涉及语言问题，而各国对待移民的语言政策又各不相同，欧盟也实在为难。在20世纪80年之前，欧盟一直没有出台过任何区域性及少数民族语言保护政策，只是有极个别的针对移民后代的教育政策，但对于移民及其子女的母语权利基本上是忽略、忽视的，或者说是"同化"。比如，欧盟理事会1977年通过的《关于外来移民后代教育的第77/486/EEC号指令》（Council Directive 77/486/EEC of 25 July 1977 on the education of the children of migrant workers）（OJ L 199, 6.8.1977, p. 32-33），又称为"外来移民后代母语教育计划"，其第二条②就明确规定，成员国应根据本国国情和法律制度对这些儿童提供免费的教育，包括语言教育，但只限定为欧盟的官方语言或者移民接收国的一种官方语言。这其实就意味着，移民语言和欧盟语言之间的地位、使用、效力以及受教育的机会是明显不平等的，移民语言实际上处于边缘化地位。尽管欧盟在后来制定并发展了区域性及少数民族语言保护政策，移民语言被纳入保护的对象，并持续强调语言的多样性、文化的多样性对欧盟多么的重要，从政策的应然层面看，移民语言从被忽视到多元共存转变，但在实践中，欧盟只能处于辅助地位，只能发挥补充作用，移民所处的真正境地是某个具体的成员国，移民问题包括其语言问题属于成员国内政，欧盟只能提供相关的辅助性措施。也就是说，欧盟的区域性及少数民族语言保护政策对移民语言和欧盟境内语言之间冲突的化解、对移民语言权利的公平实现，确实作用有限。

2. 自由的此消彼长

第一，语言自由与贸易自由的冲突。语言自由不是言论自由，虽然二者都属于人权范畴，但言论自由主要针对言论的内容，而语言自由主要是指语言的形式，即语

---

① Castles S, Haas H. D., Miller M. J.The Age of Migration: International Population Movements in the Modern World[M]. Guilford Press, 1995:212-253.
② 第二条英文原文是："Member States shall, in accordance with their national circumstances and legal systems, take appropriate measures to ensure that free tuition to facilitate initial reception is offered in their territory to the children referred to in Article 1, including, in particular, the teaching — adapted to the specific needs of such children of the official language or one of the official languages of the host State .Member States shall take the measures necessary for the training and further training of the teachers who are to provide this tuition ." 参见欧盟官方公告：OJ L 199, 6.8.1977, p. 32-33, 网址：https://eur-lex.europa.eu/legal-content/EN/TXT/PDF/?uri=CELEX:31977L0486&qid=1532248248494&from=EN. （访问日期：2018年6月1日）

种，是言论内容的载体而非内容本身。贸易自由是欧盟成立的初衷，欧共体的成立就是要打通"内部市场"，实现货物、人员、服务和资本的自由流通，但是，语言问题就是贸易自由的重要障碍。显然，若"各说各话"，确实实现了各方的语言自由，但贸易自由就受到限缩了；若"一边倒地妥协"（只说某一方的语言），贸易自由实现了，但未免影响了其他交易方的语言自由；若接入"翻译服务"，交易的时间成本和费用成本就会增加，反正，存在着此消彼长的无奈。

第二，语言自由与政治自由的冲突。语言自由与政治自由的冲突有点"说不清、道不明"，因为从多语化语言政策和欧盟的政治主张的关系看，确实存在不少令人费解的地方。比如，欧盟一直坚持多语主义下的语言平等，但按着欧盟立法，一个成员国在欧盟层面只能拥有一种官方语言，这其实是在变相支持成员国在国内实行单语主义，这是否与欧盟一贯的多语主义立场矛盾？再如，欧盟坚持推行区域性及少数民族语言保护政策，但在1999年欧盟委员会就已经被指责，欧盟是在通过这类政策干涉成员国内政，因为有些民族确实是通过语言独立来争取民族独立和国家独立的，如卡特兰（Catalan）就一直想冲破西班牙的控制牢笼，因此就一直为争取卡特兰语成为官方语言而努力，对待成员国国内的团结与分裂，欧盟究竟持何态度？也就是说，语言自由与政治自由在某些情况下都是敏感而冲突的，在某些情况下确实存在此消彼长的关系。

5.2 原因分析：多语化语言政策的限度

任何政策的制定、实施和推行都不是由单一因素决定和影响的，而是多重因素综合作用的结果，而且会受制于这些因素并很难突破，这就是政策的限度。欧盟多语化语言政策所遭遇的公平困境，其内在和根本的原因就在于政策本身的限度，具体表现为语言政策驱动因素的多重性、政策权限的局限性和政策成本的负担性等方面。在追求公平、实现公平的价值目标上，多语化语言政策因为其政策限度而表现出诸多现实的无奈。

5.2.1 语言政策驱动因素的多重性

语言政策驱动因素的多重性，是指影响选择何种语言政策的因素具有多样性。英国的社会语言学家、阿斯顿大学教授丹尼斯·埃杰（Dennis Ager）博士在他的专著中提出了九种因素①：认同，意识形态，形象，不安全感，不公平，融合性与工具性，语言规划，个人和社区的语言行为，掌权者的语言行为。我国语言政策学者王世凯教授则提出语言政策的影响因素主要有四个方面②：语言的自然样态，社会环境，政治环境和语言观念。综合学者们的观点，以下将结合欧盟的政治体制、法律制度和语言背景及状况，分析欧盟多语化语言政策的驱动因素。

1. 语言生态的多样性：语言背景、人口、民族、种族等

第一，语言背景。欧盟的语言背景相当复杂（详见第2章表2-1）。除了各成员国加起来的数十种官方语言，欧盟境内已知的地区性语言和少数民族语言的社区数量就有60多个，加之欧盟的绝大部分成员国都是多语言、多民族国家，截至2007年，在欧洲使用的语言总数超过了225种。多语并存既是成员国国内的常态，也是欧盟的常态，而且这种复杂的常态在历史上已长期存在，在未来也将长期存在，难以改变。那么，多语并存就是欧盟语言政策选择而必须考虑的事实前提，也会对欧盟语言政策的选择产生客观的限制，比如，单语化语言政策就难以持久并将受到可预见的非常巨大的阻力，多语化语言政策则会受到成员国及其民众的欢迎。

第二，人口结构。人口结构是社会、经济、文化和人类自身互动发展的历史形成结果，影响语言政策的人口结构主要是人口的自然结构、社会结构和地域结构。在人口的自然结构即性别和年龄等方面，比如出生率、老龄率等，既直接影响就业、社会福利等政策，还会影响语言教育政策的制定和调整。据统计，未来50年，欧盟28国的总人口数将保持相对稳定，但人口年龄结构的变化十分显著，从结构图上看就是原来的金字塔形变成柱状：19岁以下人口占总人口比例相对稳定，约为20%；就业人口（20至64岁）占比将从2010年的61%降至2060年的51%；65至79岁人口占比从12%增至18%；80岁以上人口占比从5%增至12%。③ 如此看来，欧盟的多语化语言政策也应符合与适应人口自然结构的变化。在人口的社会结构和地域结构方面，即阶级、民族、文化、宗教、家庭、职业等方面，欧盟也是十分复杂的，这也直接影响了欧盟基础条约中关于语言多样性和文化多样性的相关规定。

第三，民族和种族。民族是"人们在历史上形成的有共同语言、共同地域、共同经济生活以及表现于共同的民族文化特点上的共同心理素质这四个基本特征的稳定共

---

① [英]埃杰（Ager, D）.语言规划与语言政策的驱动过程[M].吴志杰,译.北京：外语教学与研究出版社,2012年,第1页.
② 王世凯.语言政策理论与实践[M].北京：中国社会科学出版社,2015年,第80-104页.
③ 李长海.人口结构变化带给欧洲多重挑战[J].WTO经济导刊,2014（6）：54.

同体。"[①] 种族是指体制形态上具有某些共同遗传因素特征的人群，也称为人种。民族、种族与语言之间虽然没有直接的对等性，但由于国家往往是民族的共同体，所以在语言使用上就表现为不同民族往往使用不同的语言，一个国家或地区内存在多种民族就会使用多种语言，这在一个国家或地区中就是一种具有公共性质的语言问题，更是语言政策必须应对和解决的问题。据有关统计，欧盟各成员国的民族状况及其语言状况都非常的复杂（见表5-3和表5-4），欧盟要推进欧洲一体化，推进其民主、和平、团结、法治的目标，其语言政策则必须考虑到民族和种族特别是少数民族和相关族群的语言权利。

表5-3 欧盟成员国民族情况

成员国名称	主体民族	少数民族（在其他欧洲国家为主体或主要民族）
奥地利	奥地利族	土耳其族、前南斯拉夫族
比利时	弗兰芒族与瓦龙族	德意志族、意大利族
保加利亚	保加利亚族	土耳其族、俄罗斯族、亚美尼亚族、马其顿族
克罗地亚	克罗地亚族	塞尔维亚族、斯洛文尼亚族、匈牙利族
塞浦路斯	希腊族	土耳其族
捷克	捷克族	斯洛伐克族
丹麦	丹麦族	洛林兰族
爱沙尼亚	爱沙尼亚族	俄罗斯族、乌克兰族、白俄罗斯族、芬兰族
芬兰	芬兰族	瑞典族、俄罗斯族
德国	德意志族	土耳其族、意大利族、希腊族、波兰族、丹麦族
希腊	希腊族	阿尔巴尼亚族
匈牙利	匈牙利族	德意志族、克罗地亚族、斯洛伐克族
意大利	意大利族	德意志族、斯洛文尼亚族、摩洛哥族
拉脱维亚	拉脱维亚族	俄罗斯族、白俄罗斯族、乌克兰族、波兰族、立陶宛族
立陶宛	立陶宛族	俄罗斯族、波兰族、白俄罗斯族、乌克兰族

---

① 斯大林全集（第11卷）[M]. 北京：人民出版社，1955年，第286页.

续上表

成员国名称	主体民族	少数民族（在其他欧洲国家为主体或主要民族）
卢森堡	卢森堡族	葡萄牙族、意大利族
波兰	波兰族	德意志族、乌克兰族、白俄罗斯族
罗马尼亚	罗马尼亚族	马扎尔族、德意志族
斯洛伐克	斯洛伐克族	匈牙利族、捷克族、乌克兰族、德意志族
斯洛文尼亚	斯洛文尼亚族	克罗地亚族、捷克族、乌克兰族、德意志族
瑞典	瑞典族	芬兰族
法国	法兰西族	葡萄牙族、意大利族、西班牙族

资料来源：①欧洲委员会官方网站：http://www.coe.int/；②田鹏.集体认同视角下的欧盟语言政策研究[M].北京：北京大学出版社，2015年，第134页.

表5-4　欧盟成员国公民母语状况

成员国	国语或官方语言，括号内为2012年调查数据	欧盟其他官方语言	其他语言
比利时	荷兰语56%（55%）、法语38%（38%）、德语0.4%（0.4%）	5%	3%
捷克	捷克语98%（98%）	2%	0.7%
丹麦	丹麦语97%（96%）	2%	2%
德国	德语90%（87%）	3%	8%
爱沙尼亚	爱沙尼亚语82%（80%）	1%	18%
希腊	希腊语99%（99%）	0.2%	0.7%
西班牙	西班牙语89%（82%）、加泰罗尼亚语9%（8%）加利西亚人语5%（5%）、巴斯克人语1%（1%）	1%	2%
法国	法语93%（93%）	6%	3%
爱尔兰	英语94%（93%）、爱尔兰语11%（3%）	2%	0.2%
意大利	意大利语95%（97%）	5%	1%
塞浦路斯	希腊语98%（95%）	2%	1%
拉脱维亚	拉脱维亚语73%（71%）	1%	27%

续上表

成员国	国语或官方语言，括号内为2012年调查数据	欧盟其他官方语言	其他语言
立陶宛	立陶宛语88%（92%）	5%	7%
卢森堡	卢森堡语77%（52%）、法语6%（16%）、德语4%（2%）	14%	0.8%
匈牙利	匈牙利语100%（99%）	0.8%	0.6%
马耳他	马耳他语97%（97%）、英语2%（4%）	0.6%	—
荷兰	荷兰语98%（94%）	3%	3%
奥地利	德语96%（93%）	3%	2%
波兰	波兰语98%（95%）	1%	1%
葡萄牙	葡萄牙语100%（95%）	0.6%	0.1%
斯洛文尼亚	斯洛文尼亚语95%（93%）	1%	5%
斯洛伐克	斯洛伐克语88%（88%）	12%	2%
芬兰	芬兰语94%（94%）、瑞典语5%（5%）	0.8%	0.4%
瑞典	瑞典语95%（93%）	5%	2%
英国	英语92%（88%）	3%	5%
保加利亚	保加利亚语90%（95%）	0.4%	11%
克罗地亚	克罗地亚语98%	1%	0.8%
罗马尼亚	罗马尼亚语95%（93%）	6%	0.7%

资料来源：①European Commission, Europeans and Their Languages (Summary), 2006:3-5.②European Commission, Europeans and Their Languages (Summary), 2012:10-11.③田鹏.集体认同视角下的欧盟语言政策研究[M].北京：北京大学出版社，2015年，第136页。

2. 意识形态：政治认同需求

语言本身是不具备意识形态属性的，但语言政策是一定会是有意识形态属性的。意识形态对于欧盟多语化语言政策的制定和实施的影响既是间接的，也是直接的。所谓间接，是体制层面上的、宏观上的影响，比如政治体制和结构；所谓直接，是语言政策本身体现的内容上的、机制上的、微观上的影响，比如政治主张的偏向和认同需求。

第一，政治体制和结构。政治体制和结构决定了语言政策的整体政治环境，是民主体制还是专政体制、是单一制还是联邦制，对于语言政策的驱动都有一定的影响。

欧盟作为一个"超国家"组织，其政治体制和结构具有自身的特殊性。尽管欧盟是一个类似于联邦制的民主政体，但由于各成员国主权让渡的有限性，欧盟的语言政策的权限不可能与一般主权国家相提并论，在多语教育和语言保护等领域只能发挥补充作用、充当辅助角色，这是由欧盟的政治体制和结构决定的。

第二，政治主张的偏向。如果是由不同政党轮流执政的主权国家内部政治中，主流的政治主张就会反映在具体的公共政策中，语言政策也不例外。例如，在语言教育问题上，激进派和保守派的主张就有很大差别，激进派会主张公权力的更多干涉，包括细致的课程设置和教学方法，而保守派则与之相反。英国的一位保守派的教育学者就在教育政策中主张："需要有更多的选择；希望回归传统的课程设置和教学方法；希望减少专家和教育理论的影响；呼吁家长参与选择以鼓励市场的影响力；希望削减教育支出；加强权力集中并削减地方教育局的权利和影响。"[①]不难发现，某些主张会直接演变为政策的基本原则、立场甚至内容。欧盟虽然并非由不同政党轮流执政，但其有理事会、委员会、欧洲议会、轮值国等民主制度和程序，获得主流决策力量支持的政治主张就会反映在语言政策上，例如多语主义、反对语言歧视，以及受到干涉内政质疑的某些区域性及少数民族语言保护政策。

第三，集体认同的需求。欧盟把欧洲一体化作为自己的使命，欧盟也把自己视为欧洲、欧洲历史和欧洲文明的代表，以此来增强各成员国及欧盟公民的集体认同感。因此，欧盟的语言政策的目标追求与其使命、愿景和价值观是一致的，即同样追求集体认同。这也应该是所有语言政策的共同动机。当然，集体认同包含着不同的现实形态和内涵。首先，集体认同可以是争取繁荣的民族主义，即维护民族经济、领土完整、增强民族凝聚力；其次，集体认同也可以是争取民族独立的民族主义，即是防止被同化、摆脱政治控制、防止被全球化；还有，集体认同也可以是争取正当权利的权利主义，即个人权利、集体权利、经济权利、政治权利等。总之，集体认同是语言政策的重要驱动力。

3. 族群的不安全感

族群是指同一个国家或地区内的不同的民族，不安全感并不是指弱势族群的不安全感，而是指处于强势地位的族群的不安全感。不安全感是语言政策的重要驱动因素。由于弱势族群的身份认同感是非常强烈的，以致于被大多数政治集团所排斥，由于他们与强势民族存在着明显的区分性，对于社会的一般规范会有排斥和拒绝的反

---

① [英]埃杰（Ager, D）.语言规划与语言政策的驱动过程[M].吴志杰，译.北京：外语教学与研究出版社，2012年，第43页.

应，以致威胁到了社会规范的一般观念和本来处于有序、民主、可控的管理模式，因此，这些族群会让社会乃至这个国家都感到惧怕，甚至遭人憎恨，这种不安全感就成为了语言政策的动机。比如，英语以及外来词汇、外来术语的流入，使法国产生了强烈的不安全感，从而使法国把加强法语的国内保护成为了语言政策的重中之重。

关于作为欧盟语言政策重要驱动因素的不安全感，最典型的政策是欧盟理事会《关于外来移民后代教育的第77/486/EEC号指令》（Council Directive 77/486/EEC of 25 July 1977 on the education of the children of migrant workers）以及《理事会和部长会议1989年5月22日关于吉卜赛游民儿童教育的决议》（Resolution of the Council and the Ministers of Education meeting within the Council of 22 May 1989 on school provision for gypsy and traveller children）（OJ NO C 153, 1989/6/21：02）。吉卜赛人长期以来都被视作"外来户"，因为他们的生活方式是游牧式的、闲散式的而且无组织，这容易让政治集团认为是这个族群具有反社会性，因为这样对于社会管理而言是很不安全、很不规范、很不可控的。在1989年的"天鹅绒革命"（Velvet Revolution）后，捷克共和国和斯洛伐克共和国宣告诞生（两国均于2004年加入欧盟），有大约25万吉卜赛人住在斯洛伐克，大约10万吉卜赛人住在捷克，除此，匈牙利有超过50万的吉卜赛人，而这些国家都仅仅宣布一种官方语言，即斯洛伐克语、捷克语和匈牙利语，对于吉卜赛人等少数民族群体有意地排除在外。有些吉卜赛人已经被同化，有些已经定居下来，但有很多不愿意被同化的则维持流动，所以也没有组成任何权威的政治组织，当地政府哪怕很想和他们沟通，但也很难确定究竟应该以谁为代表进行对话。这些吉卜赛人的情况非常复杂，有的是穆斯林，有的是基督徒，有的则不愿意公开承认宗教信仰，他们的语言也不是很明确，因为吉卜赛人本身就有很多方言，有的则受罗马尼亚语或周边语言的影响，反正，要确定一种标准的吉卜赛语好像是不可能的了。吉卜赛人被认为构成了威胁，主要因为：一是贫穷，而且一直都很贫穷，甚至成为了习惯和传统；二是游牧的生活方式，喜欢四处漂泊；三是被歧视以及缺乏被关注，从而没有任何社会保障，在教育、政治权利、经济权益、土地资源等各方面都被忽略；四是被排斥的传统和被迫害的民族史，吉卜赛人在欧洲历史上曾不断遭遇征税、迫害、监禁和屠杀。因此，欧盟的上述语言政策同样是出于不安全感的考虑，或者说，不安全感因素直接驱动了欧盟的有针对性的语言政策，当然，还有其他诸如人权因素、民主因素等的影响或考虑，但不安全感是一个非常重要的驱动因素。

4. 不公平

此处的"不公平"是一个抽象的概念，这个抽象的"不公平"作为语言政策的驱动因素和动机，既包括资源分配的不公平，也包括个人与族群的权利和社会地位的不平等。纠正不公平是语言政策的重要驱动因素，这一观点可能比较难以理解，因为政策的制定和推行者一般都是政府当局，具体来说是当局的某些政治力量，而这些政治力量本身并不是弱势群体，完全没有必要为了其他弱势群体而推行纠正不公平的政策，但在实践中，纠正不公平的语言政策就是这些处于有利的社会地位的政治力量推动的，其个中玄机值得探讨。

纠正不公平、推行公平的语言政策背后的动机是多样的而且是复合型的。这些原因包括：①弱势群体提出纠正不公平的请求，对政府当局施以或抗议、或武力、或其他形式的压力，政府当局不得不让步；②弱势群体与其他群体，可能是强势群体，也可能是中间势力群体，或者是其他弱势群体联合起来，形成了一股不可忽视、难以消解的力量，可以左右政策的制定和推行；③弱势群体得到强势群体或上层社会中有权势力的帮助，帮助的动机可能是同情心、同理心、人道主义、良心发现、利他主义、宗教信仰，也可能是只是政治利用，反正这有利于有权势力进一步获取政治权力；④某些政治精英确实是有政治抱负和政治信仰的，受意识形态的驱动，他们在掌权之后会把自己"高大上"的政治理想付诸实现，这些政治理想其中就包括扶助弱势群体；⑤某项纠正不公平的具体政策可能仅仅碰巧与另一个政策所图的更大利益相关联，顺势而为纠正不公平罢了，比如出版社集团竭力促进多语平等，可能只是为了促进出版业繁荣从而更有利可图而已，"顺便"地促进了语言权利的公平。

具体到欧盟的多语化语言政策，纠正不公平是其非常重要甚至核心的驱动因素，而背后的原因和动机应该是复合型而非某个单一的原因。比如，欧盟竭力推行其区域性及少数民族语言保护政策，在多个场合、多次会议、多个决议中都不厌其烦、不辞劳苦、不遗余力地呼吁各成员国加入欧洲委员会（非欧盟机构）的《欧洲地区性或少数民族语言宪章》（the Council of Europe's European Charter for Regional or Minority Languages, 1992）、《世界语言权利宣言》（the Universal Declaration of Linguistic Rights, 1996）和《保护少数民族框架公约》（the Framework Convention for the Protection of National Minorities, 1995）等国际条约，试图通过缔结国际条约的方式，催使各成员国维护和保障区域性及少数民族语言群体的语言权利和发展权利，纠正现实中的不公平。

5. 小结：公平价值并非唯一驱动因素

通过上述对多种驱动因素的剖析，可见公平价值并非欧盟多语化语言政策的唯一驱动因素。这既说明了欧盟多语化语言政策在制定过程中受到的左右因素是很多的，也说明了欧盟语言政策在推行过程中的目的性并不会、也不能那么的单纯和唯一。哪怕公平价值是一个非常重要其至核心的因素,但也会受到其他驱动因素的影响和制约,公平价值在必要时的退让与妥协是欧盟多语化语言政策的一种正常情形和状态,所以说,语言政策驱动因素的多重性是欧盟多语化语言政策的政策限度中不可忽略且十分重要的一维。

5.2.2 多语化语言政策权限的局限性

权限的局限性,是欧盟多语化语言政策最大的"无奈"。权限受限,也是欧盟推行多语主义、解决语言问题却不敢作为及难有大作为的最重要的原因。在欧盟整体法律框架下,多语化语言政策权限的局限性主要表现为缺乏强大而坚实的法律基础,政策的管辖范围非常有限以及辅助性原则对欧盟权能的限制。

1. 缺乏强大而坚实的法律基础

第一,虽有基础条约和欧盟立法作为依据,但这些硬法均缺乏操作性和执行性。在基础条约中,欧盟多语化语言政策尽管有正式的法律文本作为依据,但这些条款的宣示性、原则性太强,缺乏操作性和执行性。《欧洲联盟条约》第3条第3款规定:"联盟应尊重其丰富的文化和语言多样性,并应确保欧洲的文化遗产得到保护和加强。"《欧盟基本权利宪章》第22条:"欧盟应尊重文化、宗教和语言的多样性。"这些条款其实并不具备操作性。除了基础条约之外,尽管还有条例(regulation)、指令(directive)、决定(decision)、建议(recommendation)和意见(opinion),但由于缺乏基础条约的明确授权,欧盟立法也不敢"越雷池一步",仅在非常有限的领域内进行立法,如《第1/58号条例》(共八条)仅针对官方语言平等问题进行简单的原则性规定,而在语言教育、语言保护等方面却只能以不具法律约束力的建议(recommendations)、标准(standards)、行为准则(code of conducts)、指南(guidelines)、意见(opinions)、通知(notices)、宣言(declaration)、框架(framework)、行动纲领(action programs)等①方式做出。

第二,软法属性明显,缺乏实施保障。软法(soft law)尽管能产生一定法律效果,但相对于基础条约和条例、指令、决定等硬法(hard law)而言是不具法律约束力的,在实施上就缺乏了保障。当然,这主要由于语言政策是主权国家的内政,欧盟并无合法权能,欧盟的多语化语言政策也只能主要以软法形式出现,而软法既不能像基础条约和条例那样在成员国直接适用、发挥直接效力,也不能在欧洲法院和成员国

---

① 万霞. 试析软法在国际法中的勃兴[J]. 外交评论, 2011(5): 132.

法院优先适用，也就是缺乏了政策实施的保障。

2. 政策的管辖范围较为有限

尊重语言多样性，坚持多语主义，追求规则公平、机会公平、权利公平，这是欧盟多语化语言政策的核心价值追求，应该说，欧盟多语化语言政策是有理想、有追求、有雄心的政策，其"雄心壮志"是值得肯定的。但欧盟多语化语言政策的应然追求与实然管辖范围还存在较大的差距。尽管欧盟多语化语言政策涵盖了官方语言平等、多语教育、区域性及少数民族语言保护等多个方面和领域，但欧盟在这些领域中并不具备专属权能，也不具备共享权能，而仅仅具有补充权能。

欧盟的专属权能（exclusive competence）是指在特定领域的排他权能，即在特定领域，只有欧盟才可以通过制定具有法律约束力的法律文件而确立共同规则，"成员国不再有权以单独甚至集体的方式对第三国承诺影响这些规则"[①]。而这些特定领域主要包括：①关税同盟；②内部市场运作所必要的竞争政策；③其货币为欧元之成员国的货币政策；④共同渔业政策下海洋生物资源的保护；⑤共同商业政策；⑥特定国际协定的缔结[②]。可见，"语言政策"并不属于欧盟的专属权能。

所谓共享权能（shared competence），是指欧盟和成员国在特定领域均享有权力。这里的"共享"并不说欧盟和成员国均可随意接入，也不意味着欧盟和成员国的权力是"平分"的，在实践中，往往可能是"东风压倒西风"或者相反，即有可能大部分权能属于欧盟，也有可能相反，不过在多数情况下，欧盟对其共享权能有"先占"（preemption）的强势，即一般都是在欧盟不行使或暂定行使权能时，成员国才行使他们的权力。而这些领域包括：①内部市场；②部分社会政策；③经济、社会和地方联结；④农业和渔业（不包括海洋生物资源保护）；⑤环境；⑥消费者保护；⑦交通运输；⑧跨欧网络；⑨能源；⑩自由、安全与正义领域；⑪公共健康事项中的共同安全。[③]可见，"语言政策"也不属于欧盟的共享权能。

除了专属权能领域和共享权能领域以外的领域，准确地说，应归属于欧盟的补充权能，而补充权能意味着欧盟只能居于辅助角色，即在各成员国的力量不足以完成之时，或者如果由欧盟完成将获得更多更大的利益之时，欧盟才能采取行动以支持、协调或者补充成员国的行动。例如，《欧盟运行条约》关于语言和教育政策的第145

---

① 曾令良. 欧洲共同体与现代国际法[M]. 武汉：武汉大学出版社，1992年，第66-67页.
② See Treaty Establishing a Constitution for Europe, Article I-13.
③ See Treaty Establishing a Constitution for Europe, Article I-14(2).

条①、关于就业政策的第147条②、关于文化政策的第167条等。欧盟的补充权能领域包括：①人类健康的保护与改善；②工业；③文化；④旅游；⑤教育、青年、体育和职业培训；⑥民事保护；⑦行政合作。显然，"语言政策"就属于欧盟的补充权能。特别地，《欧盟运行条约》在第165条就有明确的规定："联盟应鼓励成员国之间的合作，如有必要，应支持和补充他们的行动，同时应充分尊重成员国在教学内容和教育体制组织的责任心以及他们的文化差异和语言多样性，以有助于发展素质教育。"该条同时规定："联盟的行动应着眼于：（第一项）发展欧洲层面的教育，特别是通过成员国语言的教学和传播；（第二项）……"也就是说，欧盟的多语化语言政策的管辖范围是十分有限的。

3. 辅助性原则对欧盟权能的限制

辅助性原则（principle of subsidiarity）又称从属性原则，是指欧盟在非专属权能领域，成员国不能有效实现特定目标，并如果由欧盟来实行能更好地实现这些目标的情况下，就可以采取行动。辅助性原则与授权原则（principle of conferral）、相称性原则（principle of proportionality）同为欧盟权能适用的基本原则。从不太严谨的角度说，辅助性原则对应的是欧盟补充权能，即欧盟权能从属于成员国的权能。正如有学者所说，"辅助性原则并不决定哪些权限属于共同体，这由共同体条约来决定。但是，它是调整这些权限的一项重要原则。"③也有人把辅助性原则比喻为"双刃剑"④（doubleedged sword），即既防止欧盟在属于成员国权能范围的领域采取行动，但也限制了欧盟优势的发挥。

---

① 《欧盟运行条约》第145条规定："各成员国和欧盟应根据本编规定为制定旨在促进就业特别是培育适应经济变化的有技能、有知识和适应能力强的劳动力大军和协调劳动市场战略而努力。"英文原文为："Member States and the Union shall, in accordance with this Title, work towards developing a coordinated strategy for employment and particularly for promoting a skilled, trained and adaptable workforce and labour markets responsive to economic change with a view to achieving the objectives defined in Article 3 of the Treaty on European Union."（依据欧盟最新版官方公告（OJ C 202 (2016)））

② 《欧盟运行条约》第147条规定："欧盟应通过鼓励和支持各成员国在就业方面的合作并在必要的情况下，支持其行动，为实现高水平的就业做出贡献。但欧盟采取行动时应尊重各成员国的权能。"英文原文为："The Union shall contribute to a high level of employment by encouraging cooperation between Member States and by supporting and, if necessary, complementing their action. In doing so, the competences of the Member States shall be respected."（依据欧盟最新版官方公告（OJ C 202 (2016)））

③ Commission: A Communication on the Principle of subsidiarity for Transmission to the Council and Parliament, Bull. EC 10-1992, p.118.

④ A. G. Toth, Is Subsidiarity Justifiable ?, 19 European Law Review, 1994, p.278.

辅助性原则明确的规定在《欧洲联盟条约》第5条(表5-5)。

表5-5 《欧洲联盟条约》第5条的辅助性原则规定

	中文	英文
《欧洲联盟条约》第5条第1款	1.联盟权限受授权原则的限制。联盟权限的使用受辅助性和相称性原则制约	1.The limits of Union competences are governed by the principle of conferral. The use of Union competences is governed by the principles of subsidiarity and proportionality.
《欧洲联盟条约》第5条第2款	2.根据授权原则，联盟只应在条约所赋予的权限范围内采取行动，以实现条约规定的目标。条约中未赋予联盟的权限由成员国承担	2. Under the principle of conferral, the Union shall act only within the limits of the competences conferred upon it by the Member States in the Treaties to attain the objectives set out therein. Competences not conferred upon the Union in the Treaties remain with the Member States.
《欧洲联盟条约》第5条第3款	3.根据辅助性原则，在不属于联盟专属权能范围的领域，联盟只有在成员国在中央一级或区域和地方一级不能充分实现行动目标时，才能采取行动；但如果行动的规模或效果由联盟一级实施，可以更好地实现这些目标的除外。欧盟机构应适用《辅助性原则和相称性原则议定书》所规定的辅助原则。各国议会根据《议定书》规定的程序，确保遵守辅助性原则	3. Under the principle of subsidiarity, in areas which do not fall within its exclusive competence,the Union shall act only if and in so far as the objectives of the proposed action cannot be sufficiently achieved by the Member States, either at central level or at regional and local level,but can rather, by reason of the scale or effects of the proposed action, be better achieved at Union level. The institutions of the Union shall apply the principle of subsidiarity as laid down in the Protocol on the application of the principles of subsidiarity and proportionality. National Parliaments ensure compliance with the principle of subsidiarity in accordance with the procedure set out in that Protocol.

续上表

	中文	英文
《欧洲联盟条约》第5条第4款	4.根据相称原则，联合行动的内容和形式不应超过为实现本条约的目标所必需的内容和形式的限度。欧盟机构应适用议定书中的相称性原则	4. Under the principle of proportionality, the content and form of Union action shall not exceed what is necessary to achieve the objectives of the Treaties. The institutions of the Union shall apply the principle of proportionality as laid down in the Protocol on the application of the principles of subsidiarity and proportionality.

辅助性原则其实是对欧盟多语化语言政策权限的划定标准。除《欧洲联盟条约》第5条的原则性规定外，具体到语言政策，《欧盟运行条约》第167条第2款就有较为明确的规定："欧盟的活动应以促进成员国之间的合作为目的，如果必要在下述领域支持和补充他们的活动：促进对欧洲人民文化和历史的了解和传播；保存和维护具有欧洲特色的文化遗产；非商业性的文化交流；艺术和文学创作，其中包括视听部门。"[①] 根据辅助性原则，欧盟推行其多语化语言政策，只能居于辅助角色，即在各成员国的力量不足以完成之时，或者如果由欧盟完成将获得更多更大的利益之时，欧盟才能采取行动以支持、协调或者补充成员国的行动。具体适用规则是：

首先，不涉及欧盟的专属权能，即语言政策的制定和实施若与欧盟的专属权能有重合部分，则不能适用辅助性原则。一般而言，欧盟的多语化语言政策会与经济政策等其他政策相联系，但较少在专属权能领域重合。

其次，欧盟在多语化语言政策上的直接行动须先举证——欧盟行动的规模和效果，与成员国行动相比，能更好地达到语言政策的特定目标。比如，2001年欧洲语言年活动，一是具有跨国特点，二是只通过成员国行动难以获得满意的效果，三是欧盟层面采取行动比成员国层面采取行动会带来更明显的效益，因此，2001年欧洲语言年活动在欧盟层面顺利且成功地举行。

---

① 英文原文为："Action by the Union shall be aimed at encouraging cooperation between Member States and, ifnecessary, supporting and supplementing their action in the following areas:— improvement of the knowledge and dissemination of the culture and history of the European peoples; — conservation and safeguarding of cultural heritage of European significance; — non-commercial cultural exchanges; — artistic and literary creation, including in the audiovisual sector.."（依据欧盟最新版官方公告（OJ C 202 (2016)））

最后，欧盟行动须符合相称性原则（也称比例原则），即欧盟采取的多语化语言政策的行动和措施应该适当、合法、合理，不超过明显必要限度。正如有学者指出，"如果有多种可供选择的措施，必须选择能给成员国及其公民、法人最大限度自由的一种行动或措施；当存在具有约束力的措施和不具约束力的措施可供选择时，应尽可能采用后者；当同类措施（同属约束性或同属非约束性）中有多种形式可供选择时，应尽可能选择给成员国及其公民、法人留有余地之行动。"另外，对于欧盟行动须符合相称性原则，欧盟委员会认为，如非必要，应采取非立法措施，而这些非立法措施包括：①支持计划或协调国内措施计划；②更多地使用建议；③缔结国际协定。从欧盟多语化语言政策的制定、实施和实践看，确实就是"计划""建议"和呼吁成员国缔结国际协定，如《欧洲地区性或少数民族语言宪章》（the Council of Europe's European Charter for Regional or Minority Languages, 1992）等。不得不说，这其实是多元化语言政策权限上局限性的充分体现。

5.2.3 多语化语言政策成本的负担性

任何政策的实施都会有成本，但欧盟多语化语言政策的成本显得比较巨大，除了可见的、显性的资金成本之外，还有隐性的成本，包括时间成本、组织成本和公信力成本，以致欧盟推行其多语化政策一直肩负着沉重的负担。

1. 资金成本

欧盟多语化语言政策的制定是在欧盟层面，但政策的实施则不局限于欧盟层面，还包括成员国层面，有时候不仅仅在欧盟境内实施，还要在欧盟以外的国家（比如一些中东欧国家）推动语言传播而发挥政策影响力。欧盟多语化语言政策的资金成本是很高的，资金的金额往往较大，从过去实施的部分语言政策的具体行动计划的经费预算便可见一斑。

① 20世纪80年代的"欧罗巴计划"（COM（94）69final, 1994/9/20: 3.1-3.5）。"欧罗巴计划"主要是针对机器翻译的开发计划，以降低人工翻译的巨大成本。一开始，"欧罗巴计划"的总预算为1600万欧元，计划完成期5.5年，其中前置阶段设定为2年总经费200万欧元，第二阶段设定为2年经费850万欧元，第三阶段1.5年经费550万欧元；但恰逢1986年西班牙、葡萄牙加入欧盟，欧盟成员国增至12个，官方语言增至9种，"欧罗巴计划"的总预算就增加至2050万欧元，计划完成期从5.5年延长至7年。但7年之后的1989年，"欧罗巴计划"未能如期完成，总预算又追加了700万欧元，即达到2750万欧元；1990年再追加1000万欧元，整个"欧罗巴计划"的总经费达到了3750万欧元。根据欧盟官网公布的公告，"欧罗巴计划"的经费信息见

表5-6～表5-8。

表5-6　1989年"欧罗巴计划"追加的经费及分配

项　目	金额/万欧元
各成员国开发小组的辅助	430
基础软件	110
各种相关说明书	20
人员培训	30
相关工业发展	100
评测评估	10
总计	700

资料来源：OJ No. L 200,1989/7/13: 15—17; COM(94) 69 final,1994/9/20: 3.9

制表参考：周晓梅.欧盟语言政策研究：1958—2008[M].昆明：云南大学出版社，2012年，第63页.

表5-7　1990年"欧罗巴计划"追加的经费及分配

项目	金额/万欧元
系统开发环境	200
各成员国项目开发的辅助	400
相关开发计划	300
助学金及其相关人员培训	100
总计	1000

资料来源:COM(90)535 final-SYN 228,1990/11/6:4,16;90/664/EEC(OJ No. L358,1990/12/21:85,88.

制表参考：周晓梅.欧盟语言政策研究：1958—2008[M].昆明：云南大学出版社，2012年，第63页.

表5-8　1982—1992年"欧罗巴计划"追加经费统计

年度	起止时间	预算/万欧元		
		准备阶段	第二阶段	完成阶段
1982 Council Decision 82/752/EEC	1982—1987	2/2	8.5/2年	5.5/1年半
		1 600 (5年半)		

续上表

年度	起止时间	预算/万欧元		
		准备阶段	第二阶段	完成阶段
1986 Council Decision 89/410/EEC	1982—1989	2/2年	13/3年	5.5/2年
		2 050 (7年)		
1989 Council Decision 89/410/EEC	1982—1990	2/2年	13/3年	12.5/3年
		2 750 (8年)		
1990 Council Decision 90/410/EEC	1982—1992	2/2年	13/3年	22.5/5年
		3 750 (10年)		

资料来源：OJ No. L 200,1989/7/13;OJ No. L 7,1990/1/12: 8; COM(94)69 final,1994/9/20:3.9; COM(88)270 final-SYN 137,1998/5/31, Annex I :5-6.

制表参考：周晓梅.欧盟语言政策研究：1958—2008[M].昆明：云南大学出版社，2012年，第63页.

②20世纪90年代的"LINGUA计划"（89/489/EEC）。"LINGUA计划"即共同体外语教学推广计划，原定计划为期5年，从1990—1994年，本来的预算金额为2.5亿欧元，但由于遭到英国的反对（撒切尔夫人认为英国在该项目中获益最少遂提出反对），预算则改为2亿欧元（如前述表5-2），"LINGUA计划"的覆盖范围仅限成员国在高等教育层级上的合作。后于1995年，"LINGUA计划"被纳入到新的5年计划"苏格拉底计划"中，"苏格拉底计划"的总预算为8.5亿欧元，后追加至9.2亿欧元，"LINGUA计划"的经费占"苏格拉底计划"的至少25%，即大于2.3亿欧元。

③21世纪初的"2001年欧洲语言年"和2003年的"语言多样性学习"计划。"2001年欧洲语言年"行动中，仅欧盟委员会就做了1095万欧元的总预算（如前述表5-1），同时，需要成员国政府、项目协同人（国）以及私人赞助共1970万欧元（其中1070万欧元是成员国政府出资、720万欧元是项目协同人、180万欧元是私人赞助），合计共投入3065万欧元[①]。2003年的"语言多样性学习"计划，即《2004—2006年度促进语言学习及语言多样性行动计划》（COM/2003/0449 final），2004

---

① 资料来源：《2001年欧洲语言年的执行情况和结果》（COM/2002/0597 final），英文标题：Report from the Commission to the Council, the European Parliament, the Economic and Social Committee and the Committee of the Regions – The Implementation and Results of the European Year of Languages 2001 (presented by the European Commission in accordance with Article 11 of Decision n° 1934/2000/EC), 见欧盟官方网站：https://eur-lex.europa.eu/legal-content/EN/TXT/?qid=1530520346053&uri=CELEX:52002DC0597.（访问日期：2018年6月1日）

年、2005年、2006年三年的欧盟委员会预算分别是30万欧元、350万欧元、350万欧元，总计730万欧元；而实际执行情况中这三年分别是69万欧元、444万欧元、424万欧元，总执行937万欧元[①]（表5-9）。

表5-9 "2001年欧洲语言年"经费统计

活动	2000年	2001年	总预算/欧元	所占比重/%
开幕式和闭幕式	149 438	132 000	281 438	3
国家层面活动	567 482	0	567 482	5
信息战役	1 653 963	1 346 437	3 200 400	30
欧洲晴雨表调查54	374 607	0	374 607	3
活动评估	0	186 600	186 600	2
共同筹资项目	0	6 044 405	6 044 405	56
技术援助和专家选择	5 750	132 145	137 895	1
总数	2 951 240	7 841 587	10 792 827	100

资料来源：European Commission.

制表参考：周晓梅.欧盟语言政策研究：1958—2008[M].昆明：云南大学出版社，2012年，第80页.

④正在进行的"伊拉斯谟"计划（"Erasmus+"计划）。"伊拉斯谟"计划的全称是：2014—2020年欧盟教育、培训、青年和体育联盟计划"（The New EU Programme for Education, Training, Youth and Sport for 2014—2020）（由《第1288/2013号条例》专门规定），它是2013年底推出的、欧盟有史以来实施的规模最大的综合性教育合作项目，其中在高等教育、职业教育、学校教育、成人教育等方面都包含语言教育的内容和子项目。根据《第1288/2013号条例》第18条关于预算的规定，为期7年的"伊拉斯谟"计划的预算金额是147.745亿欧元，其中：77.5%用于教育和培训；青少年占10%；学生贷款3.5%；Jean Monnet项目1.9%；运动占1.8%；机构的经营补助金3.4%；行政支出1.9%。

[①] 资料来源：《关于促进语言学习和语言多样性：2004—2006年行动计划的执行情况》（COM/2003/0449 final），英文标题：Communication from the Commission to the Council, the European Parliament, the Economic and Social Committee and the Committee of the Regions – Promoting Language Learning and Linguistic Diversity: an Action Plan 2004—2006，见欧盟官方网站：https://eur-lex.europa.eu/legal-content/EN/TXT/?qid=1530521232007&uri=CELEX:52003DC0449.（访问日期：2018年6月1日）

从上述具有代表性的多语政策实施计划的经费预算可以看出，欧盟推行其多语化政策的资金负担一直都是很沉重的，而且有点像"无底洞"，怎么"烧钱"似乎都填不满。

2. 时间成本

除了资金成本，欧盟推行多语化语言政策还需要很大的时间成本，即包括制定政策的时间成本，因为从政策的立项、提出，再到政策的起草、前期磋商、上会讨论、达成共识、反复修改、通过文本，就需要非常长的时间。而政策的施行更是一个漫长的过程，除了前置的准备期较长，实施的周期跨度也很长，而且预估控制不了计划完成的时间。例如"欧罗巴计划"，前置准备期是1979—1985年，而计划实施的时间是1982—1987年共五年半，但实质的执行期一直延续到1992年，时间跨度达十多年之久。又如，"LINGUA计划"原定计划5年，但于1995年又纳入到新的计划"苏格拉底计划"并作为其中的一个子计划执行，而"苏格拉底计划"一共5年，也就是说，"LINGUA计划"进行了10年。再如，苏格拉底计划，本身就包括了六大子计划[①]，分别是：①高等教育，ERASMUS计划；②学校教育，COMENIUS计划；③共同体外语教学推广，LANGUA计划；④开放式远程教学，ODL计划；⑤成年教育；⑥教学经验及教学资讯交流计划。每个子计划的实施都需要多线进行、多管齐下，时间的耗费是很大的。又如正在进行的"伊拉斯谟"计划，尽管原定计划是7年，但按照计划的规模和预算，难保不延长，哪怕不延长，7年本身已经是一个非常长的时间了。

3. 组织成本

组织成本是指欧盟实施其多语化语言政策所需耗费和动用的人力资源成本，既包括常设机构的组织成本，也包括偶设机构的组织成本。常设机构主要是指欧盟理事会、欧洲议会、欧盟审计院、欧盟委员会等常设机构的组织成本，特别是欧盟委员会，作为欧盟的执行机构，几乎所有的多语化语言政策的主要执行者都是欧盟委员会，同时还包括各成员国的政府机构，这个官方机构之间的合作和组织成本是很高的。比如，根据"伊拉斯谟"计划的《第1288/2013号条例》第26条就明确规定，"伊拉斯谟"计划的实施机构包括联盟一级的委员会和方案国家的国家一级机构，也就是说，"伊拉斯谟"计划的实施必须由欧盟委员会和成员国政府合作实施；《第1288/2013号条例》第27条第4款还规定，由成员国自己确定本计划的主管部门，并建立国家机构的年度工作计划等。可见，这些烦琐复杂的组织事宜无疑是一种沉重的组织负担。

---

① 见欧盟官方公告：OJ No.L87，1995/4/20:12

除了常设机构，还有临时设机构，即为了实施某语言政策而专门设立的辅助性、临时性机构。例如"欧罗巴计划"，由于实施周期长、体量大、经费拨款多，1982年的部长理事会专门通过第752号决定，成立该项目的"管理顾问委员会"来辅助欧盟委员会执行该项目（第82/752/EEC号决定第3条）。可见，这些都是沉重的组织负担的典型体现。

4. 公信力成本

欧盟推行多语化语言政策是存在一定的公信力风险的，即多语化语言政策的目标宏大，实施难度很大，而如果未能如期落实或落实不力，就会导致自身公信力的受损，成员国及公民就会对欧盟产生信任危机，这就是欧盟推行多语化语言政策的公信力成本。欧盟推行多语化语言政策产生公信力风险的原因可能是多方面的，首先，欧盟多语化语言政策的权限局限性明显，欧盟缺乏强硬的"法律工具"，更不可干涉成员国内政；其次，资源和调度能力的有限性，因为多语化语言政策的覆盖面十分之广，执行单位也不只有欧盟层面的机构，还包括各成员国、法人组织等，跨国、跨组织合作比起内部合作要复杂得多，资源和调度能力会容易捉襟见肘；第三，语言的推广、教育、学习本身见效较慢，既难以量化，也容易遭受民众和投资方的质疑；第四，政策施行中的信息不对称会时有发生，欧盟的公信力就会有受损的风险。总之，尽管欧盟推行其多语化语言政策确实存在"吃力不讨好"的风险，但从另一个角度说，欧盟没有停下其坚定前进的步伐，是一种担当精神的体现。

6

公平视角下欧盟多语化语言政策的改良

基于前章对欧盟多语化语言政策的公平优势及存在的公平困境的剖析，本章对如何改良欧盟多语化语言政策进行探讨。对于政策改良的探讨，并非意欲对欧盟语言政策"指点江山"或"指手画脚"，而是想进一步把握欧盟语言政策的发展规律和发展趋势。因为政策的改良，需要在既明确自身已有的优势且认识自身的不足的基础上进行，而且欧盟语言政策的改良有其特殊性和限定性，具体包括改良的前提和改良的上限。欧盟多语化语言政策的改良前提是政策的评估，而改良的上限包括欧盟"多元一体"的治理模式、欧盟法的价值与法律体系和欧盟多语化语言政策的整体目标。明确政策改良的上限，也就为政策改良腾出了空间，毕竟，欧盟语言政策的改良、发展、演变不可能突破这些上限，其具体的发展轨迹和演变趋势也就更容易把握了。以公平视角进行审视，可以从规则公平、机会公平和权利公平等角度寻求欧盟多语化语言政策改良空间的释放。

6.1 前提：公平视角下欧盟多语化语言政策的评估

政策评估，是指根据一定的评估标准和程序，对政策系统、政策过程和政策结果的质量、效益、效果等方面进行评价或判断的一系列活动，目的是改善政策系统，提高政策质量，保证政策目标的实现。[①] 以公平视角对欧盟多语化语言政策进行评估，是政策改良的基本前提。

6.1.1 公平视角下的评估标准

1. 政策评估的一般标准

在公共政策领域，由于政策的目标不同，政策的评估主体也不同，因此不存在统一的、唯一的政策评估标准。美国学者威廉·N·邓恩将政策评估标准分为：效果、效率、充足性、公平性、回应性和适宜性[②]。国内学者陈振明老师认为评估标准有五个：生产力标准、效益标准、效率标准、公正标准、政策回应度标准[③]。张金马老师提出的标准是：有效性、效率、公平性、可行性[④]。王世凯老师提出的标准是：合法性、合理性、可行性、成效性、平等性、政策回应度[⑤]。

---

① 高兴武. 公共政策评估：体系与过程[J]. 中国行政管理, 2008（2）: 58.
② [美]威廉·N·邓恩. 公共政策分析导论[M]. 北京：中国人民大学出版社, 2002年, 第437页.
③ 陈振明. 公共政策分析[M]. 北京：中国人民大学出版社, 2003年, 第271页.
④ 张金马. 公共政策分析：概念·过程·方法[M]. 北京：人民出版社, 2004年, 第461-462页.
⑤ 王世凯. 语言政策理论与实践[M]. 北京：中国社会科学出版社, 2015年, 第169页.

从上述不同学者对政策评估标准的划定和分析来看，政策评估标准有一个共性的评价指标——公平性。确实，无论是语言政策抑或是其他公共政策，都属于公权力对社会资源的分配和调节，公平标准是较为核心的标准。

2. 语言政策的公平性标准

语言政策的公平性标准用于衡量语言政策对语言使用权的分配和调节的公平程度。公平性应该作为评估语言政策的核心标准。因为语言政策作为公共政策，首要的是应该体现公共利益，而不是以集团利益、个人利益为价值标准。除了语言立法外，语言政策就是语言权利最重要的分配方式，正如卢梭所言，公权力主导下的公共政策应"创立一种不偏袒任何人的、人人都遵守的维护公正与和平的规则，这种规则使强者和弱者同样尽相互间的义务，以便在某种程度上补偿命运的不济"[①]。没有任何人知道也不可能决定自己出生所处的语言群体，而语言群体之间天然地就存在强势与弱势的不平等境况，而语言政策是否能被人们普遍接受，公平性是最核心的标准。

6.1.2 欧盟多语化语言政策的成效

评估欧盟多语化语言政策的成效，可以从规则、机会和权利等角度观察和判断欧盟多语化语言政策是否符合公平性标准。为了讨论的方便和深入，以下以"语言多样性学习"计划为例，以点带面地进行分析。"语言多样性学习"计划全称是《2004—2006年度促进语言学习及语言多样性行动计划》（COM/2003/0449 final），政策的具体目标是：①对所有的欧盟公民扩展语言学习的优势，从早期开始学习外语；②促进更好的语言教学；③构建友好语言环境；④构建行动信息框架。如果从一般的评估标准看，当然应该对照政策目标和政策实施成果进行综合而全面的评估，然而本研究的视角是公平的，因此，以下将集中以公平的视角进行更为聚焦的探讨。

第一，规则公平方面：营造了多语主义的公平环境，直接促进了部分成员国语言政策的公平改革，但欧盟层面的制度约束仍有待加强。首先，"语言多样性学习"计划突破了过去的欧盟语言推广政策中仅限于官方语言的局限，涵盖了欧盟的所有语言，即既包括官方语言，也包括区域性及少数民族语言，还包括移民社区使用的语言，所有语言都有资格获得资助。这对于推动语言平等，营造多语公平的环境，提升欧盟语言和文化多样性、包容性发挥了重要的有力、有利和有效的政策作用。其次，直接促进了部分成员国语言政策的公平改革，具体国家有：①奥地利：组建语言委员会，负责审查与使用语言多样性有关的事项；②保加利亚：进行国家教育改革，把多

---

① [法]卢梭. 论人类不平等的起源和基础[M]. 北京：商务印书馆，1962年，第128页.

语学习纳入国家议会通过的2006年国家教育改革的一个组成部分，所有学校均引入两门外语教学，并为所有学生提供为期一年的强化语言学习；③芬兰：调整语言教育政策，芬兰早已支持和参加"语言多样性学习"计划，并从多语学习、终身学习和欧洲一体化角度审视和调整国内语言政策的基本原则和目标；④匈牙利：发起"世界语言计划"外语教育综合战略，在义务教育结束时引入强化语言学习年（其中至少40%的课程用于外语），设置新的离校语言考试，以及为学校项目提供额外资金；⑤卢森堡：调整国内的语言教学，教育和职业培训部在2005—2006年制定了一项"2007—2009年国家行动计划"，包含66个行动要点、涵盖从幼儿园到中学结束的语言教学和评估，另外，还考虑到了移民社区的语言问题；⑥英国：采取国家语言战略，包括从早年到成人以及大学的所有年龄和阶段的语言学习；等等。"语言多样性学习"计划的实施直接促进了成员国国内语言政策向更加注重公平性的角度调整，使它们的语言政策更加一致，进一步推动了规则公平。最后，欧盟层面的制度约束仍有待加强，"语言多样性学习"计划对成员国实施的影响只是引导、指导和支持其国内语言政策，在达成政策共识和一致的领域方便采取行动，但始终缺乏法律约束力，欧盟行动也必须遵从成员国国内的方针、原则和规范。

第二，机会公平方面：创造、提供和开放了更多的语言学习机会，语言教育资源的投放和激励更富成效，但语言多样性教育仍存在不少短板。"语言多样性学习计划"在计划内提出了47项具体行动，例如建立了专门提供给成人语言学习和语言教师的语言资源网站，开展了13项全欧范围内的语言教学研究，开展了17项语言学习推广活动，等等，让人们普遍认识到语言能力是个人优势的体现并更加自觉和积极地参加语言学习。另外，在资金投入方面，"语言多样性学习"计划的主要资金来源是"苏格拉底计划"（the Socrates Programmes）和"莱昂纳多"计划（the Leonardo Programmes），在"语言多样性学习计划"实施的2004—2006年三年期间每年投入了3000万~5000万欧元，包括：2951个学校语言项目（与2000—2002年期间相比增加了84%），3957万欧元语言助学金（增加62%）；9434位学生参加强化语言准备课程（增加160%）；300个成人教育学习伙伴关系（增加689%）；为成人教育中的外语教师提供765个在职培训补助金（新行动）；为职业教育语言教师提供1820个在职培训补助金（增加143%）；为"LINGUA计划"开发新的语言学习和测试工具，使语言学习机会更接近公民。可以说，"语言多样性学习"计划实实在在地为欧盟公民创造和提供更多的语言学习机会，语言教育资源的投放和激励也富有成效，不过，语言多样性教育仍存在一些短板，例如，开发语言教师教师培训材料的语言项目数量没有增加，参与学校语言项目的学生人数没有增加，接受培训补助金的语言教师人数也没有增加，这意味着"机会面"没有全面扩大；又如，成人语言学习项目的参与者确实提高了他们的语言技能，但主要是英语技能，其他语言被"牺牲"了，这意味着多语学习的机会在具体的落实上与政策的公平性目标仍存在一定差距。

第三，权利公平方面：特殊群体和弱势群体的语言权益得到关注和照顾，但语言权利保障的政策连续性亟待提高。首先，"语言多样性学习"计划把所有的语言都纳入了资助范围，让小众语言群体也得到权利上的保障。过去的一些政策项目，例如"LINGUA计划"只局限于官方语言的资助以及仅局限于成员国的高等教育层级而非所有语言、所有教育层级。理论和实践上说，"语言多样性学习"计划更加注重权利的公平实现。其次，特殊群体的语言权益得到了关注和照顾。"语言多样性学习"计划把特殊群体称作"有特殊需求的语言学习者"（Language learners with special needs），在计划中欧盟委员会就专门资助了一个特殊群体项目，通过个人教育和团队教学为这些学生提供语言教学服务，并对相应的教师进行培训，同时声称要作为未来语言教师主流培训的一部分。最典型的案例就是奥地利和爱沙尼亚两国，均通过官方形式认定手语为少数民族语言，并开设了官方的研究计划，设置专业的手语资格中心以及开设手语教师培训课程。再次，移民语言和移民语言社区得到了关注和照顾。由于得到"语言多样性学习"计划的支持，受邀的成员国在所有教育阶段都尽量提供尽可能多的语言教育，提供的语言的范围除了英语等强势语言以外，还包括边境地区和移民社区的语言，例如，奥地利的下奥地利州启动了一项名为"Sprachoffensive"的计划，向13000名学生教授捷克语、斯洛伐克语和匈牙利语；又如，法国成功地将选择德语的学生人数提高了10%；除此，德国和希腊都教授邻国的语言。不过，对特殊群体和弱势群体语言权利保障的政策连续性仍有待加强，尽管欧盟有专门的区域性及少数民族语言保护政策，但其连续性不足，加上和其他语言政策的衔接性不够，例如，移民子女的语言教育和语言权益的保护力度不够，既需要多语教育政策的支持，也需要语言保护政策进行持续的保障。

6.2 欧盟语言政策改良的上限

欧盟多语化语言政策改良的上限是指政策的改善和调整不是任意的，而是存在一定约束性的，即只能在限定的范围内进行改良。政策改良的上限与政策本身存在的限度是有区别的，前者是改良的限度，后者是政策的限度；前者是一个范围、一个区域、一个区间，后者是一些客观存在的因素和问题。改良的上限可以说是政策调整的"红线"。欧盟多语化语言政策改良的上限主要包括：①欧盟"多元一体"的治理模式——这是欧盟治理体制上的约束；②欧盟法的宗旨与欧盟法律体系——这是法律制度上的约束；③欧盟多语化语言政策的整体目标——这是政策属性上的约束。

6.2.1 体制约束：欧盟"多元一体"的治理模式

"多元一体"既是欧盟的基本价值观，也是欧盟探索出的新治理模式。经过半个多世纪的理论创新和实践磨合，欧盟各国通过主权让渡、主权共享和主权聚合，逐渐促成欧洲各国形成利益共同体、价值共同体、安全共同体和命运共同体。因此，欧盟所有法律和政策的制定、实施、调整和改良，都须与欧盟"多元一体"的基本价值和治理模式保持高度的一致性。

1. 多语政策的改良须符合欧盟"多元一体"的历史与现实

第一，多元一体是欧盟区域共治的基本模式。欧盟多元一体的区域共治模式是指，"以和平、团结、繁荣、稳定、社会经济发展均衡为目标，在多元一体和主权共享的原则指导下，遵循共同法规和共同机制，通过协调、均衡、互利、渐进和不断妥协的方式，推动区域一体化，实行以国家和区域为主的多层次相互协调、双向互动的区域共同治理"①。时至今日，欧盟治理既不是一个政府间的国际合作机制的一般模式，也不是一个联邦国家的治理模式。欧盟机构在语言政策领域的决策，如果没有成员国政府代表的理事会的授权同意，欧盟机构就难以取得任何实施权限，欧盟的多语化语言政策在很大程度上都倚重甚至依赖于成员国政府在财政和行政上的支持，同时，某些政党、跨国组织和利益集团对欧盟语言政策的制定也有着一定的影响作用。因此，欧盟语言政策的调整和改良须遵循其多元一体的多层治理模式，要么是成员国的主权让渡，要么是主权共享，无论什么方式，都意味着语言政策的制定、施行和改良都须成员国自愿以某种联合机制共同行使集合的主权，只能在主权之外而不能在主权之上。

第二，开放式协调方法（open method of coordination）是欧盟多元一体区域共治的有效方法。开放式协调方法是指，"符合辅助原则的、分权化方式的应用，由此，联盟、成员国、地区和地方及社会伙伴和公民社会，以不同的伙伴关系形式，都积极参与治理过程"②。开放式协调方法具有分散性和多元性的特点，有利于使各国在欧盟层面进行政策协调，也有利于使各种分散决策能有效衔接。实行开放式协调方法

---

① 伍贻康等. 多元一体：欧洲区域共治模式探析[M]. 上海：上海社会科学院出版社，2009年，第58页.
② Presidency Conclusion, Lisbon European Council, March 2000.

的目的和宗旨是①：①指导欧盟实现短、中、长期目标；②适应各国及其部门的不同需要，富于弹性地建立恰当的、定量的、定性的基准；③考虑到成员国和地方存在差异，设立特别目标和采取相关措施，将欧盟指导建议转化为成员国和地区政策；④把开放式协调方法当作相互学习的过程，周期性地进行监督、评估和有系统地回顾。由于各成员国国内语言现状的复杂性和各国语言政策的政治价值的多样性，欧盟的语言政策只能、也应该采取开放式协调方法。

第三，欧盟多元一体构建的欧盟认同是多重认同。欧盟多元一体的治理模式所要达成的"欧洲认同"并不是具有排他性、唯一性的认同，而是追求"多样性的统一"的多重认同，即既有对国家的认同，也有对欧盟的认同。欧盟最重要的是通过法律制度和政策构建欧盟认同，使成员国及其公民在一个广泛的制度框架内互动，从而产生集体利益和集体认同，在相互合作甚至相互依赖中不断增加集体认同，正如哈贝马斯所说："通过培育政治文化，'做成'集体认同，把'他人'一起构成了现代意义上的'我们'。"② 因此，欧盟的语言政策并不能、也不应超越多重认同的制度构建，反而只能服务于多重认同构建。

2. 多语政策的改良须坚持欧盟"多元一体"的多边主义

第一，多边主义既是基本价值观，也是基本制度。多边主义即多方谈判与积极协商，在法律制度和规则的框架内展开博弈，寻找达成共识、解决问题的办法。多边主义既是欧盟的基本价值观，也是欧盟治理的基本制度，对欧盟平等、民主、协作的国家关系的构建起到了非常重要的作用，同时也形成了欧盟相互制衡的权力架构。在欧盟层面，理事会、委员会、欧洲议会、欧洲法院之间建立起了相互制衡的关系，欧盟机构和成员国之间也建立起了相对平衡的博弈关系；在成员国层面，大国与小国都必须在欧盟的法律制度和规则的框架之内进行协商，小国借助欧盟的制度约束机制抵御大国的强势，大国通过其实力的优势和合法的程序对欧盟及小国施加影响，共同通过多边主义的方式增加总体的和共同的利益，调解纠纷，解决问题。欧盟各成员国在欧盟层面的语言政策上必然存在着不同的利益诉求，欧盟语言政策的实施在某些方面也会影响甚至威胁到部分成员国国内语言政策的推行，某些情况下欧盟语言政策也被质疑干涉成员国内政。这些问题的解决都必须在多边主义的制度和机制之下，通过欧盟的一致表决和政府间协商的方式作出。

---

① 伍贻康等.多元一体：欧洲区域共治模式探析[M].上海：上海社会科学院出版社，2009年，第39页.
② 转引自：童世骏.政治文化和现代社会的集体认同//.当代国外马克思主义评论[M].上海：复旦大学出版社，2000年.

第二，多边主义构成欧盟的基本政治秩序。欧盟多边主义的基本政治秩序主要是指多边谈判和积极妥协。由于《欧盟宪法条约》（草案）的未通过而引发欧盟的制宪危机的影响仍在，欧盟在"政治一体化"方向的态度转向模糊，欧盟内部政治秩序的复杂度大大提高，而多边主义是目前内外共识度最高、效率最高、政治成本相对较低、操作性较强的政治秩序，未来短时间内都难以打破。多边主义是多边谈判和积极妥协结合，多边谈判是指在欧盟政策的形成过程中，成员国政府积极地发挥主动性和互动性，在提议、谈判、签署协议和执行的各阶段平等沟通、寻求共识；积极妥协是指当发生利益冲突时，反对暴力方式，坚持合法程序，坚持谈判、协商、讨价还价、互谅互让的方式，制定出各方虽然不完全满意但至少都能接受的方案。欧盟语言政策的形成涉及不少利益冲突，比如政策预算的计划、拨付、使用，贡献国和接受国之间、受益国和新受益国之间、贡献国和贡献国之间需要积极达成妥协，方可促进语言政策具体项目的形成。

3. 多语政策的改良须符合欧盟"多元一体"的实践模式

第一，欧盟"多元一体"的实践具有动态平衡性。所谓动态平衡性是指事物的内部因素和外部因素在运动变化过程中相互作用、相互影响并且不断地相互适应、相互兼容，使事物的发展变化呈现出相对稳定的状态。欧盟多元一体的实践使欧盟的区域治理处于一种互利共赢的动态平衡之中。由于到目前为止，欧盟尽管有"超国家"特征，即成员国部分转让了主权和共享部分主权，但欧盟依然是主权国家的联合体，主权国家依然是区域治理中最基本的单位和最重要的行为体。那么在欧盟治理的过程中就会出现欧盟整体利益与各国利益的冲突和矛盾：一边是以代表欧盟整体利益和共同利益的、拥有立法动议权（非立法权）的欧盟委员会，一边是代表各自利益的具有立法权和决策权的理事会。而欧盟政策的作出一般是由委员会围绕共同利益提出议案，由各国依据各自利益诉求通过理事会作出决定和决议。欧盟的语言政策的作出也必须依照这个实践模式，无论是政策作出机构及其权利的分配，抑或是政策制定的程序和规范，都体现了一种相互制衡、互利共赢的动态平衡。欧盟"多元一体"的实践实现的这种动态平衡性，本身就是一种非常牢固的、难以被轻易打破的稳定性，欧盟从中也获得了明显的收益。正如国外学者所说："欧盟从中获得的好处是，并不要求做到每一次都达到利益的平衡，因为合作是连续不断的，并且要拓展到广阔的领域。欧盟成功的秘诀就在于它迄今有能力做到使每个成员国都感到51%的高兴。不仅各成员国政府，而且欧洲的整个政界和经济界的精英们都相信，加入欧盟是值得的。各成员国政府在相互承担义务的同时，也就相互之间摆脱了枷锁，并以这种方式在其得失相抵中能够获得更多的自主权和行动能力。"①

第二，欧盟"多元一体"的实践有其路径依赖。欧盟"多元一体"实践的路径依赖其实就是欧盟的制度结构，目前欧盟的制度结构一直遵循着以往的历史和成功的经验，既不会、也难以轻易改变。首先，现行欧盟的制度结构如果发生巨大变革，将会导致巨大的转型成本，甚至引发欧洲一体化进程的倒退，欧盟既承担不起也不会去做。经过半个多世纪发展的欧盟，其制度结构从成型到成熟，特定的惯例和运行模式已深入地扎根于各成员国及欧盟公民之中，推翻或重构既有的制度结构是会引发分裂的巨大风险的。其次，现有的制度结构是欧盟面向未来的起点，绝大部分政策的制定、调整和改良的初始条件已然被这个起点"锁定"。现行欧盟的制度结构是历史选择的结果，而历史是具有延续性的，包括语言政策在内的大部分政策都会在这个制度结构中孕育和发展。最后，欧盟现行的制度结构还会不断地自我强化。欧盟现行的制度结构的形成和发展不是一蹴而就的，更非一开始就有完善的顶层设计，而是在复杂的环境中"摸着石头过河"，是通过各种形式的交流、沟通和互动，通过对各种文化习俗、政治传统、社会惯例的复制、学习、改造、创新而逐步建立起来的，而在这一过程中对欧盟的运作规则等制度结构就逐步产生了稳定的心理预期并以此作为指导自己行为和进行预测活动的行为准则，从而更强化了现行的制度结构。可以说，在可预见的未来，欧盟区域治理实践会依然按照既定的方向即"多元一体"的方向发展，欧盟现行的制度结构也将不断地强化，绝大部分政策和决策的作出都将以此为路径依赖。

6.2.2 法制约束：欧盟法的宗旨与法律体系

1. 欧盟语言政策的改良不能违背欧盟法的宗旨

第一，欧盟法的宗旨与欧盟的宗旨具有同构性。任何一个国际组织都有自己的为之奋斗的理想，即宗旨，否则就没有成立的必要了。应该说，欧盟的成立和发展就是为了最终实现欧洲一体化。有学者认为，欧洲一体化具有至少五个动机：①出于重新自我定位的意愿；②出于安全与和平的意愿；③出于自由与流动的意愿；④出于对经济繁荣的期望；⑤出于对共同强大的期望②。这些动机在组织实体上的具体化，就是欧盟的宗旨。欧盟的宗旨规定在欧盟的基础条约之中——《欧洲联盟条约》第3条第1

---

① [德]贝娅特·科勒-科赫.欧洲一体化与欧盟治理[M].顾俊礼，译.北京：中国社会科学出版社，2004年，第162页.
② [德]贝娅特·科勒-科赫.欧洲一体化与欧盟治理[M].顾俊礼，译.北京：中国社会科学出版社，2004年，第19-20页.

款规定:"联盟的宗旨是促进和平、其价值和人民的福祉。"① 同时,《欧洲联盟条约》第2条则具体规定:"联盟赖以建立的价值观基础是:尊重人的尊严、自由、民主、平等、法治和尊重人权,包括属于少数群体的人的权利,这些价值观是各成员国的共同价值观,共同组成一个以多元主义、不歧视、容忍、正义、团结和男女平等为主导的社会。"欧盟法的创制就是为了实现欧盟的宗旨,可以说,欧盟的宗旨就是欧盟法的宗旨,欧盟法的宗旨与欧盟的宗旨具有同构性,欧盟的任何立法和政策都不能违背这些宗旨。

第二,欧盟法最重要的价值追求就是法治。法治(rule of law)是欧盟的基本价值之一,更是欧盟法最重要的价值追求和基本原则,法治也是其他许多价值和原则的综合体。《欧洲联盟条约》在其序言中就已经把法治和自由、民主、人权等原则并列为欧盟的基本原则和基本价值,这意味着:①欧盟是一个以法治为基础的命运共同体;②欧盟所有成员国、所有欧盟机构和全体欧盟公民的所有行为都必须符合法律的规定;③欧盟机构和成员国政府等的公权力都受到法律的限制,其行为必须遵循合法性原则和程序正当原则等;④各权利主体依法受到法律的保护。

第三,欧盟法在部门法领域有其具体宗旨和目标。部门法有部门法的具体目标和宗旨。具体到语言政策领域,根据《欧洲联盟条约》第3条第3款第4段的规定:"联盟应尊重其丰富的文化和语言多样性,并应确保欧洲的文化遗产得到保护和加强。"可见,语言政策及其立法的具体宗旨和使命就是"尊重其丰富的文化和语言多样性",任何违背这一宗旨的立法和政策都是违宪的。

2. 欧盟语言政策的改良必须符合欧盟法律体系的特性

半个多世纪以来,欧盟法的发展呈现出明显的扩展趋势,欧盟法律体系得到了明显扩张。欧盟法律体系已不仅仅涉及欧洲经济一体化,而且还涉及基本人权、文化教育、社会福利、公共卫生和环境保护等方方面面的问题,欧盟法所涉及的范围同国内法所涉及的范围比较起来已经没有明显不同了②。这个特殊的法律体系,在规模和复杂程度上,不仅超过了任何一个国际组织的法律体系,甚至和一个发达国家的法律相比也毫不逊色③。当然,根据不同的标准,欧盟法律体系有很多种不同的划分方法,有的

---

① 根据《里斯本条约合并版本》(OJ C 202, 2016),下同。
② [英]佛兰西斯·斯奈德. 欧洲联盟法概论[M]. 宋英,编译. 北京:北京大学出版社,1996年,第2-3页.
③ 曾令良. 欧洲联盟法总论:以《欧洲宪法条约》为新视角[M]. 武汉:武汉大学出版社,2007年,第81页.

学者把欧盟法分为欧盟宪法、欧盟政府管理法和欧盟市场交易法[①]；有的分为欧盟宪法与行政法、欧盟组织法、欧盟共同市场法、欧盟司法与内务合作法、欧盟人权法、欧盟对外关系法[②]；有的则分为欧盟宪法、欧盟行政法、欧盟组织法、欧盟内部市场法、欧盟人权法、欧盟司法与内务合作法、欧盟对外关系法[③]，等等。具体到语言政策和语言立法，一般而言，语言政策及立法不属于主流学理分类方法中的某一类，但可以确定其属于跨部门法，既跨了行政法部门，也涉及人权法、司法与内务合作法等法律部门。尽管欧盟的语言政策具有跨部门性，但依然须符合欧盟法律体系的特点。

第一，须符合欧盟法律体系"自成一类"的独特性。在欧盟内部，欧盟法是与成员国法互相独立且同时并行的两套法律体系，不过，欧盟法对在成员国可以直接适用、具有直接效力，在二者冲突的情况下还可以优先适用，因此，欧盟法有别于一般的国际法，具有"超国家性"。但是，欧盟法又有别于联邦国家的联邦法，毕竟欧盟与成员国之间的关系不是联邦关系。另外，也并非所有领域的欧盟法都具有"超国家性"，而是仅在欧盟的专属权能中；若是其他领域，则只能依据辅助性原则发挥辅助作用，因此说欧盟法律体系是"自成一类"的法律体系，欧盟的语言政策须分情况适用相关原则，而不能一概而论地直接行动。

第二，须符合欧盟法律体系的动态性。欧盟法律体系的动态性主要是指欧盟法律体系不断的演进，跨学科跨部门地进行融合的变化性。欧盟法律体系不是固化不变的，而是会随着欧洲一体化进程的深入而调整和变化，而且表现出跨学科跨部门的融合性，即往往把宪法和普通法、实体法和程序法、私法和公法的相关规范融合起来，冲破传统法律部门的本来界限。因此，具体到语言政策而言未必就是沿着单一的行政法律部门的轨迹演变和调整了。

第三，须符合欧盟法律体系在区域范围内的法律趋同化趋势。欧盟法是法律趋同化的产物。法律趋同化的内在标准有两个，第一个是法律观念的趋同，比如，"天赋人权""主权在民""权力制约""交易公平""贸易自由"这些法律观念早就已经被欧洲不同法系、不同法律传统、不同国家的法律通过宪法原则或宪法判例的形式所确认，而欧盟法发展的伊始，就是吸收了这些法律观念的；第二个内在标准，是承认并保留差异性，这其实是法律趋同化的限度，超出了这个限度，就不是法律趋同化。

---

① 曾文革. 欧盟法[M]. 北京：对外经济贸易大学出版社，2015年，第8页.
② 曾令良. 欧洲联盟法总论：以《欧洲宪法条约》为新视角[M]. 武汉：武汉大学出版社，2007年，第3页.
③ 张彤. 欧盟法概论[M]. 北京：中国人民大学出版社，2011年，第83-84页.

这里说的差异性，主要是指法律制度和法律文化的区别性，这个区别性，根源于国家主权具有独立性，因为国家主权独立，本身就是最大的、最不可能混同的区别，如果没有了主权的独立和差异，那就等于放弃了法制发展道路的选择权或者没有选择权，那就不是法律趋同化而是"法律一体化"或者是"法律全球化"了。事实上，欧盟法非常想突破这个限度，但终归突破不了这个限度（最典型的例子就是2004年欧盟的制宪危机，尽管2009年《里斯本条约》生效，说是挽救了这个制宪危机，但恰恰是《里斯本条约》写入了"退欧条款"，这是联盟权对国家主权的最大的让步和妥协）。具体到语言政策，一方面，在法律观念上须趋同——坚持文化和语言多样性；另一方面，须承认并保留差异性——必须尊重成员国各自语言政策的选择和调整，严格依法按照辅助性原则予以补充。

3. 欧盟语言政策的改良须遵循严密而复杂的法律程序

第一，严密而复杂的决策程序。欧盟政策的决策必须依法遵循法定的程序。欧盟在基础条约中主要规定了四种立法和决策程序，分别是：①同意立法程序（the assent procedure）；②咨询程序（the consultation procedure）；③合作立法程序（the cooperation procedure）；④共同决定立法程序（the co-decision procedure）。其中，前三个程序统称为"特殊立法程序"，共同决定立法程序又被称为"普通立法程序"（the ordinary legislative procedure）。从适用范围看，欧盟约85个领域适用"普通立法程序"，主要包括[①]：a.农业和渔业、自由安全和司法事务、涉及犯罪和刑法、欧洲警察署、欧洲司法局和警察合作领域、特定部门服务的自由化、与第三世界国家的合作、法律实施行为等；b.共同商业政策、欧盟签订的所有双边或多边的对外贸易和国际贸易协定、与第三世界国家签订的服务与资本的自由流动问题、消除内部市场扭曲、使用欧元的措施等属于欧盟的"特定权限范围"的领域；c.有关公民动议权、容纳第三世界公民的措施、维护公共安全、保护知识产权、体育、欧洲研究领域、能源、旅游、公民保护、人道主义援助、行政管理合作等新政策领域；d.涉及欧洲央行、央行体系、结构基金和团结基金等。从立法形式看，欧盟的条约（treaty）、条例（regulation）、指令（directive）和决定（decision）一般都须通过"普通立法程序"制定。

第二，欧盟语言政策的决策，主要遵循"普通立法程序"。第一步，由欧盟委员会向欧洲议会和欧盟理事会提交提案。此处，欧盟委员会在欧盟决策中享有唯一的提案权（又称立法动议权），当然，欧盟公民、其他组织等可以通过"欧盟公民倡议"

---

① 曾文革. 欧盟法[M]. 北京：对外经济贸易大学出版社，2015年，第142页。

(European citizens' initiative)的方式提出欧盟政策或法律的提案建议。第二步，进入一读程序，即由欧洲议会审议通过并提交欧盟理事会，如果欧盟理事会赞同欧洲议会的立场和意见，提案就会作为法令被通过，所有程序结束；如果欧盟理事会不赞同，则需要把具体的意见和理由通报给欧洲议会，同时，欧盟委员会也需要向欧洲议会通报其立场，此时就要进入二读程序。第三步，进入二读程序，即欧洲议会在接到欧盟理事会和欧盟委员会的通报之后，需在三个月之内进行表态：一是赞同理事会立场或逾期未作决定，则相关提案按照理事会立场的文件获得通过，所有程序结束；二是明确不赞同欧盟理事会立场，则提案视为被搁置，所有程序结束；三是提出修正案，提交给欧盟理事会和欧盟委员会，在收到提案3个月内，如果欧盟理事会以特定多数达成"同意"的决议，则提案就会作为法令被通过，所有程序结束；如果欧盟理事会以特定多数达成"不同意"的决议，则进入调解程序——在调解程序中如果未能达成"一致文本"，则视为提案不通过，所有程序结束；在调解程序中如果能达成"一致文本"，则进入三读程序。第四步，三读程序，即"一致文本"要分别在欧洲议会的多数表决和欧盟理事会的特定多数表决中通过，提案才会作为法令被通过，所有程序结束；如果在欧洲议会未通过或者在欧盟理事会未通过，则提案不通过，所有程序结束。可见，包括语言政策在内的欧盟绝大部分的政策和法律的决策，需要经过严密、冗长且复杂的"普通立法程序"方可出台。

第三，欧盟语言政策的决策偶尔会涉及"特殊立法程序"。"特殊立法程序"包括同意立法程序、咨询程序和合作立法程序，而欧盟的语言政策决策中最主要涉及到的是咨询程序。咨询程序（the consultation procedure）又称为"一读立法程序"（single reading），是一种简易的决策和立法模式，主要体现出决策和立法中"咨询"的重要性，因为在咨询程序决策中，咨询过程本身是必经程序，未经咨询的立法是会被欧洲法院宣布为无效立法的。对于成员国来说，一些比较敏感的政策领域，成员国不希望通过"普通立法程序"来解决，就会倾向于咨询程序。咨询程序主要有三个步骤。第一步，动议，即由欧盟委员会提出立法动议，有时候欧盟委员会会根据欧盟理事会的建议提出立法动议。第二步，听证，即由欧洲议会讨论并提出意见，有时候除了欧洲议会，还会有地区委员会、经济与社会委员会等其他机构参加讨论和提意见；欧洲议会对议案发表正式意见是一个必经程序，尽管这个所谓的正式意见不具约束力，但不能缺少这一程序，否则即使通过的立法也会被宣告无效；欧洲议会的正式意见如果是"赞成"，则可进入下一步骤的"决定"程序；如果欧洲议会"不赞成"，要么由欧洲议会把议案退回给欧盟委员会修改后再次提交（这种"退回"的方式实际上是欧洲议会的"讨价还价"，非常影响立法效率，与"特殊立法程序"本身的初衷是违背的），要么由欧洲议会自己提出修正案。第三步，决定，即欧盟理事会以简单多数或者以特定多数或者以一致同意的方式进行表决通过。

第四，软法形式的欧盟语言政策的决策程序。软法形式的决策程序虽然没有硬法立法程序那么复杂，但也并不简单，因为这也是一个多元利益诉求整合的过程。以欧盟委员会制定软法为例：第一步，形成议题。欧盟委员会拥有提案权，欧盟公民、其他组织等可以通过"欧盟公民倡议"的方式提出欧盟政策或法律的提案建议；欧洲理事会也可以直接以结论、决议和声明的形式表达其对某一问题的政治立场和态度（这也是一种软法），虽然不具法律效力，但可以促使欧盟委员会提出更加具体的议案。第二步，形成议案，这一步分为三个阶段。第一阶段是创议和准备阶段，欧盟委员会需要听取各方面的需求和诉求，其中包括理事会、欧洲议会、成员国有关负责部门、地方政府、企业、非政府组织、专家学者和公民等，然后要把这些诉求细分到委员会的具体的总司，同时，欧盟委员会也会向相关领域的专家和团体寻求专业意见，这个阶段可能需要几个月的时间；第二阶段是协调与起草阶段，主要是协调各部门的利益，议案的初稿会分发至相关总司和相关委员会的办公室进行讨论，然后形成议案草案。第三步，影响评估。欧盟委员会在正式提出议案草案之前，需要对该草案可能造成的经济、社会、环境影响进行评估，形成"影响评估文件"（impact assessments）并提交至欧洲议会、部长理事会等相关机构，利益相关方可以对该影响评估文件提出建议。第四步，形成决议，召开欧盟委员会全体会议，对议案逐一审议，以多数通过的表决方式进行决定，分三种情况，一是决定采取软法的形式通过，即具体行动以推动政策的最终达成，具体的方式就包括：建议、意见、具体的行动建议、声明；二是审议通过并提交给理事会和欧洲议会，进入"普通立法程序"，推动硬法制定；三是审议不通过，议案退回相关办公室。应该说，软法形式的欧盟语言政策的决策程序并不简单，尽管没有硬法立法程序那么复杂，但其保障利益相关方的程序性要求是很多且必要的。

6.2.3 目标约束：欧盟多语化语言政策的整体目标

欧盟多语化语言政策的整体目标决定着多语化语言政策的基本属性，欧盟每一项具体的语言政策及其项目计划的具体目标，都必须符合欧盟多语化语言政策的整体目标，无论是新语言政策的制定还是已有语言政策的调整，同样须要符合多语化语言政策的整体目标，因为整体目标体现着政策的合宪性与合法性，也体现着政策的意义，更体现着政策的问题导向。

1. 整体目标体现政策的合宪性

欧盟语言政策的整体目标，集中体现在欧盟的基础条约之中，比如《欧洲联盟条约》《欧盟运行条约》和《欧盟权利宪章》都明确了"尊重文化和语言的多样性"，这就是欧盟语言政策的整体目标之一；除此，还有：公平对待所有官方语言，反对语言歧视，促进欧盟语言的传播，以及提升欧盟公民语言能力，尊重作为基本人权的语言权，等等。如果某一项具体的语言政策的目标违背了这些整体目标，就意味着"违宪"了。因此，语言政策的制定和改良，必须符合多语化语言政策的整体目标，这是合法性、合宪性的要求。

2. 整体目标体现政策意义

欧盟语言政策的整体目标体现着政策的总体意义，这些意义至少包括：①培育"欧洲认同"意识，建构欧盟的集体认同；②培育和提升人们的语言能力，帮助所有公民融入欧盟社会；③加速和深化各成员国之间的人员、服务、资本和货物的自由流通，夯实欧盟内部市场的基础，提升经济发展的整合度和各国经济的融合度；④促进不同文化的交流，增进不同文化公民和国家之间的相互理解与信任，促进欧盟团结，推进欧洲一体化进程；⑤提升社会福利，增强社会凝聚力。

3. 整体目标体现问题导向

从宏观上说，欧盟任何政策都应符合欧盟的宗旨和价值，即"促进和平、其价值和人民的福祉。"[①] 而从中观和微观层面说，某一类政策和这类政策中的某一项具体政策，需要以问题为导向，即要以解决现实存在的问题为基础和根本，否则，这类政策是没有存在的必要的。欧盟的多语化语言政策从整体上说，是为了解决语言不平等、欧盟公民的语言沟通障碍、提升欧盟公民语言能力、保护小众语言等问题而生的，这是欧盟语言政策的基本问题导向。多语化语言政策的改良，目的是为了更好地应对和解决这些问题。当然，每一项具体的语言政策有其具体的针对性问题，比如表6-1所列的过去已完成的欧盟具体语言政策，均是以问题为导向。语言政策的改良需要有具体的问题意识，针对过去政策为解决或解决不完善的问题，继续进发；又或者在实践中遇到新问题，也应实事求是、具体问题具体分析地对症下药。

---

① 《欧洲联盟条约》第3条。根据《里斯本条约合并版本》（OJ C 202, 2016），下同。

表6-1 欧盟部分语言政策的目标分析

计划名称	要解决的问题	语言政策背后的意义
语言数位化计划	1. 降低共同体内部的翻译成本 2. 解决共同体内部翻译人员难找的问题	建立"公民欧洲",让欧盟与公民紧密结合,建立一个以民意为归依的欧盟
外来移民后代母语教育计划	1. 外来移民后代与欧盟公民之间日常生活的互动问题(沟通问题) 2. 通过语言的学习,让外来移民融入欧盟的生活	培养欧盟公民融入欧盟生活的能力,促使欧盟公民产生欧洲认同意识,强化他们的欧洲认同感
"区域及少数"语言计划	1. 避免区域及少数语言人口急速锐减 2. 保护区及少数语言文化 3. 保障区域及少数语言使用者的母语使用权	加强各成员国之间经济及生活的融合
共同体语言推广计划(LINGUA)	1. 解决欧盟公民日常生活的沟通问题 2. 保障欧盟公民的母语使用权 3. 培养语言人才,解决共同体内部翻译人才难找的问题 4. 通过语言的学习,让欧盟公民彼此之间能够更好地相互理解 5. 降低欧盟东扩后可能对欧盟本身以及欧盟公民造成的语言冲击	增进欧盟公民彼此之间的相互理解,以奠定欧洲一体化成功的根基

续上表

计划名称	要解决的问题	语言政策背后的意义
欧洲语言年	1. 提高对欧盟丰富的语言和文化多样性的意识，以及欧盟丰富的语言和文化多样性对文明和文化的价值方面的意识 2. 鼓励多语言主义 3. 尽可能让更多的人知道掌握数种语言技能的优势 4. 鼓励终身语言学习，尽可能在幼儿园和小学开始学习外语，并获得相关的技能 5. 收集和传播关于语言教学的信息	强调促进欧盟公民的权利和义务以及保护欧洲语言和文化遗产的重要性，以及通过强调文化、教育、经济和个人学习欧洲语言的好处，来鼓励所有参加活动的国家的人们进行终身的语言学习
促进语言学习和语言多样性行动计划（2004—2006）	1. 对所有的欧盟公民扩展语言学习的优势，从早期开始学习外语 2. 促进更好的语言教学 3. 构建友好语言环境 4. 构建行动信息框架	学习其他语言，通过提高认知技能和加强学习者的母语技能（包括读写技能），帮助欧盟实现"发展成为一个在2010年前以知识为基础的、在世界上最有竞争力的经济体"的目标
多语言主义战略	1. 鼓励语言学习与推广多语社会 2. 推广健全的多语言经济 3. 让公民用他自己的语言取得欧盟的法规、程序及资讯 4. 让公民拥有使用几种语言的能力，作为积极的公民接触文化和参与管理，从更好的交流、社会包容和更宽广的就业中受益 5. 提高欧盟语言多样性的价值和机会的意识以及消除文化间对话的障碍	保护欧洲文化和语言的多样性，让需要语言在欧洲和谐共存，实现欧盟在多样性统一的愿望

制表参考：周晓梅.欧盟语言政策研究：1958—2008[M].昆明：云南大学出版社，2012年，第124页.

6.3 欧盟语言政策改良的进路

在既有的上限之下，应该说，公平视角下欧盟多语化语言政策的改良空间其实不太大，但并非完全没有进路，在规则公平、机会公平和权利公平等政策改良方面依然是可以作为的。

6.3.1 规则公平：软法治理模式的优化

在治理功能上，软法"在公共治理中起着增强公民的主体意识与促进社会自治、弥补硬法不足、降低立法与执法成本、创新管理方式、防止公权力滥用的积极作用"①。欧盟多语化语言政策在追求和实现规则公平方面，凭借其较为有限的法律权限，以公平为核心价值尺度，突破了国家中心主义的藩篱，不断增强其政策软法的内在理性，其现有的软法治理模式已取得较为良好的效果并积累了不少成功经验，比如形成了严密而复杂的软法制定程序，探索出了各方接受度较高的开放式协调方法（前已有述此处不赘）等，受到了国际社会和世界国各国的普遍肯定。当然，在坚持发挥固有长处和优势的同时，也应正视其存在的问题和直面新形势下的挑战，进一步优化软法治理模式。

1. 语言政策法律位阶的晋步：从欧盟软法到成员国硬法

从欧盟立法的种类和效力看，只有"指令"（Directive）是可以直接促成成员国的国内立法的（"条例"则对于欧盟及其成员国是可以直接适用并产生直接效力的，不需要转化为国内立法），即欧盟针对某一特定成员国发布的施加某种义务的法律文件，该成员国必须以一定方式转化为国内法或者国内具有法律约束力的法律措施。而软法则缺乏这种强制力。不过，软法可以促进成员国国内良法和善治的塑造与实现，毕竟，软法只是缺乏强制约束力，并非没有任何法律效力，正如有学者所揭示："软法效力的内容，即法律效力的内容，可以概括为四个方面：一是对相对主体及相关主体的拘束力；二是对法律事实、法律地位、权利义务、法律责任的确定力；三是对所确定的权利义务、法律责任的实现力；四是对法益的保护力。"②

一方面，通过多语化语言政策软法营造并宣示修改欧盟基础条约的氛围和决心，渐进扩大欧盟语言政策在硬法层面的立法。在这一方面，多语化语言政策的个别软法是做过相应尝试的，例如2003年的《文化多样性背景下关于欧洲区域性和较少使用的

---

① 石佑启. 论区域合作与软法治理[J]. 学术研究，2011（6）：32.
② 江必新. 论软法效力——兼论法律效力之本源[J]. 中外法学，2011（6）：1168.

语言及欧盟少数群体语言提出建议的决议》（简称"语言保护2003年决议"），就在第D项中明确写入了欧洲议会的具体建议："尊重语言和文化多样性是欧盟的基本原则，应在《欧盟基本权利宪章》第22条中规定以下条款：'联盟应尊重文化、宗教和语言多样性'。"同时，第E项明确："它（欧洲议会）要求在欧共体条约中插入以下新条款：'共同体应在其职权范围内尊重和促进欧洲的语言多样性，包括区域或少数民族语言，表达这种多样性，鼓励成员国之间的合作，并利用其他适当的手段促进这一目标'。"确实，后来的《欧盟基本权利宪章》在第22条中对这些建议进行了完全的采纳。不过，后来修订的《欧盟条约》和《欧盟运行条约》尽管采纳了"语言保护2003年决议"第E项的建议，但仅表明"尊重文化和语言多样性"的立场，未把"区域或少数民族语言"写入，这确实是一个遗憾。不过，总的看来，多语化语言政策的软法确实营造了并宣示了修改欧盟基础条约的氛围和决心，确实在逐渐地扩大欧盟语言政策的硬法立法，这种尝试非常值得推广，而且这种柔性影响的力度还应该进一步扩大。

另一方面，强化多语化语言政策软法的公平价值导向，倒逼成员国检视、审查和调整国内语言政策及立法。由于软法不具强制约束力，因此也不得不容忍成员国的不同意见，但欧盟的多语化语言政策软法可以强化其公平价值导向，特别是强调并具体化语言地位和语言使用的法益保护。以语言保护为例——欧盟的语言政策可以以"反歧视"式的人权保护为突破口（即欧盟层面采取措施的窗口），首先进行欧盟层面立法的自我审查（类似于司法审查），同时建议成员国自觉审查国内所有歧视少数民族群体及其语言文字的国家立法和做法，并建议成员国为区域性及少数民族语言的使用和保护提供权利保障的直接法律依据，也就是国内立法建议，比如在软法政策中直接表达"应允许并承认区域性及少数民族语言的地名和人名""应允许使区域性及少数民族语言作为一般教学语言"等具体的国内立法建议。再者，可以在经费允许的条件下，通过语言软法政策实施类似于"2001年欧洲语言年"的项目活动，尽管这些项目很"烧钱"、很麻烦、很费劲，虽"吃力"但能"讨好"，因为这能使欧盟的广大民众亲身感受到语言权利被保障、语言能力获得提升的满足感、获得感和安全感，非常有利于凝聚民意、凝聚共识、凝聚欧洲认同，从而倒逼成员国检视、审查和调整国内语言政策及立法，使欧盟多语化语言政策的软法晋阶为成员国的硬法。

2. 提升语言政策软法实施的资源保障

欧盟难以直接赋予其语言政策软法以强制约束力，但完全可以而且很有必要加强语言政策软法实施的资源保障和支撑。有学者指出："法的实施通常会运用压制性资源和引导性资源来加以保障。压制性资源表现为系统化的强制、惩戒规范以及警察、法庭和监狱等外在暴力力量。引导性资源是法所内含的理想目标、价值追求、道德伦理、公序良俗、利益分配、人性化管理等内在感召力量。"① 由于软法本身缺乏强制力，难以运用压制性资源保障其实施，但可以开发、调动和运用引导性资源，提升欧盟语言政策软法实施的资源保障。

第一，开发和集合资金等物质性资源。前章有述，欧盟制定和实施其多语化语言政策的经济成本、组织成本、时间成本等都是很高的，甚至成为了欧盟财政的一种负担，这也是欧盟语言政策在追求公平价值中所陷入的困境。而要突破这一困境，除了需要检讨已投入的资金、人力、物力等物质性资源是否可以节省以及是否能更优化地配置之外，更重要的是"开源"，毫不避讳地说，在推动软法的实施上，"增量"比"存量"更加重要。因为软法缺乏法律责任及其承担方式（不能威逼），语言政策的软法只能够通过较为充分的利益准备"让利于民"（可以利诱），既要满足成员国及其公民正当语言权利保障的需求，也要实现他们对提升语言能力、获得一定利益的期待。坦白说，实现公平、正义、人权是需要巨大成本的，追求多语主义下的语言权利公平确实很"烧钱"，但这可能是一条"不归路"，因为对成员国及其民众的利益的尊重、满足与合理诱导是增加他们对语言政策软法认同、遵守和执行的非常重要的基础和条件。

第二，开发并运用"欧洲认同"等意识形态资源。加强欧盟语言政策软法的实施与强化"欧洲认同"其实相互作用、互为因果的关系，而强化"欧洲认同"等意识形态确实能为欧盟语言政策软法的实施提供精神上的动力支撑。强化"欧洲认同"是可以通过多种形式、多种途径和多个方面进行的，比如每年举办"欧洲日"活动、欧盟内部市场建设的高度深化、欧盟民主政治的开展，都会或多或少地唤醒人们对文化多样性和语言多样性的权利需要的认识，这其实就是调动意识形态的资源和力量获取社会对多语化语言政策软法的拥护和支持，而不是单纯地把"希望"寄托于成员国政府，因为民众的需求和对自己权利的觉醒往往可以倒逼国家的立法改良。

第三，开发并调动公平、人权、法治等欧洲传统中的文化资源。欧洲文明有深厚而悠久的历史传统，其中，欧洲人民追求公平、人权、法治等公共理性所形成的公序良俗就是典型的文化特征，也是重要的可供开发和调动的文化资源。欧盟语言政策软法设定的行为规范，无论是制定、调整还是改良，都应该"要尽量符合社会成员在长期共同生活中已经形成和遵循的习惯行为方式，这包括经济活动往来、文化礼仪交

---

① 方世荣. 论公法领域中软法实施的资源保障[J]. 法商研究，2013（3）：13.

流、社会生活交往等当中形成的公序良俗。"① 也就是说，欧盟语言政策的软法要以成员国及其公民愿意、乐意接受的方式调动他们遵守与执行，既要照顾少数群体（如少数民族地方）的特定利益，更要体现尊重地方习惯、民族习惯和其他公序良俗。

3. 构建并优化语言政策软法治理的相关机制

欧盟多语化语言政策的软法治理本身更多的是一种合作治理的模式，由更广泛的治理主体（欧盟、成员国政府、政治团体、利益团体、欧盟公民和其他组织）共同参与、共同协商。正如有的学者所指出："在全球化、民主化、市场化和信息化的时代背景下，由开放的公共管理与广泛的公众参与整合而成的公共治理模式，正在取代传统的国家管理模式或者统治模式，日益发展成为公域之治的主导模式，这种趋势不可逆转。"②要应对这种不可逆转的趋势，就要构建并优化语言政策软法治理的相关机制，当然，欧盟治理的难度极大，复杂度极高，而且欧盟机构内部组织的精细化程度、工作流程的严密度也非常高，任何机制的构建都不是那么轻而易举的，而且很可能"牵一发而动全身"，因此，以下关于构建并优化语言政策软法治理的相关机制只能是粗略的建议③。

第一，建立信息交换机制。欧盟语言政策的实施推行高度依赖欧盟机构、成员国有关部门、教育机构、欧盟公民等多方行动主体的配合与协作，而协作的成本与风险很大程度上源于信息的不对称，造成或重复、或缺漏、或不信任等的资源浪费和无效工作，因此，关于信息的通报、传递、规范、审查、共享以及建设信息网络的信息交换机制就显得尤为重要。在以前欧盟的语言政策中，曾经有过个别政策项目以建立信息交换机制为项目目标之一——2003年的《2004—2006年度促进语言学习及语言多样性行动计划》（COM/2003/0449 final）就把"构建行动信息框架"列为项目内容和目标，这是构建信息交换机制的有益尝试，但遗憾的是，并没有把这种信息交换机制推广到其他语言政策领域并把它固定下来④。因此，欧盟多语化语言政策的改良应使

---

① 方世荣.论公法领域中软法实施的资源保障[J].法商研究，2013（3）：15.
② 石佑启.论区域合作与软法治理[J].学术研究，2011（6）：32.
③ 本部分主要参考：石佑启.论区域合作与软法治理[J].学术研究，2011（6）：35-36.
④ 该项目执行完毕后的评估报告《关于促进语言学习和语言多样性：2004—2006年行动计划的执行情况》（COM/2003/0449 final）提到："为了促进良好做法的交流以提高语言教学质量，2006年成立了欧洲外语教育和培训检查员网络（ELIN）（参见本报告的IV.2.1）。到目前为止，该网络主要关注三个方面：支持学校主导的外语教学，教师的培训，以及检查外语教学系统及其实践的影响。其中，Arion计划支持教育利益相关者的考察访问，共组织了36次语言教学考察访问，近400名参与者参加，包括语言教师、校长、政策制定者和大量语言检查员（参见本报告的II.3.3）。Arion计划在LLP下继续进行，并将特别关注面向语言的活动。"

信息交换机制推而广之。

第二，建立利益协调机制。尽管成员国在经济领域向欧盟让渡了部分主权，但在语言政策领域并未让渡，欧盟语言政策的推行就必须回归到各国不同的利益诉求上来，这就亟需利益协调机制。软法治理中的利益协调包括至少两个方面的内容，一是对"存量"（现有利益）的分配，比如多语教育政策项目中的资金贡献国和接受国、接受国和接受国、强势语言群体和弱势语言群体、弱势语言群体和弱势语言群体之间，都需要明确且公平的利益协调机制；二是关于"增量"（利益创造）的问题，比如通过经济政策（欧盟权限大得多）刺激语言产业的发展，深度引入市场机制发展语言教育产业、语言服务产业，从而建构起一种新颖的经济合作模式和利益协调机制。

第三，建立政策评估机制。欧盟治理中并不缺乏政策评估机制，而且在很多政策领域中都建立了政策评估机制，包括语言政策领域。然而，欧盟的多语化语言政策的评估只针对具有财政资金执行性的政策项目进行评估，即使用了欧盟财政拨款和财政援助的政策项目需要进行事后评估（这也是根据欧盟基础条约所必须进行的评估），而那些没有财政资金执行性的政策则处于不了了之的状态，例如1981年、1983年和1987年的三个关于保护少数民族语言与文化的决议，后续并没有实施政策评估。因此，欧盟多语化语言政策的改良可以适当考虑建立统一的政策评估机制。建立统一的政策评估机制并非想增加欧盟多语化语言政策的后续麻烦，而是通过统一的政策评估机制筛选、甄别甚至淘汰执行性差、弹性过大以及缺乏贯彻意义的软法，提高欧盟多语化语言政策的实效性。

第四，建立长效激励机制。承前关于开发和集合物质性资源所述，语言政策的软法应尽可能"让利于民"，对合作行为"诱之以利"，而且应长期地、持续地、稳定地满足成员国及其公民正当语言权利保障的需求，满足他们对提升语言能力、无偿接受语言教育、获得一定利益的期待，才能驱动多方主体长期、愉快地合作。另外，激励还包括"负激励"，尽管语言政策的软法难以课以行为各方法律责任，但可以通过谴责、通告等方式对违反合作规则的行为主体予以提醒和施加舆论压力，促进其自觉遵守软法规范，不过，这容易引发欧盟内部的不团结，应非常谨慎而为之。

6.3.2 机会公平：专门性长效政策体系的建构

在欧盟多语化语言政策的众多项目和行动计划中，多语教育和区域性及少数民族语言保护的项目最多，这些项目绝大部分都属于授益性软法，而最主要的"益"当然就是指"机会"——提升语言能力的机会和获得语言权利保障的机会。因此，欧盟多语化语言政策的改良必须重点考虑如何更充分地实现机会公平。尽管欧盟多语化语言政策中关于多语主义、语言平等、多语教育和语言保护的基本原则和相关硬法是具有长效性和权威性的，但具体的语言政策项目和行动计划则缺乏稳定性、持续性和衔接性，而且几乎每个政策项目的覆盖面都很广，虽然美其名曰"遍地开花""形成网络"，但毕竟力量有限，只能"蜻蜓点水"，政策的授益性既难以奏效亦难以持久。所以，欧盟多语化语言政策的改良必须专注于专门性和长效性，建构起专门性长效政策体系。

1. 一个中心，突出政策支持的重点

欧盟多语化语言政策的改良需要建构具有专门性和长效性的政策体系，而这个语言政策体系应且只应有一个"中心"，具体地说，是一类政策只保留一个中心。欧盟的多语化语言政策其实只有三类：①语言地位政策——官方语言平等政策；②语言教育政策——多语教育政策；③语言保护政策——区域性及少数民族语言保护政策。这三类政策的"中心"只有一个，即多语主义。当然，从政策的制定和实施看，"多语主义"只能作为一个原则性、方向性的标准，毕竟"多语主义"（multilingualism）这四个字本身是缺乏执行性的，只能具体化为可执行、可操作的项目和行动计划，而所有同类政策都只能有一个较为具体的"中心"，围绕这个中心、突出这个中心、支持这个中心，整个语言政策体系才能"聚焦"，资源才能更好集中与整合，政策效果才能有效发挥出来。

第一，官方语言平等政策应以"翻译服务"为中心。无论《欧洲联盟条约》、《欧盟运行条约》等基本条约还是《第1/58号条例》等欧盟立法，对于官方语言平等的态度和立场都是很明确的，但是，要真正实现这种平等，需要靠更具体的政策项目和行动计划，较为典型的就是"欧罗巴计划"（1982年的《关于通过欧洲经济共同体先进设计机器翻译系统研究与发展方案的决定（82/752/EEC）》），但遗憾的是，"欧罗巴计划"的政策目标有三个：一是完善翻译服务以实现《第1/58号条例》的官方语言平等；二是减少人工翻译的经济成本；三是推广欧盟的官方语言并培训欧盟公民。如斯"宏图大志"，"欧罗巴计划"的实施期经过反复延长、经费反复追加（10年，共3750万欧元，详见前章表5-6、表5-7、表5-8），却"吃力不讨好"。问题的关键其实是"欧罗巴计划"不够"聚焦"——"欧罗巴计划"应只保留一个目标，即完善翻译服务。要实现官方语言平等，关键的难题就在于翻译服务，试想，当翻译服务"无处不在"的时候，欧盟24种官方语言的使用自由就有了最充分的保障。当然，"无所不在"可能目前仍只是一个"梦想"甚至"幻想"，但随着当代信息革命、科技革命的深入，借助人工智能等技术革新的优势，翻译服务的大幅完善是完全可以实现的。因此，欧盟官方语言平等政策的改良应抓住且只应抓住一个中心，即"翻译服务"，所有的同类政策都应以完善"翻译服务"为重点，官方语言平等甚至其他语言平等的实现也就不那么困难了。

第二，多语教育政策应以"一门母语+两门外语"为中心。欧盟多语教育政策的目标也是很宏大而且具有层次性，最高层次是追求文化的多样性和增强欧洲认同，中间层次是促进各成员国的多语教育，而最接地气的层次是增强欧盟公民的多语能力。由于政策权限问题，欧盟多语教育政策具体项目和行动计划的实施只能依据辅助性原则，在必要的情况下实施支持和补充成员国的活动，而不能取代成员国的行动，因此，欧盟多语教育政策的实施一直处于较为被动的状态，例如，只能呼吁成员国调整国内语言教育政策，只能建议成员国在学前教育阶段提供多语教育，只能邀请成员国加入某项具体的多语教育项目或计划然后课以具体的义务。遗憾的是，这些政策过多地瞄向高层次和中间层次的目标，而忽略了最接地气目标的重要性和撬动性——欧盟公民多语能力的提高，才是欧盟多语教育政策最应该把握的核心，而要提高欧盟公民多语能力，关键是"一门母语+两门外语"模式的推广。一般而言，所有欧盟公民都希望自己的语言能力轻松地得到提升，成员国也希望本国国民的语言能力轻松地得到提升，但如果在成员国及其国民没有足够的经济准备、文化准备和心理准备的情况下"要求"他们进行多语教育和多语学习，他们不仅未必会接受反而可能产生抵触和反感，这种语言教育政策的意义和效果是不大的。但如果能够把多语教育政策的资源、方向、布置都集中于一点——"一门母语+两门外语"模式的推广，向成员国及其公民（尽可能无偿）提供资源、资金、资料、场地，让他们低成本地获得语言能力提升的机会，那么，政策的效果将会大不一样。

第三，区域性及少数民族语言保护政策应以"提高流通性"为中心。欧盟区域性及少数民族语言保护政策的涉及面是很广的，既要打击语言歧视，又要忙着建立友好的语言环境；既要提高人们对语言和文化遗产的认识，又要忙着建立语言多样性的学习机构；既要设计并落实多年度的小众语言推广计划，又要忙着争取更多的财政资源增加小众语言的流通性。平心而论，这些都是有价值、有意义、有效果的正确的做法，但是，"战线"太长，未必都能守得住，而且资源有限，容易捉襟见肘。其实，保护区域性及少数民族语言的关键在于增强流通性。语言只有有人使用，才不会灭绝，单纯地对濒危语言的保存记录或者鼓励不想学习这些语言的人们去学习，对于语言保护的作用都是微乎其微的，只有增加小众语言的流通性，才是保护语言的最佳途径。因此，区域性及少数民族语言保护政策应以提高流通性为中心。

2. 以点带面，建构多语化语言政策体系

欧盟的多语化语言政策尽管在数量上已有不少，但暂未构建起较为完善的政策体系，在结构上呈现出零散的状态，比如欧盟一般把多语教育政策归类为教育政策，把多语教育纳入教育政策的项目和行动计划，例如已完成的"苏格拉底计划"和正在进行的"伊拉斯谟"计划，都把多语教育列为多个教育项目中的一个内容而已。因此，欧盟多语化语言政策的改良亟需结构的优化——以点带面地建构多语化语言政策体系。欧盟语言政策之所以一直处于零散状态，其中很重要的原因就在于缺乏前述的"中心"，缺乏可以持续深挖的着力点，"以点带面"的"点"其实就是三类语言政策的中心，从而建构起语言政策体系。

第一，谋划顶层设计，对语言政策体系进行专门性的总体规划和布局。在20世纪八九十年代，欧盟的语言政策刚刚起步，总体上处于尝试和摸索阶段，例如《关于促进少数民族语言与文化的决议》（1983）、《关于欧盟教育体系提升外语教育及推进外语教育多样性的决议》（1995）、《关于从低龄开始学习欧盟语言的决议》（1997）等政策确实就是"摸着石头过河"，包括"一门母语+两门外语"模式也是在这一阶段逐步摸索出来的。然而，欧盟多语化语言政策经过了近40年的探索，数量越来越大，覆盖面越来越广，但依然保持着过去"散兵游勇""打游击""头痛医头脚痛医脚"的不成体系状态，原因在于缺乏语言政策的顶层设计。迄今为止，欧盟虽然设立了一些语言机构，但遗憾的是这些机构未能在语言政策体系的建构上发挥出统筹、谋划和布局的作用，而仅仅局限于协调。欧盟多语化语言政策若要进行改良，必须有针对性地进行专门的顶层设计，从政策目标，到政策原则，再到政策方法和方案，都需要进行专门性的总体规划和布局。

第二，以多语主义为中心，促成欧盟语言文字部门法的形成。先撇开欧盟的立法权限不说，但就多语主义的立场和原则看，欧盟各成员国及欧盟公民的共识性是很强的，也就是原则上、立场上、态度上、感情上都是认同的，理论上说，把多语主义写入欧盟条例、指令、决定等硬法立法中是可行的。只不过，在涉及具体行动上，欧盟只能依据辅助性原则，不可替代成员国的行动。既如此，不妨先把多语主义、提升欧盟公民语言能力、促进语言保护这些具有共识性但不具操作性的原则写入欧盟的各级立法（其实《第1/58号条例》就已经是一个成功的典范，只可惜仅此一部立法），使宣示性的语言立法从无到有、从少到多、从分散到集中地涌现出来，形成欧盟语言文字部门法的雏形和基本框架，那么，欧盟多语化语言政策的权威性和稳定性就会大大增强，欧盟多语化语言政策的整个政策体系的基础就会得到夯实。

第三，优化政策结构，增强政策之间的衔接性。政策之间的衔接包括两个方面，一是语言政策与外部其他政策之间的衔接，二是内部不同语言政策之间的衔接，而后者对于欧盟多语化语言政策体系的构建和政策的改良更为重要。在众多语言政策项目中，做得比较好的应该是"LINGUA计划"和"苏格拉底计划"的衔接，为期五年的"LINGUA计划"在实施完成后被接入到新的为期五年的"苏格拉底计划"之中①，而且在经费预算中并未减少，使"LINGUA计划"发挥了10年的效用。但遗憾的是，"苏格拉底计划"的执行战线被拉长，执行焦点被模糊，政策的衔接性不够理想，当然，这种衔接的模式也未能推而广之。其实，政策的衔接性不够的重要原因，在于前述所说的缺乏"中心"，如果所有政策的中心明确、重点突出，政策和政策之间的衔接性自然就会形成并成熟起来。因此，欧盟建构多语化语言政策体系必须优化政策结构、增强政策之间的衔接性，而关键依然在于设立"一个中心"。

第四，明确公正原则，科学地改良多语化政策。在公共政策的制定中，有很多需要遵循的基本原则，例如公正原则，符合国情原则，渐进性原则，稳定性原则，继承性原则，适用性原则，实用性原则，有利于最不利者原则，民主原则，等等。但具体到欧盟多语化语言政策体系的构建和政策的改良，应秉持公正原则为首要的、核心的、关键的原则，并运用目标分析法、结构分析法、环境分析法、经验分析法、数据分析法等系列科学方法，进一步调整和改良多语化政策。

6.3.3 权利公平：司法裁决力量的调动

无救济则无权利，司法是社会公正的最后一道防线。欧盟多语化语言政策的改良，应进一步实现和保障权利公平，这就离不开司法力量的支持。一般来说，欧盟多语化语言政策的调整和改良，与欧盟司法制度没有直接的关联性，但是，欧盟司法制度的完善和相关司法力量的调动对于欧盟多语化语言政策的制定、实施、调整和改良至少可以产生三个方面的积极效果：一是促进欧盟层面语言立法更加有效地实施；二是与现有的关于保障语言权利的软法措施形成合力；三是有助于形成欧盟语言政策执行上的柔性威慑力。从这个意义上说，改良欧盟多语化语言政策，进一步保障权利公平，应充分调动欧盟的司法力量。

1. 有效利用欧盟法院的司法审查权

欧盟法院的管辖权范围相当广泛，概括而言，欧盟法院的管辖权体现为解释和适用欧盟法律，但实际兼具国际法院、行政法院、民事法院及超国家的宪法法院各种属

---

① LANGUA计划在实施5年后被纳入到苏格拉底计划中，又实施了5年，而苏格拉底计划就包括了六大架构，其中的一项才是LANGUA计划，这六大架构分别是：①高等教育，ERASMUS计划；②学校教育，COMENIUS计划；③共同体外语教学推广，LANGUA计划；④开放式远程教学，ODL计划；⑤成年教育；⑥教学经验及教学资讯交流计划。（见欧盟官方公告：OJ No.L87, 1995/4/20:12）

性于一体①。其中欧盟法院的司法审查权是欧盟法院管辖权最主要的体现。欧盟法院通过行使司法审查权，既确保了欧盟基础条约的适用，也有效地监督了欧盟机构的立法行为对欧盟各机构、各成员国和欧盟公民个人的利益造成损害，更重要的是，欧盟将保障基本人权原则作为其司法审查制度的一般原则予以贯彻，对于包括语言权利在内的人权保障有重要的积极作用。因此，改良欧盟多语化语言政策以进一步追求权利公平，应有效利用欧盟法院的司法审查权。

第一，欧盟法院的诉讼管辖权。根据《欧洲联盟条约》第19条第1款的规定，欧盟法院具有解释和适用《欧洲联盟条约》和《欧盟运行条约》的权力，而且，欧盟法院有权对某一成员国、欧盟机构、自然人、法人提出的诉讼做出裁决。根据《欧盟运行条约》相关条款（主要是第258条至第271条）的规定，欧盟法院的诉讼管辖权涉及的种类有：成员国违反条约义务之诉（《欧盟运行条约》第258—262条），无效之诉（《欧盟运行条约》第263—264条），不作为之诉（《欧盟运行条约》第265—266条），以及欧盟的侵权行为损害赔偿之诉（《欧盟运行条约》第268条和第340条）。具体到欧盟语言政策对语言权利的保障，如果从公民的角度看，在满足法定条件的前提下，欧盟公民能够、也是最直接的手段就是通过提起无效之诉和不作为之诉维护自身的合法语言权益，欧盟语言政策应为欧盟公民提供一定的支持和保障（例如提供法律咨询服务等），以支持其通过司法手段维护自身合法权益。

第二，欧盟法院的非诉讼管辖权。根据《欧洲联盟条约》第19条第2款的规定，应成员国法院的要求，欧盟法院有权就欧盟法的解释或者欧盟机构所通过的法令的合法性做出初步裁决（也称先予裁决）。具体地说，所谓初步裁决制度，是指成员国法院或法庭在审理案件的过程中，对于该未决案件所涉及的欧盟法律的解释或者欧盟机构行为的有效性问题产生异议之时，由成员国法院或法庭将该案件所涉及的异议问题提交给欧盟法院，由欧盟法院先行审理并先予以裁决，然后由成员国法院依据该先予裁决的结果将特定的欧盟法适用于其所审理案件的制度②。这就是欧盟法院独具特色的非诉讼管辖权。在欧盟的司法实践中，初步裁决制度"越来越多地被个人用来指控欧盟机构自身违反欧盟法……对于那些没有其他司法救济可供利用来指控欧盟机构的立法，个人往往寻求利用初步裁决程序作为实现其目的的途径"③。因此，具体到欧盟多

---

① 曾文革. 欧盟法[M]. 北京：对外经济贸易大学出版社，2015年，第176页.
② 张彤. 欧盟法概论[M]. 北京：中国人民大学出版社，2011年，第142页.
③ 曾令良. 欧洲联盟法总论：以《欧洲宪法条约》为新视角[M]. 武汉：武汉大学出版社，2007年，第306页.

语化语言政策的权利保障，在缺乏直接的司法救济手段的情况下，可以考虑通过初步裁决制度维权，更重要的是，通过初步裁决制度，欧盟法院就拥有了开发和设立语言权利保障的相关司法概念和原则的机会（欧盟法的直接效力原则就是通过初步裁决制度确立的），这对于完善和改良欧盟的多语化语言政策有着十分重要的积极意义。

2. 探索语言权利保护的群体性诉讼机制

群体性诉讼，也称为集团诉讼（class action），广义上是指一切具有群体性要素的案件诉讼；狭义上是指当事人人数不确定的代表人诉讼，最具代表性的是美国的集团诉讼制度（我国暂无"群体性诉讼"或"集团诉讼"的术语和概念）。本文所述的群体性诉讼与公益诉讼的概念相近，但外延上要比公益诉讼大。在欧盟的法治进程中，群体性诉讼机制整体上处于肇始阶段并仍在努力探索之中，较为典型的是欧盟的环境团体诉讼（也就是环境公益诉讼）和消费者群体性诉讼。鉴于语言权利的保护与环境公共利益和消费者权利的保护都具有公共性、群体性等特点，在探索群体性诉讼机制的过程中，就应该把语言权利保护也纳入探索的范围。事实上，语言权利保护的群体性诉讼机制的探索，十分有利于实现和保障权利公平。

第一，建议成员国建立语言权利保护的群体诉讼机制。建议成员国进行国内立法，建立语言权利保护的群体诉讼机制，这是最有效、最直接也是最合法的促进措施。在语言权利保护的救济方面，目前欧盟理论上能够采取的方案主要有四种：一是依靠成员国现有的司法救济，欧盟既无须干涉也无须补充行动；二是干涉并补充成员国的行动；三是呼吁、建议并协调成员国之间开展合作，游说成员国之间互相开放语言权利的救济机制；四是建议成员国修改国内立法，直接建立国内的语言权利群体诉讼机制。而在实践中，第一种方案就是不作为，也没有作为的必要；第二种方案由于权限原因，根本无法作为；第三种方案一直在进行，只是收效甚微；第四种方案是最直接的方案，应该予以高度重视。毕竟，由于在欧盟层面缺乏法律依据，欧盟理事会、欧盟委员会和欧洲议会等欧盟机构是无法直接提起、也无法支持任何语言权利保护的群体诉讼的，欧盟条约及立法亦没有规定群体诉讼的任何制度，因此，只能通过发布指令或建议等方式，促使成员国修订国内法，建立语言权利保护的群体诉讼法律制度。

第二，借鉴环境团体诉讼和消费者群体性诉讼的建构思路。首先，群体性诉讼的定性。欧盟层面的环境团体诉讼在性质上属于司法审查，那么，语言权利保护的群体诉讼也应主张为司法审查。根据《欧盟运行条约》第263条的规定，提起司法审查的申请人分为特权申请者（privileged applicant）和非特权申请者（non-privileged applicant）两类，特权申请者包括欧盟成员国、欧盟理事会、欧盟委员会、欧洲议会和欧洲央行、欧洲审计院，他们提起诉讼无须证明其与诉讼案件存在任何的利益关系；非特权申请者包括自然人和法人，但诉权受到限制，自然人和法人只能在两种情况下享有诉权：一是所诉法令针对其自身；二是所诉法令针对他人但与其自身直接相关或者个别相关（direct and individual concern）。其次，提起群体性诉讼的条件。参照欧盟的环境团体诉讼，根据有关环境保护的公约①的规定，任何非政府组织在提起环境公益诉讼之前，应当先行申请行政机关复议，对复议决定不服或者复议机关没有按期作出复议决定的，才可以向欧洲法院提起环境公益诉讼。参考这一思路，提起语言权利保护的群体性诉讼可以考虑设置必要的前置程序，可以是行政复议，也可以是其他法律措施，目的是防止滥诉。最后，群体性诉讼的定位。参照欧盟关于消费者权利救济措施，欧盟理事会在1998年曾经以指令②的形式，"要求成员国通过修订国内立法，规定提起诉讼适格主体（qualified entities）的最低标准，即消费者保护组织或特定公共部门，并可通过禁止令（injunctive relief）或宣告性救济（declaratory relief）等诉讼来保护消费者集体权益。"但是，并没有赋予这些组织和部门进行群体诉讼的直接诉权。不难看出，欧盟在环境团体诉讼中的态度是较为"进取"的，而在消费者群体诉讼方面的态度却较为"保守"，总体而言对于群体诉讼十分地"暧昧"。不过，可以明确的是，群体诉讼在权利救济中应处于辅助角色、发挥补充作用，语言权利保护的群体诉讼只要坚持"辅助"和"补充"的定位，就可以规避欧盟法律风险，那么，语言权利群体诉讼机制的构建就有可能加快，欧盟多语化语言政策的改良对于权利公平的保障也就能更加充分。

---

① 1998年欧盟参与缔结的《在环境事务中获得信息、公众参与决策和诉诸司法的公约》（Convention on Access to Information、Public Participation in Decision-Making and Access to Justice in Environmental Matters，简称"奥胡斯公约"），为欧盟环境公益诉讼制度的发展提供了动力。奥胡斯公约由三个支柱（pillar）构成：环境信息公开、公众参与和环境司法，它将环境知情权、公众参与权和诉诸司法权的立法大大地推进了一步。2006年9月6日欧盟议会与欧盟理事会通过第1367/2006号条例，将奥胡斯公约条文在欧盟层级的机构中予以适用，该条例自2007年6月28日生效。根据该条例第4章的规定，任何非政府组织在针对欧盟机构的行政行为或者行政不作为提起环境公益诉讼之前，应当先行申请行政机关复议。对复议决定不服或者复议机关没有按期作出复议决定的，非政府组织可以向欧洲法院提起环境公益诉讼。根据该条例第11条的规定，非政府组织对欧盟机关的环境行政行为或者不作为申请复议或者提起公益诉讼，应当符合下列标准：①它是符合某一成员国法律的非营利的法人组织；②将促进环境保护作为该组织的首要目标；③已经存在两年以上的时间，并且积极地追求环境保护目标；④申请复议或者诉讼的事项包含在其组织目标与活动范围之内。
② Council Directive 98/27, Injunctions for the Protection of Consumers' Interests, 1998 O.J. (L 166), 51-53.

7
结 论

本文在研究之始提出了一些问题与疑惑，诸如为什么欧盟的语言政策能够存在并持续地施行和发展？其基本内容和特点是什么？欧盟语言政策的核心价值是什么？公平是否是其核心价值追求？为了实现公平价值，是亟需消除语言障碍的，而要消除语言障碍，为什么欧盟选择多语化的政策取向而不是统一化？欧盟的多语化语言政策又是如何围绕公平价值展开的？以公平视角视之，欧盟的多语化语言政策实施的效果如何？是否存在难以克服的困境？有无改良的空间？欧盟多语化语言政策在未来将会如何发展？在宏观上对中国有哪些启示？围绕这些问题，本文以公平视角审视和研究欧盟多语化语言政策，拟从以下几个方面得出一些粗浅的认识。

7.1 本书的基本结论

1. 什么是欧盟多语化语言政策——政策的基本内容和特点

（1）政策形态：硬法与软法

欧盟多语化语言政策一般都有正式的法律文本作为依据，这些法律文本的形式多样，而文本的效力也就随着文本形式的不同而不同。根据欧盟法的效力等级（类似于法律位阶），法律效力从高到低的成文法分别为欧盟基础条约（treaty）、条例（regulation）、指令（directive）、决定（decision）、建议（recommendation）和意见（opinion），其中，建议和意见不具有法律约束力。

在基础条约（硬法）方面，《欧洲联盟条约》《欧盟运行条约》《欧盟基本权利宪章》等条约都有欧盟多语化的政策立场、原则及明确的语言使用规定，也就是说，欧盟多语化语言政策确实有明确的欧盟宪法层面的法律依据，不过，这些条款的规定均较为宏观，主要表明了多语主义的立场和原则。另外，基础条约并没有赋予欧盟在语言问题行动上的直接权限，欧盟并不能干涉成员国国内的语言政策，也不能制定取代成员国语言政策的语言政策。这意味着，欧盟如果没有得到各成员国的授权，在语言问题行动上只能居于辅助地位。事实上，成员国的语言政策及其语言行动依旧由成员国国内立法进行调整，欧盟只能施加间接性影响。

在条例、指令和决定等欧盟立法（硬法）方面，目前欧盟暂时只有一部关于语言使用的专门性条例，即第1/58号条例；其余条例只有某个条款予以规定（如第1001/2017号条例、第1049/2001号条例、第1288/2013号条例等）。而欧盟的很多立法（硬法）中均有"语言条款"，即关于官方语言的平等、保障欧盟公民的官方语言使用权和选择权以及机构的工作语言的规定，但都是分散规定。这些条例、指令和决定，是基础条约中关于欧盟多语化立场、原则及一般规定的具体化。与基础条约体现的三个语言政策具体方面不同,这些条例、指令和决定只体现了两个方面的内容,即语言地位政策和语言教育政策,并未涉及语言保护政策。

在建议和意见等软法方面,欧盟的多语化语言政策主要且大多表现为软法(soft law),包括决议(resolution)、建议(recommendations)、意见(opinions)、提案(proposal)、宣言(declarations)、行动计划(action programmes)等。这些软法凸显了欧盟在语言政策上的"初心",即多语主义;同时,也表现出欧盟在语言政策问题上的"雄心",即"作为"(尽可能有所作为、努力地扩大影响)。这些没有法律约束力的软法与有约束力的条例、指令和决定的硬法,是"内核"与"外壳"的关系。欧盟多语化语言政策具有可操作性的主要内容,基本体现为一项一项的行动计划,而为了推行方便,则必须在一定范围内取得合法性,而有约束力的条例、指令和决定便是其坚硬的"硬壳"。另外,欧盟多语化语言政策的具体内容和形式是多样的,这些软法充分反映了欧盟多语化语言政策的"百态"。

(2)政策的内容与机制

欧盟的多语化语言政策可以分为三类:①语言地位政策——欧盟实行官方语言平等政策;②语言教育政策——欧盟实行多语教育政策;③语言保护政策——欧盟实行区域性及少数民族语言保护政策。

官方语言平等政策:欧盟多语化语言政策中的"语言平等",是指所有官方语言的平等,而不是指所有的欧洲语言平等。欧盟语言平等政策的主要内容与核心机制包括:①坚持多语主义;②24种官方语言的地位平等、使用平等、效力平等;③欧盟公民拥有自由平等的语言选择权;④"公领域"明确对等,"私领域"不作限定;⑤欧盟理事会拥有机构语言的规则制定权。

多语教育政策:欧盟存在相关的、抽象的、间接的法律条文和软法指导意见,作为欧盟实施其多语教育政策的载体,对欧盟的语言教育产生着间接但不可忽视的重要影响。欧盟多语教育政策的主要内容与核心机制包括:①欧盟的语言教育政策辅助角色;②坚持外语教育的多语主义;③社会多语转化为个人多语的"母语 + 两门外语"模式;④低龄语言教育、终身语言教育与语言教育的多样性相嵌合;⑤督促与行动相结合机制;⑥鼓励与资助机制。

区域性及少数民族语言保护政策:由于基础条约并未授权,欧盟在区域性及少数民族语言的保护方面与多语教育方面的权限一样,只能通过软法提出意见和建议进行呼吁、倡导、引导,当然,还包括实施一些权限范围内(不能干涉成员国内政)的行动计划。欧盟区域性及少数民族语言保护政策的主要内容与核心机制包括:①定位语言权为基本人权，呼吁确认其法律地位；②与多语教育政策相结合，提高延续性和流通性；③引入语言保护国际条约以对成员国课以法律义务；④不定期评估及报告机制；⑤经费支持机制。

（3）政策特点

欧盟多语化语言政策有如下特点：一是融合性，欧盟多语化语言政策的政策目的是增强成员国及其公民对欧盟的集体认同感，促进欧盟的大融合；二是工具性，欧盟多语化语言政策在意识形态领域具有解决社会问题的功能性，包括引导、协调和服务等功能；三是软法性，从法律性质看，欧盟多语化语言政策大多属于软法，而且政策的实施符合软法治理模式；四是激励性，欧盟的语言教育政策主要采取正向激励的措施，以鼓励和资助等授益性为主；五是公平性，欧盟多语化语言政策的核心价值追求的是公平，包括规则公平、机会公平和权利公平，在公平与效率相冲突的情况下，公平价值是优先的。

2. 为什么欧盟语言政策的取向不是统一化——多语主义才是必然选择

多语主义是欧盟语言政策的必然选择。

第一，欧盟各成员国复杂的语言背景及其历史和现实，决定了欧盟语言政策只能选择多语主义。绝大多数的成员国本身就是多语国家，多语并存是成员国国内的常态，也是欧盟的常态，说明语言的发展有其自身的规律，语言统一难度非常大，语言政策需要考虑顺势而为抑或是逆潮流而动，这是选择欧盟语言政策取向必须考虑的事实前提；同时，多语现象反映出欧盟各国的多民族状态和多元文化样态，语言政策属于文化政策范畴，必须考虑多元文化的应对协调问题；所以，各成员国的语言使用背景必然对欧盟语言政策取向的选择产生客观的限制，决定了欧盟语言政策只能选择多语主义。

第二，欧盟及欧盟法的宗旨和原则，决定了欧盟语言政策只能选择多语主义。欧盟的法律、政策、措施及一切行动都应该（必须）符合欧盟的宗旨和原则，而欧盟的建构宗旨是"多样性的联合"，欧盟的基础条约也明文规定必须坚持文化多样性和语言多样性，因此，欧盟的语言政策必须符合欧盟及欧盟法的宗旨和原则。

第三，政策的核心价值及政策实施的优劣形势对比，决定了欧盟语言政策必然选择多语主义。语言政策的核心价值是公平。这种公平是尊重既定事实的前提下所做出的选择，也是尊重各成员国历史和现实的民主选择。可能有统一化语言政策的支持者指出，统一化语言实现的是一种"无差别"的公平，但是，这种"无差别"是建立在没有选择权或者"被选择"的情况下的，不应称之为公平。同时，考虑多语主义和单一主义语言政策的优势与劣势，不难看出，多语主义要比单一主义语言政策的优势更明显，而劣势更容易克服。因此，多语主义是欧盟语言政策的必然选择。

3. 为什么公平是核心价值——欧盟多语化语言政策公平价值的体现

欧盟多语化语言政策的核心价值是公平，欧盟的语言政策是围绕着公平这一核心价值展开的。欧盟三大类别语言政策的价值侧重是有所不同的。

第一，语言平等政策侧重规则公平，主要体现为：①语言政策规则面前人人平等，所有的欧盟公民、成员国和欧盟机构，在语言使用规则面前都是平等的，"大语言"与"小语言"、"强势语言"与"弱势语言"地位平等、使用平等、效力平等，语言利益和资源在分配规则上一视同仁，规则面前没有区别对待；②努力营造多语主义下的公平环境，语言规则规定了欧盟公民在与欧盟机构交流沟通时具有任意选择权，欧盟官方机构必须以同种语言回复，这无疑就是在营造一种公平的环境，构建公平的规则，也是在促进不同语言人群的合作与沟通；③以"无知之幕"为语言政策的制定前提，以"无知之幕"的假设在各成员国和欧盟公民只能够达成语言平等的共识；④《第1/58号条例》是较为典型的规则公平的具体立法。

第二，多语教育政策侧重机会公平，主要体现为：①形式上的机会公平，主要是多语教育的平等开放。欧盟的多语教育向所有人开放，这里的"所有人"一般是指欧盟公民，但同时也包括移民和潜在国公民，而且，欧盟的多语教育政策强调低龄语言教育和终身语言教育，对所有年龄层次的人开放。②实质上的机会公平，主要是多语教育资助的推广。欧盟多语教育政策非常"烧钱"，通过与成员国的协商与合作，设定具体的多语教育的指标和基准，以经济资源的大量投入创造尽可能多的有利条件，帮助人们更容易获得更多的多语教育机会，促进实质机会公平的实现。③"低龄学习决议"和"伊拉斯谟条例"等具体政策项目都较明显地体现了多语教育政策的机会公平价值。

第三，区域性及少数民族语言保护政策侧重权利公平，主要体现为：①向"最不利者"倾斜，欧盟的区域性及少数民族语言保护政策的行动计划，都毫无例外地针对这些小众语言进行资助和资源投放。②互惠、互利、共赢，欧盟的区域性及少数民族语言保护政策并非是一种单项的"独利"政策，它内涵性地包括互惠、互利和共赢的态度与理念。③"语言保护2003年决议"等具体政策项目都较明显地体现了区域性及少数民族语言保护政策所侧重权利公平价值。

4. 欧盟多语化语言政策的发展规律——三次演变

从事实上说，欧盟对其多语化语言政策的制定和实施是缺乏总体设计的；从法律渊源看，有关语言政策的法律文件是零散的、不系统的，更没有关于多语化语言政策的专门性条约和条例，不过，从制度生成的角度，结合"从前到后"和"从后到前"

的视角，可归纳出欧盟多语化语言政策的三次演变，也是三次实质性进步：第一次实质性进步是从无到有、从简到繁；第二次实质性进步是从少到多、从粗到细；第三次实质性进步是从言到行、从软到硬。

同时，欧盟多语化语言政策的三次演变也显现出一些特点：①欧盟多语化语言政策的历史演变及三次实质性进步，符合政策发展的一般规律，政策主体和政策客体存在相互制约、相互影响、相互促进的关系；②尽管经历了三次实质性进步，但欧盟多语化语言政策的软法属性没有变；③欧盟语言政策的发展、进步及突破既不是孤立的事件，也不是独立的过程，更不是自然而然的自发进步，而是需要欧盟其他法律制度的发展和配合，这种整体性、关联性发展，既是欧盟语言政策发展演变的特点，也是其突出的优势。

5. 如何围绕公平价值展开——公平视角下欧盟多语化语言政策的制度逻辑

欧盟多语化语言政策具有多元价值：秩序价值、效率价值、自由价值、公平价值等，但核心价值有且只有一个，即公平价值。公平视角下欧盟多语化语言政策的制度逻辑有两个维度。

第一，对内与对外。①对内，欧盟多语化语言政策把"多语"视为问题，所以，欧盟多语化语言政策对内是解决问题的——语言平等政策主要针对国家平等和民族尊严等问题，多语教育政策主要针对多语背景下的交际困难和公民的语言能力问题，区域性及少数民族语言保护政策主要针对弱势群体语言权问题。反正，欧盟多语化语言政策对内就是在对抗多元化、驾驭多元化，而对抗和驾驭的核心价值尺度就在于公平，即追求国家、民族和公民的地位平等，发展机会的公平和权利保护的公平，实现共享、共治、共荣。②对外，欧盟多语化语言政策把"多语"视为资源，视作珍贵的欧洲文化遗产，是欧洲文化多样性的极其重要的资源，而既然是资源就会有分配的问题，而应对问题和分配资源的核心价值标尺就是公平。因此，欧盟的语言平等政策、多语教育政策、区域性及少数民族语言保护政策其实质都是在追求公平地分配资源，让成员国、欧盟公民共享资源的收益，使他们更具获得感、安全感和归属感。

第二，起点、过程与结果——欧盟多语化语言政策在起点上追求规则公平，过程中追求机会公平，结果上追求权利公平。①起点，即欧盟多语化语言政策的基础规则，也就是多语主义下的官方语言平等，在语言平等的基础之上衍生出多语教育和区域性及少数民族语言保护，如果多语之间不平等，多语教育和区域性及少数民族语言保护的合法性就会不足。②过程，即欧盟多语化语言政策的制定和实施，主要围绕着机会公平的实现，即尽可能让"所有人都有同样的合法权利获得有利的社会地位"[①]，

---

① 赵苑达. 西方主要公平与正义理论研究[M]. 北京：经济管理出版社，2010年，第92页。

最典型的政策类型应属欧盟的多语教育政策。③结果，即欧盟多语化语言政策的实施归宿和落脚点是权利公平，欧盟多语化语言政策追求语言权的平等实现，背后还包含着对公民知情权、表达权、参与权和监督权平等实现的追求，最典型的是，欧盟的区域性及少数民族语言保护政策集中体现了对弱者的保护，通过倾斜性的资助和保护措施、通过刻意的"差别对待"追求实质公平、结果公平、最终公平。

7.2 公平视角下欧盟多语化语言政策的发展趋向预判

1. 困境与原因——欧盟多语化语言政策的限度

欧盟多语化语言政策面临的公平困境和政策固有的限度，是预判政策发展趋向的基本前提。事实上，欧盟多语化语言政策面临着系列公平困境，主要包括：①规则公平实现上的困局，主要表现为效率的牺牲与民主的透支；②机会公平实现上的困顿，主要表现为经济资助的乏力与政策的不连续性；③权利公平实现上的困难，主要表现为语言交际的冲突和自由的此消彼长。

而这些困境的形成，主要是由多语化语言政策本身存在的难以突破的政策限度所导致的，具体表现为：①语言政策驱动因素具有多重性，包括语言生态的多样性因素、政治认同需求上的意识形态因素、族群的不安全感因素和不公平因素，因此，公平价值并非唯一驱动因素，这既说明欧盟多语化语言政策在制定过程中受到的左右因素是很多的，也说明了欧盟语言政策在推行过程中的目的性并不会、也不能那么的单纯和唯一。哪怕公平价值是一个非常重要甚至核心的因素，但也会受到其他驱动因素的影响和制约，公平价值在必要时的退让与妥协是欧盟多语化语言政策的一种正常情形和状态。②政策权限的局限性，主要表现为缺乏强大而坚实的法律基础，政策的管辖范围非常有限，以及辅助性原则对欧盟权能的限制。③政策成本的负担性，这些巨大的成本包括资金成本、时间成本、组织成本以及公信力成本，以致欧盟推行其多语化政策一直肩负着沉重的负担。

2. 改良空间有多大——欧盟多语化语言政策改良的上限

欧盟多语化语言政策的改良有其上限，这个上限是指政策的改善和调整不是任意的，而是存在一定的约束性的，即只能在限定的范围内进行改良。欧盟多语化语言政策改良的上限主要包括：①欧盟"多元一体"的治理模式——这是欧盟治理体制上的约束，多语政策的改良须符合欧盟"多元一体"的历史与现实，须坚持欧盟"多元一体"的多边主义，须符合欧盟"多元一体"的实践模式。②欧盟法的宗旨与欧盟法律体系——这是法律制度上的约束，多语政策的改良须符合欧盟法的宗旨，须服从欧盟法律体系，须遵循严密而复杂的政策决策法律程序。③欧盟多语化语言政策的整体目标——这是政策属性上的约束，多语政策的改良在整体目标上必须体现政策的合宪性，必须体现政策的应有意义，必须体现解决问题的问题导向。

在既有的上限之下，即可衡量并释放欧盟多语化语言政策的改良空间。①在规则公平方面，应优化软法治理模式：应促成语言政策的法律位阶从欧盟软法到成员国硬法的晋步；应提升语言政策软法实施的资源保障；应建构并优化语言政策软法治理的相关机制。②在机会公平方面，应建构专门性长效政策体系：语言政策应聚焦一个中心，突出政策支持的重点；同时，以点带面地建构多语化语言政策体系。③在权利公平方面，应充分调动司法裁决力量：应有效利用欧盟法院的司法审查权和探索语言权利保护的群体性诉讼机制。

3. 未来的趋向是什么——多语化、软法化、福利化、中心化

第一，多语化。欧盟的语言政策会一如既往地坚持多语化取向。理由之一，欧盟境内的语言状况及各成员国的语言背景极其复杂，而且欧盟正在不断扩大，成员国不断增加，多语化是一种顺势而为的必然选择；理由之二，政策权限的原因，使欧盟不可能走单一化、统一化的政策道路，只有多语化，才符合欧盟的基础条约规定的关于尊重文化和语言多样性的宗旨和原则；理由之三，多语化是欧盟民主的标志，尽管出现了不少困难和阻力，但多语化政策在凝聚欧洲认同方面的优势明显，欧盟会一如既往地坚持多语化取向。

第二，软法化。欧盟的多语化语言政策的形态将趋向软法化，政策的推行将趋向软法治理。欧盟多语化语言政策，以公平为核心价值尺度，突破了国家中心主义的藩篱，不断增强其政策软法的内在理性，限于其自身非常有限的法律权限，以软法的形态出现并以软法治理模式推行，已经取得较为良好的效果并积累了不少成功经验，比如形成了严密而复杂的软法制定程序，探索出了各方接受度较高的开放式协调方法等。在正视欧盟多语化语言政策存在的问题、限度和新的形势之下，软法治理模式依然具有较大的优化空间。只有在坚持发挥软法及其治理模式的长处和优势的条件下，欧盟多语化语言政策才有可能实现更大的作为。

第三，福利化。欧盟的多语化语言政策将通过不断增加"福利"的授益性行为和正向激励的措施来推动政策的实施。因为欧盟的多语化语言政策无论是硬法还是软法规范，都缺乏了法律责任及其承担方式（不能威逼），也就只能通过较为充分的利益来"让利于民""赋利于民"（可以利诱），既需要满足成员国及其公民正当语言权利保障的需求，也要实现他们对提升语言能力、获得一定利益的期待。可以预见，欧盟的多语化语言政策的制定、实施、改良、推行将更加"烧钱"，将更加长期地实施

正向激励，对成员国及其民众的利益的尊重、满足与合理诱导是增加他们对语言政策认同、遵守和执行的非常重要的基础和条件。

第四，中心化。欧盟的多语化语言政策在具体措施、项目和行动计划方面将越来越聚焦，"战线"会收缩，"多点出击"的布局会逐步改为突出中心、突出重点，即中心化。欧盟有不少具体措施、项目和行动计划都是"多点出击"的布局，例如"2001年欧洲语言年"等，目标多种、项目丰富，但缺乏中心，资源的利用不够集中，尽管"遍地开花"但并无"结果"，效果并不理想，因此，之后再也没有"语言年"的政策项目了。出于语言政策驱动因素的多重性、多语化语言政策权限的局限性和成本的沉重负担性等政策限度的考虑，也出于对过去多项政策实施的经验和教训的考虑，欧盟的多语化语言政策将会沿着中心化的趋向从"量"到"质"、从"多"到"精"发生改变。

公平视角下欧盟多语化语言政策研究
A Study on the EU's Multilingualism Policy from the Perspective of Justice

Abstract

Language is the symbol of human civilization. Language is also the most direct expression of human culture. It is a human consensus. As one of the most representative representatives of human civilization, European Union's multilingual language policy embodies how humanity inherits, develops, coordinates and protects its own civilization in a rational, orderly, fair and just way. Therefore, it is of great theoretical and practical significance to explore the EU's multilingual language policy from a fair perspective.

In terms of policy form, the EU multilingual language policy has both a hard law form and a soft law form, and all have formal legal texts as a basis. Most of the EU's multilingual language policies are characterized by soft law, including resolutions, recommendations, opinions, and action plans. These soft laws highlight the EU's "initial heart" in language policy, that is, multilingualism; at the same time, it also shows the EU's "ambition" in solving language problems, that is, "acting" — doing as much as possible and working hard Expansion effect. In terms of policy content, the EU's multilingual language policy can be divided into three categories, one is the official language equality policy, the other is the multilingual education policy, and the third is the regional and minority language protection policy. The EU multilingual language policy is characterized by integration, instrumentality, soft law, incentives and fairness. In the history of development, the EU multilingual language policy has undergone three evolutions, and it has also been three substantial advances. The first is from scratch, from simple to complex, and the second is from small to large, from coarse to fine.Three times are from words to words, from soft to hard.

Multilingualism is an inevitable choice of EU language policy. This is the complex language background of the EU member states and its history and reality. The purposes and principles of EU and EU law, as well as the core values of EU language policy and the pros and cons of policy implementation. The situation is determined by a common comparison.

The core value pursuit of the EU multilingual language policy is fairness, including rule fairness, opportunity fairness and rights fairness. This fairness is a choice made on the premise of respecting established facts and a democratic choice that respects the history and reality of each member state. The value of the EU's three major categories of language policy is different. The language equality policy focuses on fairness of rules, the multilingual education policy focuses on equal opportunities, and the regional and minority language protection policies focus on fairness of rights.

The EU multilingual language policy has its own unique institutional logic from a fair perspective. On the one hand, it is internal and external. Internally, the EU multilingual language policy regards "multilingualism" as a problem. Therefore, the EU's multilingual language policy is internally problem-solving. Externally, the EU's multilingual language policy regards "multilingualism" as a resource. The pursuit is to equitably allocate resources so that member states and EU citizens can feel more sense of security, belonging and belonging. The other is the starting point, the process and the result. The starting point, the basic rule of the EU multilingual language policy, that is, the official language equality under multilingualism; the process, that is, the formulation and implementation of the EU multilingual language policy, mainly around the realization of opportunity fairness; the result, namely the EU the implementation of the multilingual language policy is the destination and the finale. The EU's multilingual language policy is most directly aimed at the equal realization of language rights.

With the acceleration of globalization and the expansion of the EU itself and the deepening of European integration practices, the EU's multilingual language policy faces many fair dilemmas. The fair dilemma encountered by the EU's multilingual language policy is mainly reflected in the dilemma of fair implementation of rules, the difficulty in achieving fairness in the realization of fairness, and the difficulty in realizing the fairness of rights. On the whole, it shows more helplessness in reality. These helplessness is mainly caused by the insurmountable policy limits of the multilingual language policy itself, which are manifested in the multiplicity of language policy drivers, the limitations of policy authority and the burden of policy costs.

If the EU multilingual language policy is to break through the current fair predicament, it must carry out necessary reforms. However, there are limits to the improvement. These upper limits mainly refer to the constraints of the EU governance system, that is, the EU's "diversity" governance model; Institutional constraints, that is, the purpose of EU law and the EU legal system; the constraints on policy attributes, that is, the overall goal of the EU multilingual language policy.

Under the existing ceiling, the space for improvement should be released in terms of rules fairness, fairness of opportunity and fairness of rights. In terms of rule fairness, the soft law governance model should be optimized: the legal level of language policy should be promoted from the EU soft law to the hard law of member states; the resource guarantee of soft law implementation should be promoted; the language policy should be constructed and optimized relevant mechanisms for soft law governance. In terms of opportunity fairness, a special long-term policy system should be constructed: language policy should focus on one center and highlight the key points of policy support; at the same time, construct a multilingual language policy system in a point-and-click manner. In terms of fairness of rights, the power of judicial adjudication should be fully mobilized: the judicial review power of the European Court of Justice and the mass litigation mechanism for the protection of language rights should be effectively utilized.

Based on this, the EU language policy will present a development trend of multilingualism, softening, welfare and centralization. From a macro perspective, the EU multilingual language policy has certain reference and enlightenment significance for the improvement of Chinese language policy.

参考文献

【1】蔡永良. 美国的语言教育与语言政策[M]. 上海：上海三联书店，2007.

【2】陈乐民. 欧洲文明十五讲[M]. 北京：北京大学出版社，2004年.

【3】陈章太. 论语言规划的基本原则[J]. 语言科学，2005（2）：54.

【4】陈章太. 语言资源与语言问题[J]. 云南师范大学学报，2009（4）：5.

【5】陈振藩. 从徐世璇《濒危语言研究》说起[J]. 中国社会科学院院报，2003（8）.

【6】陈振明. 公共政策分析[M]. 北京：中国人民大学出版社，2003.

【7】陈志强，关信平. 欧洲联盟的政治和社会研究[M]. 天津：天津人民出版社，2002.

【8】戴炳然. 解读《里斯本条约》[J]. 欧洲研究，2008（2）：55.

【9】戴炳然. 欧洲共同体条约集[M]. 上海：复旦大学出版社，1993.

【10】戴曼纯，朱宁燕. 语言民族主义的政治功能——以前南斯拉夫为例[J]. 欧洲研究，2011（2）.

【11】但昭伟，苏永明. 文化·多元文化与教育[M]. 台北：五南图书出版社，2000.

【12】邓世平. 超国家组织视域内的语言政策问题[J]. 海外英语，2017（22）：229.

【13】[法]卢梭. 论人类不平等的起源和基础[M]. 北京：商务印书馆，1962：128.

【14】[法]拉哈，法布里斯. 欧洲一体化史（1945—2004）[M]. 彭姝祎，译. 北京：中国社会科学出版社，2005.

【15】方世荣. 论公法领域中软法实施的资源保障[J]. 法商研究，2013（3）：13.

【16】傅荣，王克非，欧盟语言多元化政策及相关外语教育政策分析[J]，外语教学与研究，2008（1）：16-18.

【17】傅义强，欧盟国家的移民问题及其移民政策的构建[J]，世界经济与政治论坛，2006（3）：103.

【18】高兴武. 公共政策评估：体系与过程[J]. 中国行政管理，2008（2）：58.

【19】[古希腊]柏拉图. 理想国[M]. 郭斌和，张竹明，译. 北京：商务印书馆，2002.

【20】[古希腊]亚里士多德. 尼各马科伦理学[M]. 苗立田，译. 北京：中国人民大学出版社，2003.

【21】[古希腊]亚里士多德. 亚里士多德全集（第八卷）[M]. 苗立田，译. 北京：中国

人民大学出版社，1992.

【22】郭华榕，徐天新. 欧洲的分与合[M]. 北京：京华出版社，1999.

【23】汉语大字典编纂处. 现代汉语词典[M]. 成都：四川辞书出版社，2018.

【24】黄宣范. 语言、社会语言族群意识[M]. 台北：文鹤出版社，1993.

【25】黄毅. 美国的双语政策和双语教育[J]. 民族教育，1989（4）：15.

【26】江必新. 论软法效力——兼论法律效力之本源[J]. 中外法学，2011（6）：1168.

【27】姜南. 浅析战后欧洲一体化理论[J]. 史学理论研究，2013（1）：85.

【28】李长海. 人口结构变化带给欧洲多重挑战[J]. WTO经济导刊，2014（6）：54.

【29】梁西. 国际法[M]. 武汉：武汉大学出版社，2008：3.

【30】刘富华，孙炜. 语言学通论[M]. 北京：北京语言大学出版社，2009.

【31】刘海涛. 欧盟语言状况及语言政策[A]. 中国语言生活状况报告（2005）[M]. 北京：商务印书馆，2006.

【32】刘洪东. 国际组织的多语制：法国经验与中国思考[A]. //李宇明. 中法语言政策研究（第三辑）[M]. 北京：商务印书馆，2017.

【33】[美]昂格尔. 现代社会中的法律[M]. 北京：中国政法大学出版社，1994.

【34】[美]丹尼斯·C·穆勒. 公共选择理论[M]. 吴玉章，周汉华，杨春雪，等，译. 北京：中国社会科学出版社，1999.

【35】[美]罗尔斯（Rawls, J.）. 正义论[M]. 谢延光，上海：上海译文出版社，1991.

【36】[美]威廉·N·邓恩. 公共政策分析导论[M]. 北京：中国人民大学出版社，2002.

【37】[美]约翰·罗尔斯. 作为公平的正义[M]. 姚大志，译. 上海：上海三联书店，2002.

【38】[德]贝娅特·科勒–科赫. 欧洲一体化与欧盟治理[M]. 顾俊礼，译. 北京：中国社会科学出版社，2004.

【39】让·弗朗索瓦·巴尔迪. 关于法语使用的宪法与法律框架[A]. //李宇明. 中法语言政策研究[M]. 北京：商务印书馆，2014.

【40】沈骑. 外语教育政策研究的价值之维[J]. 外语教学，2011：44.

【41】沈骑. 外语教育政策价值国际比较研究[M]. 上海：复旦大学出版社，2017.

【42】施正锋. 语言的政治关联性[A]. //施正锋. 语言政治与政策[M]. 台北：台北前卫出版公司，1996.

【43】石佑启. 论区域合作与软法治理[J]. 学术研究，2011（6）：32.

【44】斯大林全集（第11卷）[M]. 北京：人民出版社，1955.

【45】宋伟. 国际关系理论[M]. 上海：上海教育出版社，2011.

【46】孙东方，王兴军. 从同化到多元：英国移民双语教育政策的变迁与启示[J]. 中南民族大学学报：人文社会科学版，2016，36（6）：49-54.

【47】田鹏. 集体认同视角下的欧盟语言政策研究[M]. 北京：北京大学出版社，2015.

【48】童世骏. 政治文化和现代社会的集体认同[A]. 当代国外马克思主义评论[M]. 上海：复旦大学出版社，2000.

【49】万霞. 试析软法在国际法中的勃兴[J]. 外交评论，2011（5）：132.

【50】王辉. 澳大利亚语言政策研究[M]. 北京：中国社会科学出版社，2010.

【51】王静. 多语言的欧盟及其少数民族语言政策[J]. 内蒙古大学学报：哲学社会科学版，2013（02）：117.

【52】王美玲. 欧盟语言政策对我国外语教育改革的启示[J]. 国家教育行政学院学报，2013（12）：92.

【53】王世凯. 语言政策理论与实践[M]. 北京：中国社会科学出版社，2015.

【54】王铁崖. 国际法[M]. 北京：法律出版社，1981：407.

【55】王婧方. 欧盟实施多元化语言政策的原因——基于语言权利的分析[J]. 技术与创新管理，2017（5）：549.

【56】吴锡德. 全球化冲击下的欧洲语言政策[A]. 各国语言政策[M]. 台北：台北前卫出版社，2004.

【57】吴远宁. 欧盟的语言选择[J]. 湖南商学院院学报，2001（01）.

【58】伍贻康，等. 多元一体：欧洲区域共治模式探析[M]. 上海：上海社会科学院出版社，2009.

【59】谢军瑞. 欧洲联盟的多官方语言制度[J]. 欧洲，2001（01）：15.

【60】绪可望，王洪亮，欧盟多语教育政策及其基础教育阶段的实践[J]，外国教育研究，2016（6）：32-41.

【61】杨解君，李俊宏. 我国语言文字法律体系的构建[J]. 行政法学研究，2018（1）.

【62】杨解君，蒋都都. 我国非通用语言文字立法的宪治考量[J]. 中国地质大学学报：社会科学版，2017（4）：15.

【63】易丽君. 欧洲语言文化研究[M]. 北京：时事出版社，2004.

【64】[英]. 佛兰西斯·斯奈德. 欧洲联盟法概论[M]. 宋英，编译. 北京：北京大学出版社，1996.

【65】[英]埃杰（Ager，D）. 语言规划与语言政策的驱动过程[M]. 吴志杰，译. 北京：外语教学与研究出版社，2012.

【66】[英]杰里米·边沁. 政府片论[M]. 沈叔平，等，译. 北京：商务印书馆，1997：92.

【67】[英]约翰·斯图马特·穆勒. 功利主义[M]. 叶建新，译. 北京：九州出版社，2007：103.

【68】张金马. 公共政策分析：概念·过程·方法[M]. 北京：人民出版社，2004：461-462.

【69】曾令良. 欧洲共同体与现代国际法[M]. 武汉：武汉大学出版社，1992.

【70】曾令良. 欧洲联盟法总论：以《欧洲宪法条约》为新视角[M]. 武汉：武汉大学出版社，2007.

【71】曾文革. 欧盟法[M]. 北京：对外经济贸易大学出版社，2015.

【72】张彤. 欧盟法概论[M]. 北京：中国人民大学出版社，2011.

【73】张旭鹏. 论欧洲一体化的文化认同构建[J]. 云南民族大学学报，2004（2）：15.

【74】张占山. 语言规划、语言政策与社会背景的关系[J]. 烟台教育学院学报，2005（02）.

【75】赵苑达. 西方主要公平与正义理论研究[M]. 北京：经济管理出版社，2010.

【76】中国社会科学院民族研究所. 国外语言政策与语言规划进程[M]. 北京：语文出版社，2001.

【77】中国社会科学院语言研究所词典编辑室. 现代汉语词典[M]. 六版. 北京：商务印书馆，2012.

【78】中国社科院民族所课题组. 国家民族与语言：语言政策国别研究[M]. 北京：语文出版社，2003.

【79】周庆生. 国外语言规划理论流派和思想[J]. 世界民族，2005（4）：15.

【80】周庆生. 国外语言政策与语言规划进程[M]. 北京：语文出版社，2001.

【81】周晓梅，王晋梅. 欧盟的语言问题及其多语言主义的语言政策[J]. 物流工程与管理，2013（03）：215.

【82】周晓梅，欧盟语言政策研究[M]. 昆明：云南大学出版社，2012.

【83】周玉忠. 美国语言政策研究[M]. 北京：外语教学与研究出版社，2011.

【84】朱立宇，袁钢. 欧盟监察专员制度的产生及运作[J]. 欧洲研究，2007（1）：56.

【85】Toth. A G Is Subsidiarity Justifiable？European Law Review，1994：278.

【86】Aantonio Jose Cabral.Community Regional Policy Towards Portugal// Jose da Silva Lopes(eds). Portugal and EC membership Evaluated[M]. London：Pinter publishers Ltd.，2006.

【87】Ammon, Ulrich. Language conflicts in the European Union [J]. International Journal of Applied Linguistics，2006(10)：323.

【88】Antaki C. (ed.). Applied Conversation Analysis: Intervention and Change in Institutional Talk[M]. Basingstoke and New York: Palgrave Macmillan, 2011.

【89】Blackledge A. The magical frontier between the dominant and the dominated: Sociolinguistics and social justice in a multilingual world[J]. Journal of Multilingual and Multicultural Development, 2006, 27 (1): 22-41.

【90】Blommaert J, Jie D.Ethnographic Fieldwork: A Beginner's Guide [M]. Bristol: Multilingual Matters, 2010.

【91】Blommaert J. Policy, policing and the ecology of social norms: Ethnographic monitoring revisited[J]. International Journal of the Sociology of Language, 2013, 219: 123-140.

【92】Bonacina F.A Conversation analytic approach to practiced language Policies: The example of an induction classroom for newly-arrived immig rant children in France[D]. Ph.D thesis, 2010, The University of Edinburgh.

【93】Burns A. Doing Action Research in English Language Teaching: A G uide for Practitioners[M]. New York and London: Routledge, 2010.

【94】Cameron D. The Myth of Mars and Venus: Do Men and Women Rea lly Speak Different Languages? [M]. New York: Oxford University Press, 2007.

【95】Canagarajah S.Ethnographic methods in language policy[A]. In T. Ricento (ed.) An Introduction to Language Policy: Theory and Method[C]. 2006, pp.153-169. Malden, MA: Blackwell.

【96】Cardinal L, Sonntag S K. State Tradtions and Language Regimes[M]. Quebec: McGill-Queen's University Press, 2015.

【97】Carl Friedrich. Man and His Government[M]. New York: McGrow-Hill, 1963:79.

【98】Castles S, Haas HD, Miller MJ. The Age of Migration: International Population Movements in the Modern World [M]. Guilford Press, 1995: 212-253.

【99】Chimbutane F. Rethinking Bilingual Education in Postcolonial

Contexts[M]. Clevedon: Multilingual Matters, 2011.

【100】Christopher Bright. The EU Understanding: The Brussels Process[M]. Colorado: Wiley Law Publications, 1995.

【101】Cincota-Segi A. Signalling L2 centrality, maintaining L1 dominance: Teacher language choice in an ethnic minority primary classroom in the Lao PDR[J]. Language and Education, 2011, 25（1）: 19-31.

【102】Cincota-Segi A. "The big ones swallow the small ones." Or do they? Language-in-education policy and ethnic minority education in the LaoPDR[J]. Journal of Multilingual and Multicultural Development, 2011, 2（1）: 1-15.

【103】Cincota-Segi A. Language/ing in education: Policy discourse, class room talk and ethnic identities in the Lao PDR. In P. Sercombe and R. Tupas（eds.）[M]. Language, Education and Nation-building, Basingst oke and New York: Palgrave Macmillan, 2014.

【104】Cincota-Segi A. Talking in, talking around and talking about the L2: three literacy teaching responses to L2 medium of instruction in the Lao RDR[J]. Compare , 2011. 41（2）: 195-209.

【105】Collier V P, Thomas W P. The astounding effectiveness of dual language education for all[J]. NABE Journal of Research and Practice, 2014, 2（1）: 1-20.

【106】Conseil Européenpourles Langues. The role of languages in the Europe an Higher Education Area[J]. The European Journal of Language Policy, 2016（1）: 121-129.

【107】De los Heros S. Linguistic pluralism or prescriptivism? A CDA of language ideologies in Talento, Peru's official textbook for the first-year of high school[J]. Linguistics and Education, 2009（20）: 172-199.

【108】Fitzsimmons-Doolan S. Applying corpus linguistics. In F.M. Hult and D.C. Johnson（eds.）[A].Research Methods in Language Policy and Planning: A Practical Guide. Hoboken[M]. NJ: Wiley-Blackwell,2013.

【109】Francis Suvdey. Soft Law and Institutional Practice in the European Community [A] . Steve Martin ed.. The Construction of Europe:

Essays In Honour of Emile Noel [M]. Kluwer Academic Publishers, 1994:198.

【110】Gazzola, Michele. Managing Multilingualism in the European Union: Language Policy Evaluation for The European Parliament. Language Policy, 2006 (5): 393–417.

【111】Hans-Jürgen Krumm. Refugees Need Language—how can Volunteers give Support? [J]. The European Journal of Language Policy, 2017 (1): 132–137.

【112】Harvey W Armstrong. The Role and Evolution of European Community Regional Policy. Barry Jones and Michael Keating(eds).[A]. The European Union and the Regions[M]. New York: Oxford University Press Inc, 1995.

【113】Heller M. Linguistic Minorities and Modernity: A Sociolinguistic Ethnography, 2nd edition[A]. London: Ablex, 2006.

【114】Hil R, May S.Exploring biliteracy in Maori-medium education: An ethnographic Perspective. In T.L. McCarty (ed.) [A].Ethnography and Language Policy[M].New York: Routledge, 2011:161–183.

【115】Hill R, May S. Non-indigenous researchers in indigenous language education: Ethical implications[J].International Journal of the Sociology of Language, 2013:47–65.

【116】Hornberger NH Johnson D C. The ethnography of language policy. In T.L. McCarty (ed.) [A].Ethnography and Language policy[M]. London: Routledge, 2011.

【117】Hornberger NH. (ed.). Can School Save Indigenous Language? Policy and Practice on Four Continents[M].Basingstoke and New York: Palgrave Macmillan, 2008.

【118】Hornberger N H. Can School Save Indigenous Language? [M].Policy and Practice on Four Continents, Basingstoke and New York: Palgrave Macmillan, 2008:1–12.

【119】Hult FM. English as a transcultural language in Swedish policy and practice[J].TESOL Quarterly, 2012, 46 (2): 230–257.

【120】Johnson DC, RicentoT. Conceptual and theoretical perspectives In language policy and planning: Situating the ethnography of language policy[J]. International Journal of the Sociology of Language, 2013: 7-21.

【121】Johnson (eds.). Research Methods in Language Policy and Planning: A Practical Guide. Hoboken[M].NJ: Wiley-Blackwell, 2013.

【122】Johnson DC. (ed.). Thematic issue "Ethnography of language policy: Theory, method, and practice" [J]. International Journal of the Sociology of Language, 2013.

【123】Johnson DC. Positioning the language policy arbiter: Govenmentality and footing in the School District of Philadelphia. In J.W. Tollefson (ed.) [A].Language Policies in Education: Critical Issues, 2nd edition[M]. New York: Routledge, 2013.

【124】Johnson D C, Freeman R. Appropriating language policy on the local level: Working the spaces for bilingual education. In K. Menken and O.Garcia (eds.) [A].Negotiating Language Policies in Schools: Educators as Policymakers[M].New York: Routledge, 2010.

【125】Johnson E J. Arbitrating repression: Language policy and education in Arizona[J]. Language and Education, 2012, 26 (1): 53-76.

【126】Joseph Reisdoerfer. Réflexions surune politique linguistiqueéducative au Grand-duché de Luxembourg[J]. The European Journal of Language Policy, 2015 (2): 229-232.

【127】Lo Bianco J.Tense times and language planning[J].Current Issues in Language Planning, 2008 (9): 155-178.

【128】Mamadouh, Virginie. Dealing with Multilingualism in the European Union: Culture Theory Rationalities and Language Policies[J]. Journal of Comparative Policy Analysis, 2002(11): 327.

【129】MEMO. Les enjeux du multilinguisme pourla qualité de l'enseigneme nt supérieur et de la recherche dans le contexte de l'internationalisation [J]. The European Journal of Language Policy, 2016 (1): 130-134.

【130】Michael Kelly. Challenges to multilingual language teaching: Towards a transnational approach[J]. The European Journal of Language

Policy, 2015（1）: 65-83.

【131】Mortimer K. Communicative event chains in an ethnography of Paraguayan language policy[J].International Journal of the Sociology of Language , 2013:67-99.

【132】Pan L. English language ideologies in the Chinese foreign language education policies: A world-system perspective[J]. Language Policy, 2011（10）: 245-263.

【133】Phillipson, Robert. English-only Europe? Challenging Language Policy[M]. New York: Rougledge Taylor & Francis Group, 2003:130-131.

【134】Piet Van de Craen. The significance of multilingual education and the role of CLIL: An introduction[J]. The European Journal of Language Policy, 2016（1）: 3-5.

【135】Stephen J Lee. Aspects of European History 1789—1980[M]. 6th ed., London: Clay Ltd. St lvesplc, 2001.

致　谢

本书是在我的博士论文《公平视角下欧盟多语化语言政策研究》的基础上修改完成的。2018年11月，我的博士论文在广东外语外贸大学通过了博士论文答辩，在此，我要首先感谢我的恩师石佑启教授和杨解君教授，二位恩师严肃的科学态度、严谨的治学精神、精益求精的工作作风，深深地感染和激励着我。在此，向石老师和杨老师致以诚挚的谢意和崇高的敬意。

在此，我还要感谢读博期间教导过我的所有广东外语外贸大学的老师们，衷心感谢陈小君教授、陈寒溪教授、耿卓教授、周方银教授和闫晓珊老师等师长们，是您们让我掌握了丰富的知识和科学的研究方法。忆读博三年，紧凑、愉快且极具挑战性，特别感谢华炜师姐、卢淦明师兄、姚志伟师兄、蒋都都师弟等同门的仗义支持与热切鼓励，特别感谢朱许峰、杨国进、卢金明、张悦等好友的爱心帮助与不离不弃，正是由于你们的帮助和支持，我才能克服一个又一个的困难和障碍，直至博士学业的顺利完成以及本书的整理出版。在此，还要特别感谢邹晓君先生和邓荣任先生为本书的整理和出版带给我精神上最强大的支持和行动上最实在的帮助，同时，非常感谢华南农业大学马克思主义学院对本书出版的全力资助！

在本书即将出版之际，我的心情无法平静，有太多可敬的师长、同学、朋友给了我无私的帮助，再次送上我诚挚的谢意！

最后，我还要感谢含辛茹苦的父母，谢谢您们！

由于本人水平所限，书中疏漏乃至谬误之处恐在所难免，望读者朋友们不吝赐教！

2019年10月